U0362342

长相忆书系

我的祖父张元济

张人凤 著

南开大学出版社

天津

图书在版编目（CIP）数据

我的祖父张元济 / 张人凤著． — 天津：南开大学
出版社，2020.6
（长相忆书系）
ISBN 978-7-310-05801-3

Ⅰ.①我… Ⅱ.①张… Ⅲ.①张元济（1867－1959）
Ⅳ.①K825.42

中国版本图书馆 CIP 数据核字（2019）第 103541 号

我的祖父张元济
WO DE ZUFU ZHANG YUANJI

南开大学出版社出版发行
出版人：陈　敬
地址：天津市南开区卫津路 94 号　　邮政编码：300071
营销部电话：(022)23508339　营销部传真：(022)23508542
http://www.nkup.com.cn

天津泰宇印务有限公司印刷　全国各地新华书店经销
2020 年 6 月第 1 版　　2020 年 6 月第 1 次印刷
230×155 毫米　16 开本　14.75 印张　6 插页　219 千字
定价：48.00 元

如遇图书印装质量问题，请与本社营销部联系调换，电话：(022)23508339

1898 年戊戌维新时期于北京

1906 年四十岁时像

1910 年穿西服像

1936 年七十岁时像

1935 年 6 月，在李拔可寓所花园内与商务印书馆同人合影（前排左起：何柏丞、张叔良、张蟾芬、李拔可、张元济、王云五、郁厚培，后排左六史久芸、右二丁英桂）

1936 年 6 月 8 日，与高梦旦（右）、李拔可（左）在重庆南温泉

1953 年 5 月 9 日，与沈钧儒（左）、张人凤（右）在卧室

1954 年 8 月 20 日，全家合影（后排左起：孙张人凤、子张树年、媳葛昌琳、孙女张珑）

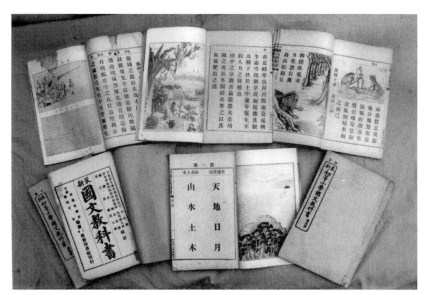

张元济主持编纂、商务印书馆 1904—1906 年出版的《最新国文教科书》

张元济主持校勘、辑印，商务印书馆 1930—
1937 年出版的《百衲本二十四史》

数百年旧家无非积德

第一件好事还是读书

张元济手书对联

墨本与萬曆翻刊本仍殊至同蕊細辨益見

翻刊寬徐翰版蓋憲宗路刊於明代玉康熙兩

憲季文江學使將取之梅氏後裔重修者

耳於鳳修誚時為有重修先都遺詩集紀

明一篇又十九叶裔孫曆蒐刻先都宦遺集

目錄五歷代修辨附氏是矣省籍去矣

中華民國三十年三月十四日

海鹽　張元濟　識

張元濟手書明萬曆刻本《宛陵先生集》跋

张元济致傅增湘信

目　　录

植基篇

　　我的祖父张元济先生出生在一个有近三百年藏书史的书香世家，尽管他诞生时，家道早已中落。青少年时期，他过着买毛笔都感到困难、两个人合吃一枚咸鸭蛋都是难得的美餐的日子，他就是在这样的环境中苦读诗书的。严格、系统和全面的儒家教育，不仅使他在学识上顺利攀登至科举时代最高学位，更重要的是，为他的家国意识、责任意识、对中华优秀传统文化的热爱和自信，以及不谋私利、刻苦坚韧的高尚品格奠定了基础。

"家住城南乌夜村"

　　大约 20 世纪 20 年代，张元济从上海返回故乡浙江海盐祭扫祖先坟茔，从一位亲戚手中购得一方造型奇特的图章。图章长 3 厘米，宽 3.5 厘米，高 1 厘米，背面雕着一个弧形的扣环，印文是 7 个小篆"家住城南乌夜村"。当他得知这方印章是在海盐城南张氏祖居、清代中叶盛极一时的涉园遗址，被一位还住在那片土地上的贫苦张姓族人种地时从泥土中挖出来时，他确认这是一件有百年以上历史的文物，便买了下来。

　　说到张元济和海盐涉园遗址，以及那里出土的文物，还得先说一点儿海盐张氏的历史。从可以查找到的资料中知道，张氏的始祖名张九成，字子韶，自号横浦居士，原籍河南开封。他生于 1092年，彼时正当北宋末年。金兵南下时，他随宋高宗南渡，定居浙江钱塘，后为南宋绍兴年间进士，廷对第一，历任著作郎、宗正少卿、礼部侍郎，为官"正色立朝，敦尚气节"，是南宋时的一位名臣。因为他主战，在秦桧当道时被贬官，降职到江西大余达十四年之久，秦桧死后才复职，改任温州知州。他原为理学家杨时的弟子，研究经学，在降职期间刻苦著述，撰有 20 多种著作，现在存世的还有《横浦文集》《中庸说》和《孟子传》3 种。后来张元济在主持重印这几部著作时，写下了跋文，对始祖"不受权贵之饵""以挽弱宋而奋中兴""清明刚正，国家是急"的品格，景仰备至。始祖开创的家风，倒是绵延不断。始祖的六世孙——元代的张雨，工书画，善诗词，与当时文坛名士赵孟頫、杨载、虞集为文字交，著有《茅山志》《贞居先生诗集》等。

　　明太祖朱元璋洪武初年（约 14 世纪六七十年代），张元济的二十世祖张留孙带领他的一支儿孙从钱塘迁至海盐，这就成了海盐张氏的"始迁祖"。明万历年间，出了一位享誉遐迩的文人张奇龄（1582—1638），人称大白先生。他是万历癸卯进士，曾在杭州主持有名的虎林书院，学生众多，不少人竞相送子弟到他门下求学。他居住在海盐南门外乌夜村，把自己的读书处称为"大白居"，有《铁庵集》等4种著作。大白公晚年，恰逢明朝覆亡、清兵南下的社会大变动时期。江苏如皋名士冒辟疆偕家眷渡江来到海盐，躲避战祸，在大白居居留。张元济与冒氏后人、著名词人冒鹤亭交往不浅，两人都称"有三百年之世交"，亦是文坛佳话。大白公立下的家训："吾宗张氏，世业耕读；愿我子孙，善守勿替；匪学何立，匪书何习；继之以勤，圣贤可及。"总结了先人的处世经历，更着眼于启示后人。从张元济一生的思想和事业中，可以找到祖先家训的影子。他1914年在上海建造新居时，亲自将祖训以隶书缮写，请人镌刻在柚木板上，镶嵌入客厅的拉门。

张奇龄之子张惟赤（1615—1676），字侗孩，别号螺浮，清顺治乙未年进士，授户部山东司主事。康熙初年，出任山东乡试主考。他为官以直言敢谏著称。留世《入告编》三集，就是他任职期间上皇帝奏折的汇集。任职数年后，他返回故里，将大白居拓建，改名"涉园"，使之成为一邑之胜，还留下《退思轩诗集》等著作。

张惟赤之子名胙（1640—1709），人称小白先生，康熙壬子年举人，授内阁中书，后选考刑部福建司主事。告老返乡之后，闲居涉园。他一生继承父志，唯以书为友，有丰富的藏书，对母至孝，乐善好施，救灾恤贫，为乡人所敬仰。

纵观这一部家族的历史，不难发现张氏家族虽有为官者，但不多，官职较高的除了上述几位之外就找不到了。然而，可以看到更多的，则是以读书、教书、著书、藏书、刻书为终生事业的知识分子。藏书、刻书活动的极盛时期，在清雍正、乾隆两朝。张元济的七世本生祖张芳湄（1665—1730）著有《筼谷诗选》。他有9子，多有刊著行于世，如长子宗栻著《南垞文稿》，五子宗柟辑刊《带经堂诗话》，六子宗橚辑《词林纪事》、著《藕村词存》，七子载华著《初白庵诗评》等，均流传后代，为学人所珍重。其时亦是涉园藏书的鼎盛时期。张元济的六世祖张宗松，号青在，除本人著有《扪腹斋诗钞》之外，尝刻《王荆公诗笺注》。他精于书籍版本鉴别，为清代著名藏书家。读书处名清绮斋，在海盐城内，本人名下就有藏书1559部，不下万册。他编有《清绮斋藏书目》，著录有宋、元刊本50余种，抄本290余种，在私家藏书楼中，已属很高的品位了。至清嘉庆、道光年间，家道中落，持续了二百年的藏书陆续散出。后来张元济在《清绮斋书目跋》等文章内，提到过两个他无法解开的谜：一是清嘉庆、道光年间，江浙一带尚称太平，家中为什么会发生这么大的变故？而他年少时见过几位曾生活于当年的老者，对此却从不提及。二是他后来在书市中收购到许多涉园藏书，而清绮斋收藏那么丰富，可除了见过3种外，为什么其余藏书竟会绝迹？看来这些问题只能留给后来的藏书史研究者了。

本书的主人公张元济先生，字筱斋，号菊生，1867年10月25日（清同治六年，丁卯，夏历九月二十八日）生于广州。到张元济的祖父辈、父辈时，家庭境况日趋窘迫。这是因为除了张氏家族本身的衰落和清王朝开始受到外来侵略、国计民生每况愈下之外，太平军对江南一带造成的经济和文化的破坏，一直难以恢复。张元济的父亲张森玉（1842—1881），字云仙，号德斋，二十一岁时随亲戚离开海盐，至广东潮州谋生，后来在广州定居，捐得一个小官职。他娶了江苏武进谢焕曾之女为妻。武进谢氏是晋代淝水之战主帅谢安之后，为江南大族，亦是世代书香。张元济兄弟姊妹共5人：长兄元煦、三妹元淑、四弟元瀛，另有五妹元清幼年早殇。

张元济幼时在广州，七岁入塾，开始接受传统教育。依照旧式的教材和教学方式，按部就班。家庭对孩子的要求是严格的，丝毫不得松懈。他后来回忆起十三岁之前受到父亲教导的几件事：第一件事是父亲为他讲解乡试解元文章。某年秋，广东乡试发榜之后，父亲在灯下拿出这一年的闱墨——从考生的试卷中挑选出一部分加以刊印，供后来的学生学习和研读，如今日"优秀高考作文选"之类——为张元济讲解第一名陈伯陶的文章。显然，这是父亲对儿子所寄予的期望，希望儿子能在科举制的阶梯上一步步向上攀登。第二件事是父亲给他讲述螺浮公（张惟赤）的事迹。螺浮公任官职时，清入关不久，对汉人歧视很严重。螺浮公敢于大胆上奏，提出刑部审讯记录不宜单凭满族官员执笔。又康熙皇帝冲龄即位，权奸秉政，螺浮公敢于冒死上疏，奏请亲政。螺浮公秉直的品格，在张元济幼小的心灵中留下了很深的印象。第三件事是关于海盐涉园和涉园藏书的。螺浮公建造起来的涉园，不仅是海盐，而且是江南一带著名的园林。园内亭台楼榭、山石溪流无不具备。园中央希白池，南北长三百步，东西宽四百步，纳五龙涧、南涧、西涧之水。园内主体建筑濠濮馆，正面宽三十四尺，踞希白池之北，此外有可俯视全园的望海楼、四周植有数十株杏树的杏花台，以及听松阁、退思轩、可漱亭等一批建筑物。园内老梅夹路，古松如盖，高木荫不见天。七株老榆，高可十丈，树荫五六亩。四周布置山石，有多处怪石为壁，登上山岗，可揽东海之潮，而岗下则绿竹万竿。整座园林，历康、雍、乾、嘉，修缮不断。乾嘉之际，江浙名流、学者来涉园借书、校勘、游园、赋诗者不在少数，其中有吴骞、鲍廷博、陈鳣、黄丕烈等，不少文人墨客留下了游记、诗篇。但父亲为他讲述时，涉园已成了战乱之后的废墟，藏书散尽，先人刻书的书板，亦已片板不存，当时也只能感叹一番而已。幼年时所受父亲的教诲，哪怕是一些家族历史的小故事，影响了张元济一生。他对张氏家族的涉园藏书文化，铭记于心。数十年后，张元济四处访购涉园旧藏书籍，珍视这片有深厚文化积淀的土壤中的每一件遗物，即源于父亲早年给他讲述的故事。他对于藏书文化的热爱，不仅限于海盐张氏家族，后来还扩展到了乡邦文献，即今日所谓地方文献。再进一步，他的兴趣，他对民族文化的责任心，驱使他把保护、传承中华古籍作为终身的职志。

张元济十四岁那年，父亲赴广东陵水县（今属海南省）任，母亲带领孩子们一同返回海盐。因为陵水县那时还是很少开发的瘴疠之地，儿童不宜前往；更重要的是，科举制度规定考生必须在原籍所在省、府应试，回家乡继续读书，势所必然。不想父子一别，竟成永诀。

科举生涯

　　十四岁这一年，张元济随母亲一同返回他们从未到过的故乡浙江海盐。事前，他们曾在海盐城里虎尾浜买过一块地，那是一家陈姓旧亲"松柏堂"遗址的基地，将近一公顷。回到海盐后，他们开始着手建造住房。住房有三进：大门内为门厅三间；二门内为正厅五间，左右各有楼房，后为茶厅；后进为楼厅五间，左右各有厢楼二间，后门内平房五间。母亲很勤劳，她亲自动手油漆门窗，后来她把沾满漆斑的旧衣服保存起来，作为教育子女勤俭持家的教材。母亲也很能干，初来海盐时，她只会说广东话，言语不通，但还是很快适应了新的生活环境，用自己妆奁的余资购了几亩田，家中还有佣工，生活过得还可以。不料第二年，父亲因操劳过度，在海南任所病故，年仅三十九岁。对于一个有四个孩子需要抚养、教育的家庭来说，噩耗带来的打击无疑是巨大的。母亲挑起了这副担子，她带了长子元煦去广东奔丧，运回灵柩安葬。此后，家计做了重新安排：住房尚未竣工，仅建成了一部分，全家就在此栖身；仅有的一点儿积蓄集中用在三个儿子的教育上，而生活尽量紧缩，仆人当然辞退了，做饭打水这些家务都得大家一起操劳。为了增加一点儿收入，她带着女儿替人做针线。家境越来越难维持，到了"布衣蔬食几不给"的地步。偶尔两人分食一个咸蛋，已是十分了不起的美餐。买毛笔的钱也要节省，用秃了的笔还要尽量使用。张元济晚年还是习惯于用秃笔写很小的字。他一生不浪费一片纸、一个信封，这些生活习惯，都是在那个时候养成的。

　　兄弟三人的教育，一直抓得很紧。张元济与长兄拜海盐城里的廪生查济忠为师。科举时代，通过各级考试取入府、州、县学的，通称生员，而廪生是生员中资历较深者。查师"天才卓越，于学无所不窥；纵笔为文，不假思索；豪气奔放，殊有濯足万里、振衣千仞之慨"。但是他怀才不遇，仅在城里收几个弟子教书，去世时年未及四十。四弟则寄住在另外的老师家中。三人的学习内容，当然是四书五经及八股文的写作，一切以应付科举考试为主旨。

在海盐这个东海之滨的偏僻小城里，社会交往极少，何况那时候还是以家族、血缘为主要人事维系纽带的封建社会，往来更受局限。张元济自广东回到家乡后，拜访过族中的几位老者，如住在海盐城隍庙前老屋内的棣园曾叔祖。曾叔祖已鬓发皓然，他的儿子砚青叔祖，文章在县里有点名气，性格豪放。当时张元济年幼，读书不多，虽与这位叔祖见过几面，也不敢多交谈。另一位族中的伯父张廷栋，性情孤僻，与家人居于西乡，足不履城市，后来专心道家，常与朋辈习静谈玄，弃家而入福业寺。旧式文人的文字，往往只能随着封建时代的衰亡而湮灭，但张氏宗族几位长者的文字，几十年后，经过张元济的整理，辑入《海盐张氏涉园丛刻续编》中，得以保存。

家境清寒，难免遭人冷遇。每年元旦，合族在宗祠祭祖，张元济弟兄三人也前往拜祭，祭祀后规定以祭菜聚餐。有一年他们到了宗祠，一位族中长辈对他们说，时间还早，你们可以先去各家拜年。待弟兄三人拜年回来，宗祠聚餐已经结束，正像传奇《彩楼记》中吕蒙正遇到的"饭后钟"一样。

苦读四年，张元济十八岁那年，应县试，写作文章《安之朋友信之少者》，以第一名的优异成绩得中秀才。同年，与长兄同赴嘉兴应府考。临行前，母亲千方百计凑集了一些钱，供他们用作川资。儿子出门之后，母亲便与女儿元淑在家盼望佳音。一天有亲友来说，今晚三更可以得报。到了三更果然听得锣声，元淑高声叫道："锣声响，哥哥得中了。"但等候多时又不闻声息。这时她蒙眬睡去，梦见门外有红灯，光彩夺目，醒来却一片漆黑，什么也没有。又睡，梦见有红灯高悬床中，床头还挂着红底金字的横匾……天明，果然嘉兴府考场的喜报送到。此时家中已分文难寻了，勉强拼凑，才打发了送报人。当天，贺客盈门，家里顿时热闹起来，那位曾经在宗祠导演过"饭后钟"的长者，也特地赶来。几天前下了雨，虎尾浜一带地势低洼，门前积满了水，他找人背着，蹚水进门，真是一反故态。

张元济在海盐，多次去南门外乌夜村寻访涉园故址，因为幼时父亲给他讲述的涉园历史，给他的印象太深刻了。其时涉园虽已荒芜，但树木森森，不难寻找。张元济后来有过几段记述，文字优美，又寄予了对故物的深深怀念之情，不妨抄录下来：

> 春秋暇日，尝偕群从昆季出城访涉园废址。至则林木参天，颓垣欲堕；途径没蓬蒿中，小池湮塞，旁峙坏屋数椽，族人贫苦者居焉。踯躅墙畔，偶于苔藓中见石刻《范忠贞诗》，摩挲读之，徘徊不忍去。

> 出南郭访其遗址，崇冈崖巍，危石欲堕。登揽潮之峰，犹可以远望大海也；问濠濮之馆，龚合肥书额虽不得见，而老屋数楹犹峙立于希白池畔，而池亦未尽淤也。若榆、若桐、若松、若桂、若杉、若梅，虽不尽存，而丛篁古木，周遭掩映，树之大可数围者，依然参天而拔地也。

张元济得中秀才之后，在更高一层的台阶面前，学业仍没有丝毫懈怠。这时海盐籍的翰林院编修朱福诜丁忧回家——旧时，逢父母之丧，必须辞官回籍守孝。朱老师被聘至家中，张元济则一心攻读，同时向县学馆索作文题，为该馆作文，每篇可得少许膏火费。

此后几年中，张元济除儒家经典之外，阅读面扩大了许多，对张氏先人和海盐先哲的诗文锐意搜求、辑佚。例如他对明末清初海盐籍文人彭孙贻、彭孙遹的著作尤为钦佩，搜求不遗余力。彭孙贻为明贡生，清兵入关之后杜门不出，著述甚多，又工书画。张元济从族叔祖春溪公处借到了他的《茗斋诗初集》和其他著作的一些抄稿。由于读书的门类增多，又时常向邑中学人多方求教，切磋学问，张元济的知识面得到拓展，学业进步很快。

1889年，张元济二十三岁，赴省城杭州应乡试。临行时，母亲为他准备了考篮，除笔墨纸砚之外，还自备锅、碗、面条及油盐酱醋。考试期间，考生需住在省城贡院的号舍中，开考之后即封门，不准自由行动，每餐均需自己动手。张元济把生面条放在冷水锅中与水一同煮，水开时面条成了面糊，后来被家中传为笑谈。考试分三场，每场三天。时值8月，江南的天气尚在"秋老虎"之中，十分炎热，加之精神紧张，考生有中暑者，有腹痛者，还有一人因又吐又泻体力衰竭而亡，其状甚惨。一个月以后，榜发，张元济得中第十名举人。同科有汪康年、蔡元培、吴士鉴、徐珂、汪大燮等。不久，乡试的闱墨刊出，他将文章送到母亲面前，一面回忆起父亲当年在广东对他讲解广东闱墨之情状，历历如在眼前，而不觉间父亲谢世已近十年，不免心中凄然。这一年冬，张元济在家乡完婚，妻子是海盐吾乃昌之女吾氏。

1892年，清光绪十八年，壬辰，乃大比之年。也就在这一年，灾难降临到了海盐老家。春天，吾氏夫人因难产而致母子双亡。张元济为之痛哭。这时长兄外出广东，仅四弟在家。四弟在一旁不住地劝慰，请哥哥不要过于悲伤，说："兄万一以悲恸伤其身，吾家又谁恃也。"其实此时四弟患肺病已经很重，自知不久人世。因春闱时迫，张元济不得不强忍悲痛，告别了老母和病重的弟弟，匆匆离家北上进京。到了北京，住入嘉兴会馆。

4月4日到12日，会试。会试也分三场，也是每场三天，一连九天，每场文章三五篇，还有诗和策论。户部尚书翁同龢为主考官。由于他的主考，这次策论的题目中有针对当时形势的《东三省形势》和《农政》。科举考试规则繁多，应该说，在京中的多次考试，是以这次会试为主。会试得中者称为贡士，但实际上贡士取得进士资格已属定论，故习惯上会试得中者即称进士。5月7日榜发，张元济得中第四十七名贡士。接着是在紫禁城（即今北京故宫）保和殿的两场考试：复试和殿试。按理殿试是皇帝对会试录取的贡士在金殿上亲自发策问进行考试，是级别最高的考试，非常神圣和严肃。然而事实是清代后期，皇帝往往不出场，几个考官也很散漫，晒晒太阳、抽抽水烟，考生则完成一份考卷。这次策论的题目有西藏的地理问题。张元济曾回忆过一段小插曲：广西贡生刘福姚与他邻座，考试中回头借用小刀刮去试卷上的错字，张见刘的书法极佳，就对刘说此次状元非老兄莫属，后来发榜，果应所言。

两场考试各一天，中午赏赐奶茶酒和御点心局制作的白糖馅儿饼十枚。殿试后，进士的名次排列为三甲：第一甲仅三人，赐"进士及第"，其一、二、三名即状元、榜眼和探花；第二甲赐"进士出身"；第三甲赐"同进士出身"。张元济得中第二甲第二十四名进士，同科有吴士鉴、陈伯陶、汤寿潜、蔡元培、尹昌龄、叶德辉、唐文治、沈宝琛等。在领受了礼部所赐的"恩荣宴"之后，众人参加了最后一次考试：朝考。清代，进士经过殿试，取得出身，还须参加朝考，按朝考成绩，结合殿试及复试名次，由皇帝决定应授的官职，最优者为翰林院庶吉士，俗称"点翰林"，其余分别派为主事、中书、知县等职。6月8日，光绪皇帝召见，张元济被授为翰林院庶吉士。

进京考试的全过程从离家算起，历时半年，至此告一段落。如果从秀才算起，张元济用了八年时间，亦即以最快的速度，走完了科举制度下接受传统教育的全部历程。他实现了自己的理想，也可以告慰先父于泉下。这八年中，他梳通并接受了儒家文化体系的脉理，坚实了自己的国学根底，在此基础上，逐步形成了自己的人格和品性。至此，他已具备了步入封建时代上层社会的完备条件。然而，就在入翰林院之初，传来了四弟病故的凶讯。四弟比张元济小五岁，自幼不爱习文，敬慕汉班超的为人，爱听人讲武术、弓箭的故事。有几年张元济亲自教四弟读书，管教极严，见他稍有松懈，就动用竹板子。四弟不敢告诉母亲，有时悄悄告诉元淑。元淑出嫁，便无人可以说话。张元济感到这是四弟患病的根源。原本只想"教弟以有成，光大我门闾，显扬我宗祖"，而时至今日，自责也已为时过晚。四弟办事能力很强，张元济赴杭州乡试前后，母亲为他筹办婚事，四弟便是里里外外的主要助手。四弟能言善辩，别人都不敢跟他争论……十多年来，手足情深，而今顿失，张元济于万分悲痛之中，告假回乡祭奠。他写下了一篇悼文《祭四弟文》，献于亡弟灵前："吾不知人之既死，其犹有知否也。其有知，余犹克见弟；倘无知，吾与弟终无相见之日矣。呜呼痛哉！呜呼痛哉！"手足情深，一朝永别，哀痛之心，长留人间。

总理衙门和通艺学堂

　　张元济在翰林院研习两年，经散馆考试，改派刑部，任贵州司主事，开始了正式的仕途生涯。在此以后，他续娶了许氏夫人。许氏夫人名子宜，号宜春，杭州人，是已故军机大臣、兵部尚书许庚身之幼女。许庚身曾任光绪壬辰年朝考评卷官，批阅过张元济的试卷，很赏识他的文才和见解。后来许知道张丧妻，就有意将幼女许配给张。遗憾的是许庚身于1894年初病故，这样，婚期推迟到了第二年的旧历三月十九日。许府把北京西皇城根灵清宫的住宅辟出一部分，供张元济夫妇居住。此前，张已去海盐把老母接至北京。以后几年中，他们有了一段相对安稳的生活。

　　1894年，中日甲午战争爆发，中国方面惨败。第二年李鸿章代表清政府签署了丧权辱国的条约——《马关条约》。惨痛的现实，使士大夫阶层中不少人看到了以"中学为体，西学为用"为理论指导的洋务运动——寄希望于通过工艺、技术上的革新来富国强兵的做法——已经失败。人们的认识在这场战争带来的震撼之中，开始走上一个新的台阶，那就是要使国家富强，就必须从政治制度改革入手。六十年后，张元济在回忆这段使他终生难忘的历史时说："甲午中日战争，结果我们被日本打败，大家从睡梦里醒过来，觉得不能不改革了。"1895年康有为"公车上书"，倡言变法。同年，为了"广联人才，创通风气"，康有为组织了北京强学会；为了通信息、造舆论，他创办了《万国公报》。强学会的成员除了康有为、梁启超外，还有麦孟华、陈炽、沈曾植、沈曾桐、文廷式、汪大燮、徐世昌等人。他们活动的地点一处是北京城南的松筠庵，在今西城区达智桥胡同内，原是明代因弹劾奸臣严嵩而被杀害的杨继盛的故宅；另一处是今陶然亭公园内的慈悲庵。张元济没有列名为强学会成员，但是他与上述这些会员都有交往，常常参加他们的集会，议论朝政。

1896 年，张元济参加了总理各国事务衙门的招聘考试，居然以第一名的成绩，与唐文治、李审之、汪大燮一同被录取。第二年 10 月，张正式就章京职。总理各国事务衙门简称总理衙门，或总署，是在列强压力下于 1861 年建立起来的。当时清政府受太平军和英法联军的内外夹击，以奕訢、李鸿章、张之洞等为代表的洋务派开始抬头，他们感到有必要设立总理衙门，发展洋务、联络洋人、购买兵器，以此来巩固朝廷的统治。其实，从世界已进入近代的角度来看，一个国家的政府设立处理对外事务的部门，实属必须。章京是总理衙门办理文书的一种官职。然而当张元济进入这个衙门的时候，发现它除了外交之外，学堂、铁路、开矿、造船、练兵等都要管，很杂。张元济为什么要离开刑部而去应总理衙门之试呢？个中缘由没有人听他说起过。但他给汪康年的一封信谈及此事，说："凡鸟固不可与伍，而择木亦不可不慎。"看来，他以为刑部都是"凡鸟"，而自己希望在外交事务方面有所发展。信中还说："远游宿志，至此益坚。"跟当时他已约集同好一起学习英语联系起来，他是有去国外开阔视野的打算的。

张元济进入总署之后，见官员很散漫，办事不经心，各种重要公文如条约等，在案头随便堆放。他制定了一些办法，使文件很快得到清理，为此受到上司张荫桓的称赞。张荫桓，字樵野，广东南海人，年长张元济三十岁，在总理衙门任职多年，曾出使美洲，对维新派寄予同情。这时他与张元济的关系颇为融洽。

光绪皇帝自从读了康有为 1895 年三次上书中唯一的一次（另两次均被守旧大臣截留）之后，很赞同康的自强雪耻之策，命阁臣抄录副本三份，分别送慈禧太后、留乾清宫和抄发各省督抚将军议处。这位年轻的皇帝尽管处于无权状态，但还是向往国家的兴盛——当然更多的也许是为了爱新觉罗的祖业，在万思不得其法的时候，从康的见解中得到了一些启发。此后，他多次表示希望看一些经、史、子、集以外的新书。皇上要找书读，亲自用朱笔开列书单。找书任务下达到总理衙门，最终落实到张元济头上。这时京城里新书不易购得，张元济以他自己的书籍，加上从友人处借来的，凑集起来进呈。进呈些什么书，已无法考证，只是张晚年还能记得其中有一部黄遵宪著《日本国志》，这是皇上指定的。据说每次送书，都具上"总理各国事务衙门章京张元济呈"，所以光绪早早知道了这位章京的姓名，对张元济留下了印象。

在总理衙门，张元济这个有心报国的年轻官员，看到旧官僚种种愚昧、昏庸、陈腐的嘴脸，十分灰心。有一次，巴西来招劳工，请示总理衙门而未获同意，理由是怕巴方虐待。其实，官方不同意，他们私自照招不误，私招的华工受了虐待，我方反而无法加以保护。总理衙门这些老爷就是这样把事情推出门外，以图自己清静为要。1896年醇亲王福晋去世，各国使臣都来询问何日下旗志哀。总理衙门官员认为此事必须上奏，而上奏就会引起太后的不快，还不如回绝。此外，奕䜣为德使觐见时下轿地点与对方争执不休，总署官员在日皇太后丧事上荒唐无礼……张元济感叹地说："今日已为列国之世界，而在朝诸人胸中横梗'一统'二字，宜其措置之乖也。"国势积贫积弱已经到了这样的地步，而内廷动辄招集上百人，天天抄录戏本进呈，一派歌舞升平，团拜演戏日有所闻。张元济感到如此下去，王朝的日子不会很久了。

在总理衙门任职期间，张元济对于在上海创办的《时务报》十分关心。《时务报》先由黄遵宪、汪康年策划，梁启超来沪后，便以汪为经理、梁为主笔，于1896年8月9日创刊，馆址设在上海福州路福建路口。梁启超议论新颖，文字通俗，使该报风行海内，影响深远。维新运动的高涨，《定国是诏》的促成，《时务报》是起了很大作用的。张元济与汪康年交往很密切，汪是浙江杭州人，光绪十五年浙江举人，两人既有乡谊，又有年谊。应汪康年之请，张元济把很多京中消息告诉汪，为他办报提供信息。张对办报亦时有建议，如去西北开发销售点、多登国外可供我国借鉴的内容借以鼓动人心等。在一段时间内，张还在北京为分发《时务报》操劳。他要在衙门当差，要办学堂、扩大招生、搬迁校舍，要照顾老母病体，但他为了宣传维新思想，不辞劳苦，直到1898年初才另觅接替人，为了找到合适的接替人，又费了不少周折。张元济还多次给汪康年、梁启超去信，劝解《时务报》的汪梁之争。

其实汪梁之争是洋务派与维新派矛盾的反映。汪康年在张之洞手下做了多年幕僚，来上海办报得到张之洞暗中支持。张希望控制舆论，不要过激。所以一开始在办报宗旨上，汪就主张只编译国外资料，而梁启超没有同意。梁认为既任主笔，就要抒发言论。后来在黄遵宪的折中调解下，二人才合作共事，但矛盾不断。梁启超有多篇文章直接触怒了张之洞。这样的矛盾，绝非张元济所能劝解，但他为了维新事业的大局，还是苦口婆心，屡屡以善言相赠。这里抄录几段信中的原话，可以看到张元济的良苦用心。1897 年 8 月 24 日致汪康年的信中说：

> 此间颇有人言公与卓意见不合，彼此参商，卓果避去。弟大不谓然。彼此同办一事，意见岂能尽相符合？辩论之处，终不能免。然终不当以此贻误大局。稍有识者且能之，况兄与卓之日讲群学者乎？守旧之徒，方目吾辈为无成。果无成，为彼类所笑，患犹浅；使为外人所笑，其害不尤深乎？甚愿公与卓之一雪此言也。

这里，"卓"即卓如，梁启超的字。10 月 3 日致汪康年信中又说：

> 凡欲成一事，必有阻力。成就愈远，则阻力愈大。惟望公与卓如始终坚持，毋为所动，庶几其有济乎！

11 月 15 日致梁启超的信中说：

> 处今之世，即合此十百有志之士通力合作，犹恐未必有得，况复显分畛域，同室操戈。济处局外，且深悲愤，而何论公与穰卿（即汪康年）之身当其际者乎？

张元济在切身经历中，感到人才缺乏，特别是懂得外文和科学知识的人才太少——"时至今日，培养人才，最为急务"。同时，他也痛感自身知识之不足。从1895年冬开始，他便与好友陈昭常、张荫棠、夏偕复等8人组织一个名叫"健社"的学习会，学习"有用之学"。所谓有用之学，当然是指西学。组织健社，除了学习之外，还要互相勉励，做到自强不息，从而避免走向颓废和消沉。他们学习的课程有一门是英文。学了几个月，识了几千个词，但还不能贯通，看来难度颇大。但他的决心是"惟志在必成，断不中止"。1896年四五月间，他又与友人合聘教习，设馆授英文，自己也迁寓至学馆，发愤学习。这对于一个熟读子曰诗云的儒者来说，在学习内容和学习方法上，是一次十分难能可贵的转变。与此同时，他对于国家兴盛的道路，形成了自己的观点："今之自强之道，自以兴学为先。科举不改，转移难望。吾辈不操尺寸，惟有以身先之。逢人说法，能醒悟一人，即能救一人。"他把这些想法告诉过梁启超，也告诉过汪康年。梁对此是很赞成的。

经过近一年的努力，来英文学堂——正式称呼是"西学堂"——的人逐渐增多。张元济不断为学堂奔走：租屋、请教师、买教材、购置参考书籍，忙碌不止。1897年，他与工部主事夏偕复、内阁中书陈懋鼎和王仪通呈文总理衙门，呈请设立通艺学堂。呈文开端，开宗明义指出"时事多艰，储才宜亟"——"储才"这两个字，可以说伴随了张元济一生。呈文指出：我国历来鄙视别国语言，只有贫寒、不得意或智力较差的人才去搞翻译，因此开埠几十年，要找一名通达中外文字、学术的人还是十分困难。呈文中关于招生对象和课程设置是这样说的：来学者大多是年轻京官和智质聪颖的官绅子弟，他们"中学"（即传统文化）已有相当基础；课程首先设英文和数学，待英文精熟之后，再分科学习兵、农、商、矿、格致、制造等学科，并希望能选派优秀学生出国深造。当局鉴于通晓外文的人员不敷应用，所以很快批复同意。总署的几位大臣对学堂的募捐也很积极，如王文韶在西学堂时期就已"月助百金"，张荫桓"约了同僚数人联名写信向各省督抚募捐，一共捐了好几千元"。

张元济拟定了学堂章程，分为宗旨、事业、分职、教习、学生、课程、考试、奖励、筹款、用款、议事等章，每章各有若干条款，内容详细而周密。宗旨的第一条说了一下为什么叫"通艺"，"国子之教，六艺是职。艺可从政，渊源圣门。故此学堂名曰通艺"。这里说的"六艺"是指古代学校教育的内容，《周礼·地官司徒·保氏》中称"养国子以道，乃教之六艺"，即礼、乐、射、御（驭）、书、数。以"通艺"为名，是严复的建议。

学校开办之初，除教室外，还设有图书馆、阅报处。章程写明俟有经费时，还将设实验室、仪器房、博物院、体操场、印书处，规划相当宏伟。这里要着重说一下的是张元济亲自筹办了图书馆，制定了图书馆和阅报处章程。前者第一条是"本馆专藏中外各种有用图书，凡在堂同学及在外同志均可随时入馆观览"。说得很明白，这是一所对社会开放的公共图书馆，是一所与旧式藏书楼完全不同的现代意义上的图书馆。它具有完整的章程和管理办法，在中国人自办的图书馆中，在时间上是领先的。据现今可以查找到的资料来看，这是国人采用"图书馆"一词的首份历史记载。当时京中西学书籍十分匮乏。京中虽有创办已三十余年的京师同文馆，但它主要是培养译员，而译书甚少。张元济在为皇上采购图书的同时，也熟悉了当时国内的图书市场。那时上海最有影响的译书机构是1867年创建的江南制造局翻译馆，前后在这里任职的翻译有英、美等国外籍人士傅兰雅、林乐知等，中国人李善兰、华蘅芳、徐寿等，他们都是精通近代科学知识的学者，因此制造局译出的理工科类图书销售量很大，其中有一些成为当时翻译书籍中的代表作，后来在史志、法政方面的译书也不断增加。张元济经常托汪康年在上海为他代买，收获不小。可以这么说，张元济在筹办通艺学堂图书馆时，加深了对上海这个开近代风气之先的都市的认识。

戊戌变法

　　1898 年，清光绪二十四年戊戌，是中国近代史上值得大书特书的一年。在探索中国走向现代化的漫长历程中，一批志士仁人做出了奋斗，甚至献出了生命。

　　1897 年冬，德国借口曹州教案，派军舰强占胶州湾，次年逼迫清政府签约，承认德国租借胶州湾九十九年。以此为始，沙俄军舰占领旅顺、大连湾，法国强租广州湾，英国强租威海卫为军港，又强租九龙半岛、香港附近各岛屿等处……中国面临着被列强瓜分的危机。甲午战后数年间，维新人士组织学会，创办报刊，讲求新学，宣传变法，在知识分子中形成了一种前所未有的新的社会风气。在列强瓜分中国的危迫形势面前，一个爱国运动新高潮出现了。德国强占胶州湾消息传出不久，康有为从广东赶赴北京，1898 年 1 月间，两次上书光绪，向皇上提出亡国危险的严重警告，并提出颁行宪法和国事交付国会的主张，请求光绪宣布变法维新，"诏定国是"。

　　光绪帝于 1898 年 6 月 11 日 "诏定国是"，决定变法。不论他的动机与维新人士有多少差异，毕竟他还是下定了这个敢于冒犯祖宗大法的决心。两天以后，翰林院侍读学士徐致靖以 "国是既定，用人宜先"，上奏折 "密保维新救时之才，请特旨破格委任，以行新政而图自强"。徐致靖在 "密保人才折" 中共推荐 5 人，他们是康有为、湖南盐法长宝道黄遵宪、江苏候补知府谭嗣同、张元济和举人梁启超。他对张元济的推荐意见是："刑部主事张元济现充总理衙门章京，熟于治法，留心学校，办事切实，劳苦不辞。在京师创设通艺学堂，集京官大员子弟讲求实学，日见精详。若使之肩任艰大，筹划新政，必能胜任愉快，有所裨益。"光绪帝立即命康、张两人于6月16日预备召见。

与此同时，慈禧与荣禄、刚毅等一班顽固派人物也在密商对策，决不放松对皇帝的控制。6月15日，即"百日维新"开始后的第四天，他们抛出三条措施，令光绪以朱谕发布：一是调直隶总督兼北洋大臣王文韶入军机处，他的职务由荣禄接任，从武力方面保证太后的权力和安全；二是今后授侍郎（副部级）以上官员，都要到太后跟前具折谢恩，从组织上保证太后的权力；三是将户部尚书、二十余年的帝师翁同龢立即开缺回原籍，理由是"屡经有人参奏"和"渐露揽权狂悖情状"，这一招使帝党顿时显得群龙无首，皇帝也失去了一个重要的支柱力量。从此也可以看到，维新派要冲破顽固势力编织的"天网"是何等艰难，可以说是他们这些年轻知识分子仅靠自身力量根本无法做到的事。

6月16日黎明，张元济就来到颐和园西苑门外朝房等候召见。康有为先被召入，一小时后退出，再召张元济进入勤政殿的东偏室。光绪先问通艺学堂有多少学生，学什么功课。张元济回答先学英语及算学，现在都只是初步。光绪说外交事关紧要，翻译一定要重视，又问有没有开设铁路课程。张答通艺学堂没有开，将来开办大学堂，必须设立。皇帝的声音颇低，但是语气和蔼，讲话的内容大旨是："外患凭陵，宜筹保御，廷臣唯诺，不达时务（讲求西学人太少，言之者三）。旧党阻挠，部议拘执，帖括无用。铁路当兴。"他还再三说现在讲求西学的人太少。皇上不断叫张元济畅所欲言，不必有所戒惧。张元济见被召见时气氛较为宽松，就大胆提出了自己的想法。他说要开铁路，必须赶紧预备人才，洋工程师断不可靠；不但铁路，即矿山、河渠、船厂、机器厂，人才也同样重要，应该责成大学堂认真造就。张又说，皇上注重翻译，确实是关键所在，如果驻外公使、领事都能得人，外交一定会渐有起色，在总理衙门总是看到使领人才特别缺乏，必须及早预备，现在仅有的京师同文馆和外省的广方言馆，断乎不够。张元济还请皇上坚定变法的意志，不要听信异说；希望延见群臣，宣传提倡变法之要，以减少阻滞；再要设馆储才，随时预备咨询。这时他看到皇帝在认真倾听，似乎也很愿意采纳，不知不觉之中，谈了很多。后来隐约看见御座后面有人影，就不敢多说了。从他的文字回忆记载来看，召见的时间约有半小时许，不到三刻钟——但这对品级很低的年轻官员确实是一次特别的恩遇。因为按老祖宗的规矩，非四品以上大臣，是不能召见的。此次破格，固然是因为新政需要人才，徐致靖有保荐，然而也与张元济经办皇上所需新书，光绪早已知道他的名字有关。张元济晚年回顾一生时，曾对儿子说过，他一生见到过中国 5 位大人物：光绪、孙中山、袁世凯、蒋介石和毛泽东。他认为光绪虽然懦弱，但确实是一位想把国家搞好的皇帝。他对光绪始终抱有难忘的感念知遇之情。

被召见后，翁同龢被开缺回籍的消息立即传入张元济的耳朵，回想当天清晨在朝房内康有为与他大谈变法之重要时，荣禄所表现出的少有的冷漠景象，张元济很敏感地觉察到变法前途将十分艰险。

从 6 月 11 日到 9 月 21 日慈禧发动政变的一百零三天中，光绪颁布了不少新政，涉及政治、经济、军事、文教诸多方面，布新除旧，几乎天天发布政令，表现出他变法的决心。然而张元济看到，短时期内大批新政的发布，没有系统的规划，更缺乏能理解新政、能执行新政的官员。换言之，政府官员这个群体的素质跟不上。另一方面，与慈禧抱成一团的顽固派，时时掣肘，阻碍新政的推行，即便是光绪寄予极大希望的地方官僚，大约除了湖南巡抚陈宝箴在认真办理之外，余者不是借故推托，就是彼此观望。因此张元济于被召见一个半月之后，写信给汪康年，坦率地言明他的忧虑："今上有心变法，但力似未足。"又说："不过近来举动，毫无步骤，绝非善象。弟恐回力终不久，但不知大小若何耳？"

废除八股，改革科举，提倡实学，开办新式学堂，这一直是维新派的主张。6 月 16 日康有为被召见时，就力言八股之弊。第二天，康授意御史宋伯鲁具奏的废八股折呈上之后，立即遭到刚毅的反对。光绪当场斥责刚毅阻挠，使刚毅不敢多说。散班时，刚毅却又说此事重大，愿皇上请示太后的懿旨。光绪 6 月 22 日去颐和园向太后请了安，才于 23 日发布废八股的上谕："自下科为始，乡、会试及生童岁科各试，向用四书文者，一律改试策论。"这是"百日维新"以来第一项重大改革，维新派受到很大鼓舞。接着，7月3日，命创设京师大学堂（今北京大学前身），官书局和译书局均并入大学堂；7月10日发布上谕，改各地书院为兼学中学、西学的学校，民间祠庙可由地方官晓谕，改为学堂。这些举措，意在把教育事业推上维新改良的轨道。

此时，张元济一方面看到改良遭到了巨大的乃至无法克服的阻力，说明真正维新的时机并不成熟，光靠一位"力似未足"的皇帝和几位年轻新派官员，孤掌难鸣；另一方面，感到上述这些有关教育的新政提供了一座适合于发挥维新派知识分子用武之地的舞台，可以在这些不同类型、层次的学校中，推广西学、制造维新舆论、培养新型人才。他认为等到"风气大开，新进盈廷，人才蔚起"的时候，变法就可以水到渠成、迎刃而解了。他把这一观点告诉康有为，劝康出京回粤，一则韬晦一时，免得锋芒太露，引起保守派的疑忌；二则正好利用这个机会开办学堂，培养和储备人才。但康对这样的观点是听不进去的。应该说，张元济与康有为在维新派中，观点并不一致。与张持相同观点的稳健维新派更侧重于启迪民智、发展教育、舆论宣传、开创风气这样的基础工作，待民智或者说国民的素质有了实质性的进展之后，变法、新政的推行乃至成功就会容易得多。这与康有为把更多的希望寄托于皇帝颁行新政，有明显的不同。因此张元济在戊戌维新运动中，只能说是积极参与，并以创办通艺学堂的实际行动来支持维新变法，但始终没有成为康、梁为首的激进维新派的内圈人物。

京师大学堂的创办，是维新运动的一大成果。孙家鼐被任命为管学大臣。8月9日，大学堂成立。孙派张元济充任学堂总办，已经奏准。按理说，筹办这样一所近代大学堂，正符合张元济培养人才的主张，正可以发挥才能，但是他拒绝了。这是什么原因呢？主要是他认为与孙无法共事。孙家鼐，安徽寿州人，年长张元济四十岁，咸丰九年状元，曾与翁同龢一同给光绪授课，久居高位。康有为在北京创办的强学会被御史杨崇伊弹劾而遭到查封后，翁同龢力主恢复，派孙家鼐主持，改为官书局，章程变为藏书、刊书、印报一类，与原来强学会宗旨相去很远。张元济起初为官书局的开设感到高兴，在给汪康年的信中说："书局之开，是吾华一大喜事。浮云蔽日，旋即消散。"日子一久，情况就不是开始时想象得那么好了。张元济看到官书局出版的局报"多系芜词"，总理衙门送过去的外国报纸上有时出现一些对清政府的批评，都被删除。张元济就此看出了孙的为人，说："观其行事，亦终难扫除朝贵气习。"所以他针对孙指派充任京师大学堂总办一职说："因其所用之人多非同志，极力辞退。此事亦恐变为官事，步官书局之后尘，可叹，可叹。"

9月5日，张元济经过一番周密的思考之后，上了一份给光绪帝的奏折。上奏的主题是"时局艰难，变法自强，亟宜痛除本病，统筹全局，以救危亡而成盛业"。奏折全面陈述了他对变法的见解，并对今后的国家行政、政权建设，提出了系统的见解。全文7000字，逐项阅读奏折的条文是很枯燥的，这里做一些简单的介绍。

奏折一开始，张元济就以较为尖锐的语气指出，他被召见以后"数月以来，中外因循，一仍旧习，欺罔蒙蔽，毫无朝气"。他分析造成这种现象的原因是大臣们不赞成变法，他们以为旧法最终不会被废，新政终究行不通，任凭皇上一人忧劳，时间一久，产生厌倦，新政就会结束，而他们便能如愿以偿。这批大臣虽然也知道外患内忧相继而至，但因年纪衰迈，还是得过且过，敷衍了事混日子。更为恶劣的是，他们对皇上交议的各项奏折都不切实议行，不是佯称已办，就是诡称无法实施，即使有一两件认为可行，亦被改头换面，失去原奏本意，成了一纸空文。

张元济对日后改革的做法，提出五项建议，每项有详细的要点和步骤。第一项是"设议政局以总变法之事"。他认为各项变法，错综复杂，必须全面规划，通盘考虑，"彻究其始终，融贯其往来，斟酌其后先，权衡其缓急"，才能施之无弊。"稍一不慎，败覆随之矣"。而现有廷臣，各人主持一方面行政，年迈而事多，没有精力去研究变法，所以皇上真要施行变法，必须另设议政局，对变法专门研究。他提到西方各国行政与议政分立，而中国则以行政之人操纵议政之权。因此奏折中已包含了学习西方、改变政治体制、走议会民主道路的意向。

第二项叫作"融满汉之见"。在分析了清初订立的满汉分立国策的弊病后，他提出应允许满汉通婚，允许旗民外出经商、自谋衣食。各衙门并设的满汉官员裁撤 1 人，不论满汉，择贤者留任。

第三项为"通上下之情"。他认为皇帝提倡变法，但每天一起商议国事者，只三五位老臣。中下层官员无法见到皇上，更不要说京外官员和士民，他们的各种见解都无法为皇上所知。他建议皇帝随时视察各衙门，将来再"巡幸各省，游历外洋"。这一项内，还提出废除跪拜；每年从各省调若干官员进京，从中多了解各地民间疾苦。

在"定用人之格"一项中，主要说了官员的人事制度。其中特别提出废科举。还说对于现职官员，可让他们自己表明是否愿意执行新政，不必曲从，如不愿意，可以让他们保留原品级退职当老百姓。此外尚有"善理财之策"，令户部清理财政账目，重商权、制商律，并统筹盘算户部及各省出入款项、数目等。

敢于提出这许多建议是十分大胆的，建议有的涉及几千年的封建制度，有的涉及满族统治所形成的特定政治环境中制定出来的规矩。弄得不好，随时会招致杀身之祸，况且上这份奏折时，已是百日维新的后期。张元济对变法的结局是早有所料的，但他一方面出于一种中国传统知识分子"知其不可而为之"的坚韧性格，为了国家的前途，明知大厦将倾，仍矢志不改；另一方面也是报光绪的知遇之恩，上这份奏折的本身就是对光绪的信任和支持。这些见解，能否被皇上采纳？半个月后，政变发生，什么都无法证实了。但从 9 月 6 日以后皇帝颁行的新政中，也可以看到一些迹象：9 月 7 日帝命各省访查通达时务、勤政爱国能员；9 月 14 日上谕"诏许旗人经营商业"；9 月 13 日，决心开设懋勤殿以议新政；9 月 16 日帝命户部编制预算，将每年出入款分门列表，按月刊报。显然，奏折中的一些内容已为光绪所采纳。然而对议会民主政体，对融合满汉、废除科举这类涉及满族皇权统治基础的重大问题，即使没有慈禧政变，只要中国资本主义经济没有强大到足够的程度，人们的观念没有进步到足够的程度，恐怕也不会那么容易被光绪所接受。

9 月 21 日，慈禧从颐和园回宫，再度垂帘，光绪被软禁瀛台，变法失败。这一天，张元济率领通艺学堂的同学去东交民巷日使馆拜访伊藤博文。当时大家还不知道政变的消息，但伊藤说："一个国家要变法，不是一件容易的事。一定要经过许多挫折才会成功的。诸位有志爱国，望善自保重。"显然他已获悉政变发生，不好明说，才含蓄表达了这层意思。张元济等从使馆出来，才得到政变的消息。一星期以后，谭嗣同等六君子被害于骡马市大街。

御史杨崇伊的儿子也是通艺的学生，对此却喜形于色。张元济对此人十分厌恶。那几天天天抓人，张荫桓、徐致靖、李端棻都下了狱。张、李很快被发配去新疆，张元济去西郊送行，洒泪而别。从此，他再也没有见到两位恩师。几十年后，在日寇铁蹄下，李端棻夫人死于贫病之中，张元济在自己经济十分拮据之时，仍设法帮助料理了李夫人的后事，尽到了一份对尊师的心意。

政变发生后，张元济居然去见李鸿章，对他说现在太后和皇上意见不合，或许会对皇上别有举动，恐怕不是社稷之福，中堂大人一身系天下之重，如能说句话，或者有转变的希望。这位老谋深算的李中堂为此惊呆了，睁大了眼睛看着张元济，没有说话。张元济也就不再说了。他确实太幼稚了。

这时外面谣传官府马上要来逮捕张元济了。张就天天到衙门上班，早到晚退，这样可以免得军队到门，让老母受惊。一个半月后，张元济与王锡蕃、李岳瑞同处"革职，永不叙用"。事后他去拜别老师廖寿恒。老师告诉他，对王、李二人的处分决定以后，光绪特地说："张元济也曾上书，妄图国事，应同案办理。"分明包含了一层保张的意思。第二天张元济见到官报，送给母亲看。母亲对这段日子的事处之泰然，她说："儿啊，有子万事足，无官一身轻。"对儿子慰抚再三。张元济在这么一位有宽大胸怀、有见识的母亲面前流下了眼泪。

革职后，李鸿章派于式枚来慰问，问张元济今后怎么打算。张回答说想去上海谋生。过了几天，于又来，说李中堂已跟盛宣怀招呼过了，帮你找工作，你可先去上海。其实李鸿章和张元济没有什么特殊的关系，只是中堂大人很欣赏这名肯干也能干实事的年轻人罢了。

11月初，张元济举家经天津到上海，开始了另一种与以前完全不同的生活。

立心篇

　　北宋儒学大师张载的"四为"名句，成了儒家学子的人生追求，多少人愿为之奋斗终生。祖父从踏上社会的那一刻起，就关注教育，希望通过教育，启迪民智，使民众有正确的世界观、人生观，从而实现富国强民、振兴中华的理想。他希望从最基础的普及教育入手，提升民族素质，以"扶助教育"为出发点，投身商务印书馆，主持编纂我国教育史上第一部成功的现代意义上的教科书《最新教科书》，为推动我国教育事业现代化做出了重要贡献。

南洋公学译书院总校兼代办院事

　　张元济南下上海，在虹口熙华德路隆庆里（今东长治路近提篮桥一带）租赁一栋民宅定居下来。他曾在离上海咫尺之遥的海盐度过了整个青年时代，然而这次却是他第一次来到这个东方大都会定居。革职意味着仕途的终结。十载寒窗，科举生涯，能给成功者最大的回报无非是位列朝班。此时，这一切对张元济来说，都已成了回忆中的过去。好在历史的脚步已进入了近代，封建王朝接近尾声，近代市场经济已在中国萌芽，那种读书人"非官即隐"的时代也将随之而结束。市场经济为他们开拓了另一个巨大的、可以再展宏图的舞台。张元济没有回到他的故乡，而这原是数千年来革职下野官吏的唯一的归宿。他选择了上海。他在几年前，从好友汪康年的大量书信中，早已了解到了这里的繁华——众多的书坊和文教机构，来自四面八方的文人学士，以及在这里进行着的中西文化的碰撞与交融。这个城市由于具有吸纳百川的宽广容量，又有敢为天下先的竞争意识和在特定条件下形成的市民意识，正在蓬勃发展。张元济之所以选择了上海，一半是被迫——京城里是住不下去了，而更为重要的一半，是他认识到今后要依靠自身力量实现发展教育、从事中西文化交流的志向，必须使自己融入民间，而上海正是实现这些愿望的最为合适的场所。

　　1899 年 4 月，张元济经李鸿章介绍，进入南洋公学，被创办人盛宣怀聘为译书院总校兼代办院事。南洋公学即今日上海交通大学的前身，创建于 1896 年。清末洋务运动作为中国走向近代化的一次尝试，未必成功，但毕竟还是总结出了一点儿东西。至少，洋务派人士明白要使洋务事业不断发展和巩固，必须要有通晓外语和工业技术的人才。洋务运动主将之一盛宣怀提出"自强首在储才，储才必先兴学"的主张和对旧式书院进行改革的意见，立即得到清政府的支持。1895 年，他在天津创办了中西学堂（后改名北洋大学堂、北洋大学，即今日天津大学的前身），翌年又在上海筹款建南洋公学。光绪皇帝令军机大臣、总理衙门和户部研究盛的奏折后，谕令由户部按年拨款。这样，南洋公学很快办起来了。时任大理寺少卿的盛宣怀亲任督办，聘请他的同乡江苏武进人何嗣焜为第一任总理（即校长）。校址选在上海徐家汇。学校初建时分设四院：师范院、外院（即附属小学）、中院（中学）和上院（大学），以后逐步设立特班、政治班等，皆相当于专科。

南洋公学译书院设立于 1898 年春。公学章程中明确："另设译书院一所，选诸生之有学识而能文者，将图书院购藏东西各国新出之书课，令择要翻译，陆续刊行。"一方面，我国当时初创新式高、中等学校，没有自己的教材，亟须翻译引进；另一方面盛宣怀在办理洋务时需要了解国外情况，他多次说译书院是"为成材之助""朝廷侧席之求""周知四国之为"。这样，译书院在南洋公学中的地位之重要就显而易见了。李鸿章与盛宣怀都认为张元济是合适的人选，所以李一推荐，马上为盛所接受，聘其为译书院总校兼代办院事，用今天的语言来说，就是一家出版社的总编兼代总经理。从此，张元济开始了他在高等学府中三年多的工作经历。

基于洋务派的指导思想，起初译书院译书的选题是"以练兵为急务"；又因盛本人经商和办企业，就有"理财、商务、学校次之"。在张元济入主译书院时，已译出的书就有《日本军政要略》《战术学》《作战粮食给与法》等 8 种，全是军事书籍。已选定拟译书目 23 种，也是军事书籍。张元济用他的思想观点，对盛施加了一定的影响，使原来盛制定的实用主义选题方针有所修正，选题范围在"兵书"之外有了较大的拓展。张先后主持编译的书籍中，物理教材有英国莫尔旦的《格致读本》及法国包尔培与英国保罗、伯德台合著的《中等格致读本》，历史方面的书籍较多，有英国琐米尔士的《万国通商史》、勃克鲁的《英国文明史》、日本松平康国的《美国宪法史》等，实用科学有《社会统计学》，还有几种哲学书籍。译书院出书的面貌为之一新，速度也有所加快。1901 年 7 月统计，已译成图书 31 种，其中出版 14 种。

南洋公学译书院出版的书，在社会上引起轰动效应的，首推严复所译《原富》。这本书的作者是英国人亚当·斯密，书名原文是 *An Inquiry into the Nature and Causes of The Wealth of Nations*，如果直译的话，则是《国民财富的本质和原因的探究》，是一本"理财书"，即资本主义经济学著作。张元济看到了它的重要性，就说服盛宣怀以规元（银）2000 两购买了严复的译稿。2000 两是一个巨大的数字，占译书院全年总开支的 26%！严复与张元济在通信中还商谈了版税问题。除了书稿费之外，张同意给两成版税。这是我国近代实行版税制度最早的实例。《原富》于 1901 年到 1902 年间分卷出版，第一、二册出版后，梁启超即在《新民丛报》上撰文介绍，说："严氏于中学、西学，皆为我国第一流人物。此书复经数年之心力，屡易其稿，然后出世，其精善更何待言。"孙宝瑄则专门坐车去南洋公学购买，回来后仔细阅读，得出"西国民权之所以能日振者，其功皆在农工商贾"的结论。对英国经济发达的原因和方法的理解，对我国旧观念"以言利为讳""重农抑商"的批评，一时在社会上引起不小的共鸣。由一部书而能引起这样的反响，实不多见。

1901 年初，何嗣焜突患脑出血病故，由张元济兼代总理，前后约一个学期。他首先把何嗣焜开设附属小学的工作做完。上年夏，何拟设小学，至冬已招取学生 74 名，但办学计划、经费、教材、师资等均未落实。张元济接办之后，立即呈文盛宣怀，报告筹办情况，并亲自拟定试办章程及经费预算表，请他核示。

附小开办一月之后，又按盛宣怀的意见，积极筹办特班。张元济致盛宣怀的呈文说："公学中院每年招考学生虽悉凭汉文录取，而根柢既薄，成就自必较迟。惟师范一班，现在专攻西学，积之有得，或不难中西贯通。然学额不过十人，造就终嫌未广。窃维数年以内，风气顿开，硕彦名流大都喜通彼学，徒以学堂有限，肄习之门浅尝辄止，良堪悯惜。兹奉钧谕，增设特班，广招秀出之材，俾跻大成之域，满满多士，钦感同深。"同时附呈他拟定的特班章程。

章程规定特班宗旨为"于上院、中院之外，特设一班，以待成材之彦之有志西学者"。入学条件是："凡学识淹通、年力健强者，均可入学。有无出身勿论，曾习西文否勿论。"这里"出身"二字指科举的功名。功课分前后两期，每期三年。前期有英文（写、诵、文法、章句）、算学（算术、代数、几何、平面三角）、格致、化学（包括实验）；后期有格致、化学（以理论为主）、地理、历史、政治、经济、逻辑，并规定学生"西课余暇，当博览中西政事诸书，以为学优则仕之地"。

经盛宣怀批复同意，学校开始招生。报名者有数十人，张元济主考。先笔试，后口试。黄炎培回忆当时张元济对他进行口试情形，张问："你信宗教没有？信哪种宗教？"黄答："什么宗教都没有信。"张说："好。"录取的学生中除了黄炎培之外，还有李叔同（后来的弘一法师）、邵力子、谢无量、胡仁源等。

张元济对师资是非常重视的。这样一个新开办的、尝试性质的培养大学后备生和尖子生的班级，必须有第一流的教师。张想到了他的老友、刚从绍兴来到上海不久的蔡元培。张与蔡是同乡，都是浙江人；同岁，都生于清同治六年；同年，都是光绪己丑年举人和壬辰年进士、翰林；同事，都在南洋公学任过职。他们初识于1889年杭州的乡试试场，重逢于1892年北京保和殿，后来一同在翰林院充庶吉士，朝夕相处，研究学问，友谊日进。翰林院散馆之后，他们分在两处任事，但过从甚密。蔡虽未像张那样直接参与维新运动，但对维新十分同情。他认为康、梁之所以失败，是因为事先不培养革新人才，只图以少数人取代政权。这一观点正好与张元济的相吻合。1898年他们一同出京，张来上海，蔡返绍兴。一年后蔡辗转打听到张的下落，马上写了信。当他知道张正主持南洋公学译书院，立即托购严复的译著和南洋公学出版的书籍。1901年春，蔡来上海，老友重聚。张即邀其任特班总教习。同时应聘担任教习的有王瑶舟和赵从蕃。

张元济在南洋公学任职时期，特别是代理校长的一学期中，工作繁重，加之当时徐家汇尚属上海的远郊，无公共交通可言，从虹口家中出发，要先坐小船，摇到漕河泾上岸，再雇小轿到校，单程就得花去大半天。为节省时间，他住宿在学校里。他在学校十分关心教师，更十分关心学生，每天与教职员和学生在学校食堂一起进餐。食堂没有固定座位，他借此可与师生增加接触。他还时常到厨房视察工作，保证伙食质量。教学上，他支持蔡元培采用新的教育法，还亲自教学生学习严复译《原富》。他身为校长，却时常直接找学生谈话，询问他们的功课；晚上，待学生就寝之后，还手提灯笼，四处巡视。蔡元培任职后，亦在校内住宿，他们几乎天天见面，有时蔡"宿于菊生处"，彻夜长谈。他们利用张主持译书院之便，借阅外文书籍，如饥似渴地吸收新知识。

张元济任代总理时，因办学思想与监学美国人福开森不合，多次提出辞职，到了暑假，才获得批准。福开森的意图是照搬美国的教育制度和方法。张元济虽很开明，主张吸收西方文化，但他不同意全盘西化。1902年他离开南洋公学前夕，在《教育世界》杂志上发表了一篇文章，题为《答友人问学堂事书》。其中有一段小标题是"勿标讲求西学之名"。他认为"泰西教育之法，莫不就其本国之民质、俗尚、教宗、政体以为之基础，各有其独立之道而不可以强同。一切教授规则皆受成于学部。凡所损益，一以国民精神为主。故学成之辈，无不知爱其国、卫其种。中国开化甚早，立国已数千年，亦自有其不可不学之事，何必舍己芸人？窃谓今日设学亦宜抱定此意，必学为中国人，不学为外国人，然又非'中学为体、西学为用'之谓也。……吾之意在欲取泰西种种学术，以与吾国之民质、俗尚、教宗、政体相为调剂，扫腐儒之陈说，而振新吾国民之精神耳"。他还进一步谈到了"勿以洋文为常课"和"勿以外人主持学事"，这后一项，显然是有所指的。他说："俄亡波兰而强习俄语，美据菲律宾而议用英文。灭国手段，此为最酷。"他认为："今设学堂，惟省会及通商各埠可别立洋文一科，余悉用华文教授，庶于教育之道不至背驰，可以保持国民自立之性。"他又说："尝闻美人之言曰'……财赋之权在英，军事之权在德，教育之权吾美人，其勿失之'，斯言之可畏也。国家之气恃教育以维系之。此为何事，岂可授之外人者？"观点十分鲜明。中国人必须掌握中国之教育主权，不能以创办新学而失却主权。对于教材问题，他主张

"勿沿用洋人课本",最好的办法是"速自译编",如译编赶不上需
要,退而求其次的是请人"取旧有各本详加改订",比直接用外国
课本为好。于是他坚辞校长,回译书院埋头于他的译书工作。

在南洋公学的几年,是张元济教育观从英才教育到普及教育的
转折期。他受过严格的、系统的和完整的儒家教育。科举制度从来
只是为皇上培养少数治理国家的英才,因此张元济原先的英才教育
观不足为怪。然而科举制度虽在历史上有过进步作用,但毕竟在培
养了少数英才之外,从来没有给予过广大劳苦大众以受教育的权
利。这是国家贫弱、发展停滞和国民素质低下的主要原因。张元济
到了上海这个得近代化风气之先的城市,新型的都市生活,加上他
在京为官数年的阅历,以及新政无法推行终致失败的教训,促使他
渐渐悟出了应该走普及教育之路的真理。1901 年 10 月 5 日致盛宣
怀的信中,他提议广设学堂:"国家之政治全随国民之意想而成。
今中国民智过卑,无论如何措施终难骤臻上理,国民教育之旨即是
尽人皆学,所学亦无取高深,但求能知处今世界所不可不知之事,
便可立于地球之上,否则未有不为人奴,不就消灭者也。今日世运
已由力争而进于智争。力争之世不必开民智也,取用其力而已足
也;智争之世则不得不集全国之人之智以为智,而后其智始充。中
国号称四万万人,其受教育者度不过四十万人,是才得千分之一
耳。且此四十万人者,亦不过能背诵四书五经,能写几句八股八韵
而已,于今世界所应知之事,茫然无所知也。……今设学堂者,动
曰造就人才。元济则以为此尚非要,要者在使人能稍稍明白耳。人
果明白,令充兵役则知为求独立也,令纳租税,则知为谋公益也,
则无不欣然乐从矣。盖如是而后善政乃可行也。"这里一处统计数
字是否精确,暂且勿论,但话已经讲得十分透彻了。在《答友人问
学堂事书》中,他说西方人不读书者甚少,却并非都是人才,然而
人们应该懂得的道理他们都懂,这样民智就大开了,善政也就可行
了。而我国的现代是"多愚蠢","饮食男女之外几无所知,国之危
亡非所问,种之衰灭非所计"。他提出:"今设学堂,当以使人明白
为第一义。德被法败,日本维新,均汲汲于教育之普及者。无良无
贱,无智无愚,无长无少,无城无乡,无不在教育之列也。本此意

以立学，则必重普通而不可言专门，则必先初级而不可亟高等。"
在这两段文字中，他的教育观点已阐述得十分详尽。这些教育观
点，与当时南洋公学的办学宗旨不尽相合，何况盛宣怀又十分信任
福开森。这时，他感到人生轨迹的转折，只完成了从官到民的第一
步，该是考虑第二步的时候了。

创办《外交报》

1902 年 1 月 4 日（清光绪二十七年十一月二十五日），张元济主持创办的《外交报》第一期问世。每旬出刊一期，共出 300 期，1911 年 1 月停刊，发刊时间达九年之久。这是我国第一份外交方面的专门报刊。

张元济 1896 年应试进入总理衙门一事，反映出当时他有志在外交方面做一番事业，为国家出一份力。他这个志向从何而起？一种可能是受到岳父的影响。他结婚时，岳父许庚身已经去世，但婚后他可能从夫人和许府其他人那里得知岳父早在江西学政任上就关心实用学科，"颇以天算舆地诸学试士"。许曾担任总理各国事务大臣十年，是在此官位上任职最久的要员，他留心考察西洋图籍，注意世界形势，与外国外交官员颇多交往，种种遗风尚存，张元济得以耳濡目染。还有一种可能是，张元济生在被辟为五口通商城市之一的广州，十四岁以前在广州度过，虽终日闭门读孔孟之书，但社会环境中的洋人洋事，不会不有所耳濡目染，这比起生长在穷乡僻壤的青年来，接受国外新鲜事物要容易得多。再则，张元济自己事业上的好胜心，也是应试的驱动力，因为首任总理各国事务大臣恭亲王奕䜣曾做过规定，总理衙门可以通过考试随时从六部推荐出来的主事中吸收具有最高学识水平者任章京。然而进衙以后所见，与他的理想相去甚远，以致仅仅三个月，他就"颇有退志"。一次他看到驻美公使伍廷芳寄回美国检验进口茶叶章程，写得很详细，这份材料对于外贸管理和茶叶商都很有参考价值。他准备抄录下来，寄给汪康年，在《时务报》上登载。不料同署一名官员知道后，认为张元济在"泄漏军机"，使张啼笑皆非，只得连呼"哀哉"。他气得把这些个官员称作"太古之人"，即未开化的原始人。诚然，用未开化的原始状态来描述当时中国的外交，倒是十分恰当的。

维新运动前，清政府明令禁止民间办报。因此除了政府官办的报纸之外，在京沪等地仅有过一些外国人办的期刊。维新人士在上海创办《时务报》，可称一鸣惊人，以此为始端，一大批报纸冲破樊笼，纷纷出台，一时间形成了我国近代报刊史上辉煌的一页。那时张元济正热衷于创办通艺学堂，同时也十分重视报纸舆论。1897年4月26日他致汪康年的信中说："吾兄办事，从报入手，最为中肯。"又说："此时急务，总以鼓动人心为第一义。贵报已膺此任。"他为代理《时务报》在京销售也出过不少力，甚至在上光绪帝的奏折中，还提出要让总理衙门将国内所有新报各备一份，统以原本，逐日进呈御览，而且说明不可以搞"报摘"以防有人故意堵塞言路。那时他不仅认识到舆论宣传对开风气的重要性，而且试图把舆论工具送到皇帝手中，把"启迪民智"的工作做到皇帝头上。

变法失败后，许多事情只能在新的环境中重新开始。张元济在南洋公学工作上稍见头绪之后，几年前的一些想法又时时出现在脑海之中。这时，他已是民间的一员。立足民间，也正可以畅言自己的观点。1901年，他与蔡元培、赵从蕃、温宗尧诸人一起商议，集资筹办一份报纸，先取名《开先报》，取英语"前队、冲锋"之义，最终定名《外交报》(*The Diplomatic Review*)。他们先商定一份章程，章程规定该报由同人集资，不募外股，总计集资银洋5000元，以后盈亏相共，不得中途抽回股本，收据、股单也不得转让、抵押；报社设董理1人、撰述1人、编辑1人、西文报译员1人，均由创议股东分任，另聘东文报译员、司账、校缮各1人。还规定董理、编辑概不支薪。最后一条明确规定："本报之设，志在裨益时局、启发民智，非为牟利，初办三年，不给官利（以后再议）。"看来他们还是继续着维新时期的爱国热忱和启发民智的宗旨，所考虑的也必然是社会效益。大家推定张元济为董理、蔡元培为撰述。

当时所有的报纸，在今天看来，都可认为是一份杂志。《外交报》相当于今天的大32开本，略长，线装，每期30页到40页不等，3万字左右。创刊号上有张元济的一篇《外交报叙例》，即发刊词。文内于办报的缘由做了这样的叙述：过去中国外交上的失败，"夫亦见地之不广、作用之不密"所造成。"广之、密之之道，不外于知彼知己，与时势为推移，刺其蕃变，舍报莫赖。"于是，办报人就"举我国对外之事实与各国所以对我之现状、之隐情，暨其国立法、行政之迹，凡足资借镜者，博访而广译之，以为此报"。报纸创刊时，设置以下栏目：

论说栏："选译东西外交家所著，间由自撰，或登来稿。"

谕旨栏：登载皇帝谕旨，"即不涉外交者，亦恭录之"。

文牍栏："凡章奏、条约、规则、报告之类，皆隶之。"

本国外交纪闻栏

东西文报栏

　　译报第一类："各国对我国政策"。

　　译报第二类："各国互相交涉者"。

　　译报第三类："各国内政"。

要电汇录栏

　　后来，栏目略有调整，如取消了"要电汇录"，增辟"外交家传""外交大事记"等栏目。张元济注意到众多领域与外交都有着有机的联系，他在《叙例》中写道："政党之胜败、军备之张弛、殖民之区域、贸易之自由与保护，以至学术之新旧、宗教之因革、俗尚之靡嚣、工商业之通塞，何一非影响于外交者。"因此《外交报》开辟了这么多的栏目，登载的内容也十分广泛，而且信息的来源众多，大量文章译自外报，各种各样的观点、思潮在报上得到表达和反映，完全不同于专制集权的一统化，从而有利于引导民众独立思考、自立抉择和增进参与意识。

　　张元济在《外交报叙例》中提出了一个颇使人费解的观点，叫作"文明排外"。他说日本有"文明排外"之说，而我国外交说"排外"已有几十年，造成"撤藩、割地、偿兵费、租界、势力圈，主权失尽，而转为世界诟病"，这些都是"排外之效"，即由"排外"造成的。这里他所说的"排外"，是指过去数十年间的野蛮排外、盲目排外。张元济在读了严复译《原富》之后，把亚当·斯密的"经济人"原理做了引申。"经济人"原理是说人都有利己的本性，每个人最初只考虑个人的利益，并没有帮助别人和增进公益的动机，只是在经过社会竞争原则的自然平衡和调节之后，才会产生彼此间的协作与互助，消除个人利益与社会利益的对立。张元济引申说：

> 彼所谓文明排外者是何言欤？盖人之生也，无不以自利为宗旨者；国之立也，即无不以自利其国为宗旨者，是以有凌侮劫夺之事。凡以凌侮劫夺人为事者，例不以见凌侮劫夺为怪，是以彼我之间，荡荡然无界畔、无契约，缘隙生事，罄竹不胜书。及其迭经自然、人为之两淘汰而残存于兹者，渐趋知力平等之势，又以经历既多，识见渐澈，知前者凌侮劫夺之为两不利，而自利者不得不行以两利之术。于是人与人有伦理，而国与国有外交。要之，以保有主权不受凌侮劫夺为界说，是故外交其表面而排外其里面也。

张元济是基于日益加深的民族危机，国家面临被列强瓜分的险恶形势之下，才说这一番激烈的话的。帝国主义对弱国的侵略和盲目排外，固不是文明外交，而文明排外，也终非外交事业的基点。严复在读了《叙例》之后，以《与〈外交报〉主人书》的形式，提出了不同的看法。他认为倡言排外，而求避免竞争，是无益的。与其倡言排外，还不如提倡文明。如果真正做到了文明，必能在竞争之中得以自全；相反，意在排外，只是用文明来加以掩饰，那么非但排外做不到，反而只能为文明进程制造阻梗。严复的批评是中肯的。他的出发点是不要保护落后，只有使国家真正走上文明之道，才有文明外交可言。今天读张元济这段文字，恐怕只能去理解他当时主张保护本国国家主权和民族利益的外交准则这一立足点。

《外交报》发过一些很有分量的文章，例如第 19 期《论中国之中立乃放弃之别名》，对清政府的外交提出了尖锐的批评："以苟安之习惯，取巧之故智，施之于国际而已。""于平居无事之日，绝无外交政策之可言。国民固不与知，政府亦不自料。上恬下嬉。一若兵已极强，财已极富，举天下之国，合纵以谋我，而皆不足当我一击，外交界上，无复有一事之可商者然。"然而外交上的问题一旦出现，就"仓黄而决策，草率而应命，旬日之间，宗旨屡变"。等到大兵压境，则"偿款惟命，割地惟命"。这样来处理外交事务，"数十年来，事皆如此，国为何而不亡"。又如第179期的《论外交当审定宗旨》，竟把矛头直指李中堂："昔李文忠公以外交大家擅名中外，究其实，并未尝洞悉彼己之情势，而惟持纵横家数，以为驾驭之方。故法犯越南，则嗾英以制法；日覆朝鲜，则嗾俄以抵日；英窥卫藏，则又嗾俄法以制英，方自诩操术之神，不知已授人以柄，深入其玄中而不自觉。"

　　《外交报》创刊后，先交由蔡元培的同乡杜亚泉所办的"普通学书室"发行。杜也是《外交报》的股东。后来普通学书室停办，杜也加入了商务印书馆编译所，报纸就转由商务印书馆代印和经销。有些书刊，包括工具书上说《外交报》是商务印书馆办的，说是商务办的第一种期刊，这不是事实。《外交报》创办不久，从1902年下半年起，蔡元培就把主要精力放在中国教育会、爱国女学、同盟会、光复会等革命和排满活动上，1903年即离开上海；赵从蕃也于1902年10月离沪去北京。因此《外交报》的全部工作都由张元济承担。每期一篇论说（即社论），除了署名者以外，绝大多数出自张元济的手笔。《外交报》创办以后，清政府外务部也曾给予好评，命各省所属官吏、学生购阅。严复也评价说："自大报风行，其裨益于外交者甚巨。"确实，《外交报》作为我国第一份外交专门报纸，对外交科学的研究，介绍各国对华政策和国际事务以启发民智，以及批评清政府外交上的愚昧、落后，起到了先驱者的作用，具有划时代的意义。时至今日，它所积累起来的史料，仍不失为研究中国近代外交史的一座丰富的宝藏。

投身商务印书馆

　　1901 年，张元济应创办人夏瑞芳邀，投资商务印书馆。翌年末，辞去南洋公学职务，1903 年初正式加入商务，创设编译所，亲任所长，主持出版方针。三年三大步，最终完成了从翰林、清廷官员到民营企业投资者、近代出版事业主持人的角色转换。从这一新的起点上，张元济开始了他全新的事业，并将其毕生的精力，奉献于这一项中国历史上前无古人的事业。

　　商务印书馆创办于 1897 年。创办人夏瑞芳，字粹芳，江苏青浦人，世代务农。父母为了摆脱贫困，将他寄养在亲戚家中后，到上海做小商贩。夏瑞芳幼年时就很有主见，感到身居乡间，盲无知识，终非大计，就决意跟随母亲来到上海，进基督教办的清心学堂求学。十八岁时，父病故，只得辍学谋职。他先到医院当助手，由于没有医学的学历，自知没有前途，干了一年即去报馆学英文排字，以后在洋人办的字林报馆、捷报馆当排字工，数年后升为工头，收入渐丰。然而捷报馆的英国经理脾气暴躁，歧视华人，经常辱骂工人，夏决计自谋出路。他与同事，也是他的妻舅鲍咸恩、鲍咸昌兄弟，以及清心学堂的同学高凤池一起商议，筹资办印刷所。高凤池为他们做了一点儿市场预测、分析之后，大家开始集资。最大的股东是苏松太道一位法文翻译的儿子沈伯芬，认了 2 股，1000元，其他人认半股至 1 股不等，共集得股本 3750 元，对外号称4000 元，在上海英租界江西路北京路南首的旧式里弄德昌里租屋三幢，购置十来部人工印刷机器和中西文铅字盘，开办了商务印书馆。开办之初，主要是接印商业账册、票据，以及教会的印刷品。夏瑞芳一人身兼多职，总经理、校对、财务、采购、送货，上上下下都亲自动手。靠创办人的勤奋，一年下来，略有盈余。不久，日本人在沪企业修文书馆因经营不善歇业，商务即以廉价将其较为完备的印刷器件盘入，规模有所扩大，基础亦由此得到稳固。1898年的戊戌维新给商务发展带来了机会。当时社会人士渴求西方知识，掀起了一股学习外文的不小的潮头。上海书坊极多，它们直接带动了印刷行业的发展，商务也做出了印刷出版书籍的尝试。

商务印书馆初创时期印刷出版的书籍，以谢洪赉编的英语课本《华英初阶》《华英进阶》和颜惠庆修订的《商务书馆华英字典》为代表。

谢洪赉，浙江绍兴人，父为基督教长老会牧师。受家庭影响，他自幼笃信基督教，二十一岁时毕业于苏州博习书院，中西文功底扎实，被院长美国人潘慎文留作秘书。后潘氏来上海主持中西书院，谢亦随同前来。《华英初阶》是商务出版的第一种书。当时中国人还没有开办新学，但教会学校不少。供学生用的课本有好几种，但大多为英美人所编，其中采用最多的是一种供印度人使用的课本，但全书都是英文，读者深感不便。谢洪赉对这套教材加以诠释，对单词和课文加注了中文的释义。第一册叫作《华英初阶》，出版后销售甚佳，接着又把后面几册同样加注释，称为《华英进阶》。

中西方交流，真要达到文化上的沟通，没有合适的词典是做不到的。1870年左右，邝其昭编的一本《华英词典》由香港中华印书总局出版，这可能是适合中国人用的第一本英汉词典。此后三十年间，没有新的版本问世。商务印书馆创建两年之后，便约请颜惠庆对《华英词典》进行增补和修订，后以《商务书馆华英字典》(*Commercial Press' English and Chinese Dictionary*)之名出版。在社会上学习外语新高潮到来之际，这部收词4万的英汉词典取得了相当好的经济效果。从此商务的外语工具书出版，走到了同行业的前头。

商务印书馆从印刷一般的纸品到印书，并出版了几种书籍，取得一定成绩之后，夏瑞芳继续思考着事业发展的方向。扩大书籍出版，无疑有着良好的前景，然而使他感到困惑的是自己文化水平不高。他有自知之明，单靠初中文化，要负起发展出版事业的责任，谈何容易！不要说制订出版方针、把握知识界的脉搏，就是花钱买来的稿件，究竟质量如何，也觉难以判断。这时候，他因联系印刷业务，在往返奔走之中，来到了南洋公学，与张元济有了接触。他向张元济介绍了自己创办的事业及发展事业的抱负，这使张很受感动。张看出，夏会经营，有魄力，甚至带有一定的冒险精神，是一个开拓型的人物，而他的合作者都很勤奋，办事十分认真。张元济在南洋公学译书院工作的第一年，就看出商务印书馆的认真办事精神和高超的印刷水平，得出"沪上印书以商务印书馆为最"的评语。夏瑞芳邀请张元济投资商务，张经过一番思考以后，接受了夏的请求。一介书生的张元济，此时只是"工薪阶层"，要作为投资者，似乎还隔着一段距离。他只能动员夫人去售首饰，作为股金投入，这一点也足以证明他对夏瑞芳的信任。

张元济为什么会投资商务，还进而辞去南洋公学的高位，去就一家设在弄堂里的印书馆呢？原因说法不一：他自己说过与监学福开森在办学方针上意见不合；他还说过另一个原因，很简单，只一句话，那就是南洋公学译书院"院费短绌，无可展布，即舍去"，经费无着，难以为继，也只能离去。这一点还可以从他晚年的，事隔半个世纪之后的一首诗《别商务印书馆同人》中找到线索。1951年末，他中风后大病虽愈，而半身不遂的后遗症无法消除，自认为来日无多，就一连写了10首给亲友的告别诗。此时无法忘怀的首先是他服务了大半辈子的商务印书馆和那里的同人们。诗曰：

> 昌明教育平生愿，　故向书林努力来。
> 此是良田好耕植，　有秋收获仗群才。

这首诗清楚地告诉我们，张元济有理想、有抱负，他的愿望始终是提倡教育，启迪民智，以此来提高中华民族的素质，从而强盛国家和民族。戊戌维新时期如此，变法失败后初衷依然未改。其所改变的只是认识到了朝廷已无可依赖，唯有走向民间，靠自己的力量，脚踏实地去做事。他在南洋公学的几年，正是他的教育思想从英才教育向普及教育转化的几年。他发现，南洋公学的教育工作，于培养英才尤可，而要做到普及教育是无能为力的。他通过夏瑞芳看到了商务印书馆这么一片"好耕植"的"良田"，也就是一片可以让他施展才华，为我国教育普及出力的"良田"。蔡元培在《夏瑞芳先生哀挽录》中说："庚子（1900年）以后，学校渐兴，教授者苦不得适宜之教科书，君（即夏瑞芳）乃为商务印书馆厚集资本，特立编译所，延张君元济主其事。"这是商务印书馆编译所的起点。张元济1901年投资商务后，还继续在南洋公学译书院工作。商务经过发展，买下了日资修文书局，迁址上海北京路顺庆里，规模扩大。不料1902年夏，一场大火，烧毁了厂房和新购入的设备。所幸夏瑞芳是有头脑的企业家，他早为厂房、设备保了火险，随即得到一笔不小的理赔。他决定重起炉灶，在闸北北福建路、海宁路购地建屋，开设工厂，又在上海河南路建立发行所。同时，设立编译所的想法也着手落实。此时夏感到水到渠成的时候来临了，就与张商谈，请张出任编译所长。张和他开玩笑说："南洋公学给我月薪100两，你出得起吗？"夏当即答应："南洋公学给多少，我也给多少。"双方谈定之后，张元济提出了他最根本的办所方针——"吾辈当以扶助教育为己任"，得到夏瑞芳的首肯。编译所是何时成立的？张元济是何时到商务任职的？不少书说是1902年。近年发现的《上海商务印书馆创业十周年新厂落成纪念册》，是目前能见到的年份最早的商务官方资料，很清楚地写明了是那场火灾以后"翌年正月又置编译所于蓬路"。这个时间点和张元济入商务编译所的时间相吻合。商务保存有一份很珍贵的馆史文献《商务印书馆编译所同人录》，列出了从编译所创立起到20世纪30年代所有进入编译所的人员名单。张元济为首位，进所年月是光绪二十九年正月（即1903年2月）。随后，张元济陆续聘入一批年轻、有新型知识结构的知识分子，夏瑞芳对他们很尊重，不仅薪金高，而且尊称他们为"老夫子"，让工友称他们为"师爷"。编辑人员除月薪外，还供给膳宿，甚至茶叶、水烟。为了表示诚意，夏瑞芳给张元济薪金350元，约合250两，大大优于南洋公学的待遇。夏本人虽文化水平不高，却深深懂得尊重知识和知识分子，具有厚爱知识分子的宽广心胸和气度，这一点正是他事业成功的重要原因。

编译所一经组建，即着手工作。张元济邀请了几位留日学生，翻译一批日文书籍。这些书籍大多是社会科学方面的，以不同的专题组成一部部丛书。如《政学丛书》，主要是政治方面的，有《政治学上下编全》《万国国力比较》《万国宪法比较》《宪政论》《普鲁士地方自治行政说》等14种；《历史丛书》，都是世界历史，有《亚美利加洲通史》《希腊史》《东西洋伦理学史》等8种；《战史丛书》有《意大利独立战史》《普奥战史》等5种。这些书中，不少是国外近期刚出版的，它们很快被商务翻译过来，及时地介绍给国人。

编译所初期出书的第二大类是教科书。他们承续了几年前《华英初阶》《华英进阶》的良好开端，仅1903年就有英文和英汉对照的教材37种出版，数量很是可观。此外还有德、日、法语教材5种。汉文教科书方面，则有《清史要揽》《普通珠算课本》《农话》《理财学课本》等16种，涉及语文、数学、历史、地理、财经、农业六个学科。不过它们还没有形成系列，只是一年以后商务印书馆在教科书方面取得巨大成功的前奏。

张元济还亲自为商务编译所编纂的于1903年8月出版的《高等小学中国历史教科书》写了序。这本教科书分上、下两册，上起太古，下止于清"两宫回銮"，以故事形式叙事和讲述人物，这在当时是一个很大的创新，最后一卷有"林则徐毁鸦片""英兵来攻"和"宁波之战"三节，叙述鸦片战争情况较详，还兼述历次不平等条约赔款数和割地数。忧国忧民之心跃然纸上，特别是"戊戌政变"一节，着力颂扬了光绪帝和康梁、六君子推行的新政，这在"老佛爷"还气势汹汹地大权独揽之时，真可谓"胆大妄为"之极矣。这一节很可能是历史教科书中最早出现的关于戊戌变法的记载，也有人认为这段文字非张元济手笔莫属。好在文字不多，姑抄录如下：

　　光绪二十四年，皇上忧国事之日非，锐意振兴。除杨锐、林旭、刘光第、谭嗣同为四品卿，使参与新政，继又命康有为督办官报。此外名士多不次擢用。夏秋数月间，革新之诏数十下。废八股，改文武科举章程，使归实用；诏海内士民上书，广开言路；诏京师及各省府厅州县遍立学堂，学者以次递升，予以出身，以奖励实学；废天下不入祀典之庵庙寺观，尽改学堂；工商能出新制者，得保奖专利；裁汰诸冗员，又裁减无用之兵。士民条陈新政者日数十折，报馆、学堂、学会亦次第兴办。

张元济在序文中生动地回忆了他幼年学史的情况："识字数月即取所谓'十三经'者读之，但求背诵，不尚讲解。……吾犹忆十三四岁时，心界、眼界无一非三代以上景象。"他认为这本教材"条理秩然，颇与童年脑力相合。用为课本，可使稍知古今大事。虽不能尽得读史之益训，而致之要不难"。这说明张元济对于改革历史教育的迫切性已有认识，并已付诸实践。

1903年商务版书籍中，还有一类叫"说部丛书"，即今日的小说，品种不多，仅《佳人奇遇》等5种，但这是以后商务出版大量中外小说的发端。其中值得一提的是《绣像小说》。它是一种期刊，1903年创刊，到1906年停刊，共出72期，每期约80余页，在晚清小说类杂志中出刊年份最长，也是商务出版的多种刊物中最早的一种。小说内容多取材于当时国家的各种内忧外患，如庚子事变、八国联军入侵等，针砭时弊，希望革新风气、广开民智、推动社会改革，颇能反映当时一般有识之士的心态和社会活动。它的主编李伯元是晚清数一数二的小说家，颇具文才，著有《文明小史》《活地狱》等一批作品。据郑逸梅回忆，张元济见广智书局刊行《新小说》杂志，见到梁启超写的《侠情记传奇》、吴趼人写的《二十年目睹之怪现状》等作品，把老学究们严禁子弟阅读的所谓不正经的小说的地位大大提高了，他对此非常赞同。恰巧这时李伯元寓居沪上，张知道李办过许多小型报纸，声望较高，就聘他编辑一种小说杂志，取名《绣像小说》。今天看来，

《绣像小说》中的作品，不论情节还是文字，并不都很高明，但是生活在半殖民地半封建社会都市中的不少市民，对此却有需求。编者、作者也可以通过这类文字，表达出对社会的不满，对国家前途的忧虑，或者对美好生活的向往。在一定的社会层面上，这起到了启迪民智的作用。

商务印书馆对于版权问题是很看重的。张元济早在南洋公学出版严复译《原富》时就已与严复商定稿酬办法，但那时还只是两人在通信中商定，而未见正式合同。1903 年他主持编译所后，听说清政府要设立商部，就预见到将会讨论版权问题。编译所就尽快从《大英百科全书》中译出有关内容，介绍了欧美版权状况。这本书名《版权考》，仅 25 页，分为《论版权之胚胎》《论版权之发达》和《论版权之进步》3 篇。当时国内没有版权法，出版的新书往往被人翻印，出版者和作者均蒙受很大损失。商务翻译出版这本书，在版权问题上先走了一步。书前有一篇署名"商务印书馆主人"的序，反映了中国近代出版事业在雏形时期遇到的令出版家和作者们焦虑，然而又是必须要得到解决的问题。1709 年英国下院正式通过了第一部版权法，而中国的版权问题却长期处于落后状态。这本书及其序言的问世，是中国向近代版权法的制定迈出的有意义的一步。署名"商务印书馆主人"的序言，已无法考证其作者为谁，但至少与主持编译的张元济观点相一致。这本书还具有完备的版权页，写明"书经存案，翻印必究"字样，商务印书馆以此实际行动正式向社会发出了保护版权的呼吁。

也是在 1903 这一年，商务为出版严复译《社会通诠》，与严签订了合同，形成了我国近代出版史上第一份版权合同，其历史意义非凡。这是我国版权史上有实质意义的进展。张元济以"在见"（即见证人）的身份在合同上签了字。合约的主要内容是：每出版发售 1 部，不论定价高下，稿主得墨洋 5 角；此书必须粘贴稿主印花，如无印花，即认为是印主私印，罚款 2500 元，合同作废，听凭稿主收回版权；未废约之前，稿主不得将此书另许他人印刷等。合同规定了稿、印双方的权益和责任，是一份合乎现代法律概念的正式契约。所谓"稿主印花"，是约一寸见方的白底红印图案，写明稿主姓名、为稿主所持有、出版多少册、稿主送印刷厂多少张，粘贴于版权页上，防止印主多印或他人冒印。这是商务的首创，也是对中国出版事业近代化做出的一项贡献。

《最新教科书》

主持编纂《最新教科书》，是张元济进入商务印书馆编译所后做出的第一项重大成果。这项成果既对我国教育事业的现代化做出重大贡献，也为商务印书馆以后几十年的发展奠定了基础。戊戌变法时期，维新人士对于废除科举、改革教育曾经有过强烈的呼声，张元济也为这项主张做过实际的工作——创办通艺学堂以传授西方科学知识。变法失败，改革思潮遭到压制，一时万马齐喑。但社会终究是要进步的，1900年清统治者利用义和团盲目排外，造成八国联军攻陷北京之祸。当局深知其统治已到了岌岌可危的地步，便不得不重新提倡新政，重提新学，诏设学堂。1902年《钦定学堂章程》（壬寅学制）颁行，改革教育的思潮重新抬头，各地新式学堂纷纷设立。新教育的提倡、推广，以及最终废除科举，形成不可阻挡之势。众所周知，兴办学校，除了经费、校舍、管理人才和师资队伍之外，极为重要的一环就是要有一套编写得体、符合教育科学规律的教材。私塾所用的《三字经》《百家姓》《千字文》一类旧式启蒙课本固不适用，即便当时社会上已有的几种教材，中国人自己编的"语多古雅，不易领会"，教会直接从国外翻译过来的则"不合于本国之习俗"。例如南洋公学1897年编过一套《蒙学课本》，开卷第一课就是："燕、雀、鸡、鹅之属曰禽。牛、羊、犬、豕之属曰兽。禽善飞，兽善走。禽有两翼，故善飞。兽有四足，故善走。"这样深的文句，不把初入学的小孩子吓坏才怪呢！于是编辑出版一套适用的教科书，已成了一种社会的急需；从另一个角度讲，上海大大小小的众多印书馆、印书局、书室、书店，哪一家能抓住这个机遇，就等于登上了成功的天梯。

　　蔡元培对张元济和商务的事业有过不小的帮助。张元济在他所撰《涵芬楼烬余书录》序的开端第一句话，就说："余既受商务印书馆编译之职，同时高梦旦、蔡孑民、蒋竹庄诸子咸来相助。"这是最好的证明。蔡是我国近现代教育事业的开拓者，当时他已经形成了进步的教育思想，有了丰富的办学经验。在绍兴中西学堂、上海澄衷中学、南洋公学等学校，反对旧学、提倡新教育、开设新学科、采用新教学方法，是他一贯的做法和主张。由于蔡当时正在创办爱国学社，忙于使中国走向共和的革命活动，他对张的帮助主要体现在教育思想、理念及教育科学的理论和实践经验。他们把目光投向新式教育，应该说是逻辑的必然。张元济原本就有启迪民智，通过普及教育提升民族素质的责任担当，又得益于蔡元培的新教育思想，很快把握住了中国教育改革的大趋势，做出了正确的决策，才使时代赋予的机遇降临到了商务印书馆这家不起眼儿的小印刷所身上。

　　上面提到另一位协助张元济创业的人物高梦旦，就在1904年1月出现在张元济视野中。他后来与商务印书馆共命运三十余年，把毕生精力倾注于这一事业，且与李拔可一起，成为张元济一生最为亲密的合作者与助手。高梦旦（1870—1936），名凤谦，福建长乐人，年轻时在原籍就不爱作八股，不登科场，而好为写实文字，研求实用之学。在《时务报》上发表《废除跪拜论》，梁启超读后大为叹服，从此二人书信往还，成莫逆之交。1895年，林启任杭州知府，创办西湖蚕学馆，开中国实业教育之先河，而出谋划策者，实际上是高梦旦和他的长兄高啸桐。此后不久，高梦旦被劳乃宣聘为浙江大学堂总教习。其间，他率领留学生赴日，在日本考察一年多，得出"日本所以兴盛，源于教育；教育之根本在于小学"的结论。张元济会晤了高梦旦，两人志趣相投，一见如故，张邀请高加入商务，高亦欣然表示同意。高一加入商务，便立即投入到《最新教科书》的编辑中。高梦旦一生淡泊名利，功成不居功，甘做助手，与张元济志同道合，配合默契。应该说，张元济在事业上的成就，与这位得力的助手是分不开的。

　　商务编写教科书始于1903年，先是夏瑞芳购入译稿数十种，印出后因书稿质量欠佳而无法销售。编译所一成立，张元济即请人设法修改译稿，但难以着手。蔡元培提出自编，并采用包办的方法。蔡介绍了在爱国学社任教的蒋维乔编国文教科书，吴丹初编历史、地理教科书。蒋于1903年5月领受任务后，返回家乡江苏武进"一意从事编辑"。两个月之后，蒋又来上海，随即被聘为常任编辑。11月底，蒋把编定的书稿整理好，写出目录，交给编译所。这时蔡元培已经因爱国学社内部意见不一，愤然离沪去了青岛，做留学德国的准备，这套原本打算定名为《蒙学读本》的教科书也没有来得及出版。1903年，商务和日本书商金港堂开始了长达十年的合资经营，为的是引进日资壮大自己，并学习日本的印刷技术。在1904年1月5日举行的编译所会议上，金港堂主人原亮三郎等几位日本合作者一同出席。原亮三郎对小学读本的意见是选用日本现成的教科书，适当加上中国古人的文章即可，并指定搜集、编定之事由张元济总其成，并与日籍编辑长尾槙太郎会商。张元济基于对中国教育事业的责任心，本着他自己已经形成的教育必须自主，"勿沿用洋人课本"的理念，凭着自身的深厚学术功底和对新教育的认知，经过两个星期的认真思考规划，到1月18日形成了编辑一套新教科书的思路。他对蒋维乔说："蒙学课本东西各国考订者，皆以笔画繁简定深浅。已编之稿须将第一编重编。"意思是要推倒重来。张元济随即召集高梦旦、蒋维乔和随着商务与金港堂合作而来到上海的日本高等师范学校教授长尾槙太郎、日本前文部省图书审查官小谷重集体讨论决定编写体例。当天下午议定体例，次日上午五人集体编定五课，并以此为定本。这种集体商讨的形式后来被商务同人称为"圆桌会议"，关于它的种种故事，也成为馆史中的美谈。第一、二册国文教科书都采用这种方式编写，几乎每编成一课，都要讨论到大家再提不出意见为止。

这套教科书定名为《最新教科书》，其国文第一册于1904年4月8日出版，五六天之内，4000册销售一空，出乎编译所诸公的预料。成功的喜悦在他们后来的一些回忆文章中处处可见。到1906年，全套《最新国文教科书》10册出齐。

今天翻阅一下一百多年前的国文教科书，看看它的内容，是一件很有趣的事。它首先给人的印象是，编者严格把握了由浅入深的原则。第一册主要功能是识字，一至五课为单个汉字，笔画少，又是儿童日常生活中接触到的事物。如第四课课文即为"上、下、左、右、大、小、多、少"8个字。第六课起即以两字相连成词，如第十课课文为"父子、母女、兄弟、朋友、山下、地上、城市、村舍"。全册生字数为459字，平均每课7.7字。至于生字笔画数，编辑大意中说："第一课至第六课，限定六画；第七课至第十五课，限定十画；全册限定十二画。间有十余字过十二画者，皆甚习用之字，且列于三十课以后。"统计结果表明，全书生字平均笔画数为八笔，这对于繁体字来说，是一个较小的数字，说明编辑们在掌握"由浅入深"的原则上，着实费了一番苦心。

国文课除识字、组词、造句、作文知识传授以外，还不可忽视以其思想内容养成学生品格的功能。编辑们恰恰很重视这一点。第一、二册中，注重家庭伦理、待人接物。例如第一册第四十四课课文仅16字，"姊执我手，降阶看花，我欲采花，姊急摇手"，却对儿童养成良好的行为规范有着较为深刻的含义。后面几册中，在思想教育方面，有更为丰富的内容。

一是提倡爱国。全书有多课讲授我国概况、山川之壮美、疆土之辽阔，如第四册第二十三课《中国》明确讲述："吾既为中国之人，安可不爱中国也！"也有课文提示学生我国国势贫弱、饱受外侮的情况，如第六册第四十五课《天津》，在介绍了天津的概况之后说："海口筑炮台，以资守御。自庚子之役，八国联军首据其地。及议和时，返我侵地，然炮台城垣悉已毁坏，且订约不得修筑，殊可耻也。"提倡爱国，还应包括提高民族素质，这一点历来为张元济等人所关注。提倡教育，鼓励学生勤奋读书，女子宜受教育，革除鸦片、缠足、迷信等陋习，都见诸课文。

二是提倡中华传统美德。全书中，孝敬父母、尊敬师长、勤奋读书、诚实为人这类内容不少。文体上则有人物故事、寓言和简单的说理文。书中有一课《孔子》，对孔子做了客观的介绍，叙述了他办教育、治理国家的经历，并没有拔得过高。

三是以中国故事、人物为主，适当引入外国故事。如选入《伊索寓言》故事等，使儿童从小就知道在中国之外有广阔的世界，有不同的文化，有优于我国的科学发明、生活习惯等。第七册第六课《时辰钟》的内容很有趣，课文说："时辰钟之制，创自英国。我国人亦用之，然徒以为饰观之具，初未知时之可贵也。吾闻英人最重时刻，凡一举一动，莫不严守规定之时刻，故成功既多，而精力不疲。我国则不然，饮食卧起，率无定时，而家事乱矣。操业就职，作辍无常，而生计荒矣。他如游宴会集，以及亲朋之相过从，又不如期而至，使人困于久待，积习相沿，若几不知时刻为何用者。呜呼！时辰钟一小器耳，观于用器之人，可以觇文化之高下矣。"

四是提倡科学知识。这是全书一大特点。诸如地球、四季、动植物、卫生、火车、轮船、电报等，都在课文中做了介绍。当然自然科学知识方面的课文比例不会太大。课文内容的选择，反映出包括张元济在内的编纂者们的思想。他们主张维新改良，在爱国、教育、科学、吸取外国文化方面较为注重，同时也注意继承中国文化中的优良传统。由这些内容构成的一套国文教材，再加上印刷精美的大量插图，全书图文并茂，每册书中还有三页用刚引进的彩色石印技术印制的彩页。这在没落的清王朝统治之下，在令人压抑的陈旧、迂腐的文化氛围之中，不失为一股难得的、合乎时代进步要求的、给人耳目一新之感的新潮流。所以它一经出版，即风行全国，直到1912年改版。

《最新教科书》还包括修身、历史、地理、算术等科目。其中《最新初等小学修身教科书》一套10册是张元济亲自编订的。张元济十分重视德育，他在该书编辑大意中说："人之恒言曰德育、智育、体育。诚哉德育为万事根本。无古今、无中外一也。"可是像张元济这样的饱学之士，真要亲手编一套启蒙的德育教材，倒也非举手之劳。首先是清政府的新学制规定了教育宗旨："无论何等学堂，均以忠孝为本，以中国经史之学为基。"这样的宗旨，教科书中必须得到体现。但体现到什么程度，又在多大的程度上加入新的德育思想和新的道德标准？数千年来的"三纲五常"和"忠君爱国"还要不要？其次在形式上，怎样来表述编者的意图，即通过怎样的表述手法，既能把应该传授的为人处世之道传授给学生，而学生又易于接受、乐于接受呢？这都是我国教材建设随着教育事业进入近代而必须得到妥善解决的问题。旧式教材无从借鉴，外国教材反映出来的也只是他国的文化背景，于我国并不适用。他在对西方的教育做了一番研究之后，认为应吸取西方的种种学术，结合我国民情、国情，扫除陈腐之气，振新国民之精神。在继承中国传统文化、道德方面，他认为数千年的文明，是一座宝库，有许多可以学习、值得学习的东西，但他反对滥读四书五经。他说："四书五经虽先圣遗训，而不宜于蒙养。"他设计了一套编写体例，其思路是：大致上按照"格物、致知、诚意、正心、修身、齐家、治国平天下"的发展思路，采用古人的"嘉言懿行"，每课一则故事，配合一幅幅插图，循序讲述。例如第八册书的标题先后是：祖先、自立、慎独、改过、勤勉、勇敢、淡泊、安分、自守、刚直、夫妇、朋友、平气、协和、勤俭、义侠、爱物、立身、立功、报国。由自身的修养推到家庭、朋友、社会和国家。这是德育教材编写体例的创新。

在内容上，《最新初等小学修身教科书》有了重大的突破：全书不提"忠君"，没有歌颂皇帝、皇太后的课文，更没有三呼万岁的字句。在书中，体现封建等级制和社会秩序的"三纲五常"被摒弃了。"君为臣纲、父为子纲、夫为妻纲"自汉代以来，就成了中国道德教育的主干体系。而张元济舍弃这些陈腐内容，是十分大胆的。另一方面，课文中加入了国民意识和民主、平等、博爱等新观念。这与封建时代提倡的"君权神授""朕即国家"等观念适成对照。"守法"一课讲到王子犯法与庶民同罪；"立志"一课讲"立身岂必居官哉？勤学笃行，修业不息，即为农工、为商贾，亦各有自立之道"。这一课给学生讲述的是与封建等级观念全然不同的上下平等、职业平等的新思想。张元济还在编写宗旨中强调了课文内容"于爱国、合群，尤为再三致意"。

《最新教科书》依照学制，按年级、学期，分科目编写，适应了近现代学校教育的体制。此外，为了适应当时懂得新式教育的教师甚少的现状，另编一套"教授法"，即今日的"教师用书"，讲述各课的教学要求、故事背景材料、教学方法和学生作业等，帮助教师备课，也深受社会欢迎。参与编辑工作的庄俞在回忆录中很自豪地说："此书既出，其他书局之儿童读本，即渐渐不复流行。"商务印书馆的教科书经受住了市场竞争的考验，占据了全国教科书市场的很大份额。仅两年之后的1906年，清政府学部公布第一次审定初等小学教科书暂用书目102种，商务版一下子就有54种入选，占半数以上。

立命篇

　　祖父在主持商务印书馆工作期间，把一家家庭作坊式的小印刷厂，发展成为我国首屈一指、在全球位列前三的大型现代化出版企业，20世纪30年代初，商务已堪与发达国家同业媲美。这使他被誉为我国著名的出版家。然而他的贡献远远超出了他个人和一家企业的范围。商务的出版物，包括中华传统文化典籍和西方哲学、社会科学、自然科学、文学名著，源源不断流向读者，改变了全社会的知识结构。他引进西方学术名著并大量翻译出版，远远早于后来的新文化运动。他所希望的是，在固有的中华文化基础之上，吸收外国文化，形成一种适合中国社会发展的新文化，有了这样的文化，生民方能立命其中。

商务印书馆早期的出版物

　　张元济以"扶助教育"为宗旨，入商务主持编译所，一举取得《最新教科书》的成功，使商务印书馆名声大振，他制定的出版方针也得到商务馆内从夏瑞芳到编译人员的接受和认可。

　　张元济有以宏观视角审视国情的经验，又亲历过戊戌政变、维新志士血洒京城的惨剧。此时他更坚信中国落后之根源在于教育的落后，更坚信不改变四万万人口中仅四十万人受过教育，而且仅是受过四书五经加八股文教育的现状，贫穷与落后挨打的局面就永远无法改变，任何新政、改良都行不通。此时，他已完成了从英才教育到普及教育这一观念上的飞跃。投身商务印书馆，反映出他更愿意踏踏实实地在最基础的工作上做出一番努力。应该说，张元济在步入中年的同时，对事业的把握亦更为成熟。他既继承中国优秀传统文化，又吸取西方科学文化，把普及教育、启迪民智、提高民族素质的一整套思想，融入商务印书馆的事业之中，以此确定了商务的编译方针和出版物选题方向。此时，他的指导思想与社会的需求相一致，使商务版书籍一直保持畅销。据说当时上海有几家颇有名声的印书局如点石斋、同文书局等，也纷纷设立编译机构，也聘请翰林、进士一类高学历人士来主持，但不是因为观念上的保守，就是因为把握不住社会进步的脉搏而失去了机遇。

　　商务印书馆把教科书和其他教育方面的图书作为出版的重心。《最新教科书》经两年的努力，全面竣工。到1911年辛亥革命时，属于《最新教科书》系列的图书就有69种之多。《最新教科书》系列中，还有两套有特色的教科书，那就是《最新女子教科书》和《简明教科书》。长期的封建社会，女子被剥夺受教育的权利，1904

年清政府颁布《癸卯学制》，虽然比较全面，但女子教育还没有被列入政府的教育体系。直到1907年，清政府才有了《女子小学堂章程》，女子学校开始设立。1908年商务印书馆最早推出《最新女子教科书》，其《女子国文》《女子修身》，加入了适合女生的课文，如提倡女子自立、反对缠足等。由于我国幅员辽阔，贫困地区不少，即使在经济状况比较好的地区，贫困失学的孩子为数也不少，商务在1907年编了《简明教科书》和《简易教科书》，克服了《最新教科书》难度偏大、程度偏深的不足之处，适当降低难度，缩短一年学习时间，使得更多的孩子可以得到受教育的机会。这两种教材，反映了张元济教育观中普及与公平的观念。那时，他不是教育行政官员，但就力所能及，在掌握教科书出版的工作中，为女孩和贫困儿童两个大群体提供了很大的帮助。以上几种教材，张元济都亲自参加编写和校订，用今天的语言，叫"亲自把关"。

辛亥革命后，中国历史上最后一个封建王朝宣告结束。商务一位很能干的编辑陆费逵看准了这个历史转折的大好时机，约同五六位商务较为得力的同人沈知芳、戴克敦等，每天下班后商议筹办中华书局，并编写能为他们打开局面的拳头产品——适应新时代的《新中华教科书》。1912年，即民国元年初，中华书局成立，商务上下为之震惊。原来为商务几乎垄断了的教科书市场一下子冒出一个竞争对手，光是它的招牌"中华"两字就是吸引民众的一笔巨大的无形资产。在竞争对手面前，正确的态度是迎头赶上，一套商务版《共和国教科书》问世了，它既保留了《最新教科书》的许多成功之处，又对内容和形式做了更新和改进。1912年夏季，课本的更新换代基本完成。

《共和国新国文教科书》编辑大意第一条就是"注重自由平等之精神、守法合群之德义，以养成共和国民之人格"。第三条是"注重国体政体及一切法政常识，以普及参政之能力"。课文中大量增加关于国体、政体、共和政体、人民之权利与义务、民国成立之始末等内容。在《华盛顿》一课的末尾，有这么一段文字："（华盛顿）在位四年，国以富庶。任满，议院坚留之，辞不获，复留。又四年，乃解职，隐于乡。野服萧然，与渔樵为伍，见者不知其曾为总统也。"赞扬国家领导人的任期制而非终身制，这对中国来说，有其特别深长的意味，不能不令数十年后的研究者们佩服编纂人选择这一段内容时深邃的目光。《共和国新历史教科书》中，也有一些颇引人注目的新意。除了使学生了解历史，从而热爱祖国之外，这套教科书很注重"国土之统一、种族之调和""合五大族为一家"，很注重讲述各族的历史人物，使之成为"民国五大族共同适用之书"，绝不是一味盲目排满。另一个特点是让学生了解中国在世界上的重要地位，"中外之交涉、文化之传输，皆择要编入"。特点之三是改变我国以往各种历史书都用皇帝年号纪年的传统，采用"民国纪元前若干年"代替，不仅减少学生无益的记忆负担，而且年份推算十分方便。这几个编写特点，确实是我国历史教材的大进步。张元济参加了这两种教材的校订，应该说它们反映出了这位编译所长拥护辛亥革命的政治态度。他跟上了时代前进的步伐，带领商务进入了一个出版的新时期。《共和国教科书》共出版了113种。1920年，教育部通令教科书改用白话，商务立即编出《新法教科书》；1922年，全国采用"六三三"学制，商务又编《新学制教科书》；北伐胜利，《新时代教科书》问世。商务印书馆的教科书以其内容和形式的新颖，特别是它的高质量，长期执全国教科书市场之牛耳，市场占有率保持在70%，甚至达75%。

商务为了适应不同层次读者的学习需要，先后出版过许多辞典工具书。戊戌变法前后，我国新式学堂纷纷设立，但使用的汉语工具书主要还是诞生于二百年前的《康熙字典》。它不仅没有科学新词，即便日常语言中通用的字词亦不完备，而且对字的释义直录古代字书，不合乎实用。在教育和学术进入近代之时，编纂合适的字典，与教科书一样，也成了社会之急需。1906年高梦旦在广州遇到了陆尔奎，大家都认同了这一想法。经张元济首肯，陆被聘入编译所，着手编纂字典。陆尔奎（1862—1935），字浦生，江苏武进人，原研习国粹，戊戌变法之前，突然有所改变，受聘入北洋学堂，后来潜心新式教育，并专门从事中小学普通教育。他在粤、桂逗留期间，当地兴办学校，无不向他请教。而且他向来十分重视字典，一直认为没有适当的新字典，会给学校教育制造很大困难，是教育发展的极大阻碍。张元济、高梦旦聘到这样一位学者主持字典编纂，可谓得人。张、高二人及方毅、傅纬平等7人一同参与《商务印书馆新字典》的编纂工作，夜以继日，前后近五年始脱稿。此时正值民国成立，又及时修订，增加了新内容，于1912年出版。这是商务第一部汉语字典，是一部成功之作。

与《新字典》同时进行，于1915年出版的《辞源》，则是商务印书馆的又一部杰作。它是我国近现代汉语综合性辞书的新创，在我国汉语工具书历史上具有很高的地位。《辞源》收单词1万多个，词目10万条左右。它与《新字典》一样，也以应用为主旨。《辞源》以《新字典》所收单词为基础，以单词为词头，下列词语，为我国汉语词典之首例。它吸收了国外辞书的长处，突破旧的《尔雅》派词典按内容分类的格式，脱离经传注疏的老框框，既收古语，又录新词，在一定范围内反映了世界思想和学术的动态，适应了清末到新文化运动这段时间内钻研旧学和博采新知的要求。陆尔奎、高梦旦、方毅是《辞源》的主编，张元济与杜亚泉、邝富灼、孙毓修等50人组成了编委会，一起参与工作。

在综合性辞书的基础上，商务编了多种专业辞典，举其要者，有我国第一部专科辞典《植物学大辞典》，有《中国人名大辞典》《中国医学大辞典》，有我国最早译印的百科辞典《汉译日本法律经济辞典》等。从张元济的日记上可以看到，他对商务编译所辞典部的工作抓得很紧，从聘请主要编纂人员，到体例、收词的要求，以及工作进度等，时时有所指示。他参加了《中国人名大辞典》的由23人组成的编委会，并提出了编写原则。

商务出版外文词典的历史，早于汉文字典。在张元济创立编译所之初，就出过《袖珍英华字典》《中德字典》等。1908年出版颜惠庆编《英华大辞典》，使商务版外语工具书达到了一个新的水平。颜惠庆（1877—1950），字骏人，上海人，父颜永京是牧师。他自幼受父亲熏陶，有扎实的英文根底，1900年毕业于美国弗吉尼亚大学，回国后在上海约翰书院（上海圣约翰大学前身）任教，时常光顾开设在上海棋盘街（今河南中路）的商务发行所。他那非同寻常的仪表和气度，引起了张元济的注意（一般的推理认为颜于1899年前为商务增订过《华英辞典》，颜夫人又是张元济熟识的孙宝瑄的妹妹，张早就应该认识颜。但张在商务发行所店堂内结识颜的故事，确确实实是他亲口讲述的）。交谈之中，张了解了颜的资历和才识，热忱邀请他加入商务，但颜志在教育，不愿担任编辑。1905年初夏，张元济登门拜访，约请他为商务编一部《英华大辞典》。颜与上海约翰书院、香港皇仁书院的一班同人商议后接受了任务。他们用了三年时间，在我国没有全面精通英文文学、科学各科知识的人才的情况下，赶在1908年2月颜被指派为驻美公使前完稿。这部词典以《纳氏字典》为蓝本，不足处再据《韦氏大字典》补入一批单词，又从《商务印书馆华英音韵字典集成》中采入一批英文佳句。它的一大特点是收入许多科技单词，反映了当时世界最新的科学水平，如以 Electro- 为词头的电气名词就有37个。全书精装，分上、下两册，正文2706页，收词（不包括派生词）68000个，还有10页彩色插页及5个附录，极具实用价值。这部辞典历三十年后，仍畅销不衰，影响很大。

后来，商务版的外文词典尚有郭秉文、张世鎏主编的《英汉双解韦氏大学字典》，黄士复等主编的《综合英汉大辞典》，张世鎏、平海澜等编的《英汉模范字典》及潘序伦编《会计名词汇释》等专业词典，总计有30多种，大多数出版于20世纪一二十年代。商务版中外文辞典工具书，可以"蔚为壮观"四字形容之。

张元济十分重视中外名著的出版。在新文化运动之前，商务以翻译书籍为主；其后，随着我国新一代学人的成长，国内作者的著作比重明显上升。商务于1903年开始翻译国外社会科学书籍，组成丛书出版。此后出版国内外学术著作和普及读物这一门类一直被保持了下来。《说部丛书》于1903年出了第一集以后，1905年又出了三集，1906年出第五集，共收翻译小说400余种，以林纾的译作最多，也有梁启超、伍光建所译的作品。严复翻译的西方社会科学名著，自1903年开始出版《群学肄言》等3种起，到1912年的《名学》止，8种全部出齐。辛亥革命前，商务还出版了大宗以国外情况为内容的政法书籍，其中有代表性的是南洋公学译书院编译的《新译日本法规大全》80 册和端方等编的《列国政要》32 册。

蔡元培的译著和著作，自然是商务有分量的出版物。1910 年初版蔡译《伦理学原理》便是其中之一。该书是德国哲学家、教育家泡尔生创作，由蔡元培于 1907 至 1910 年留学德国期间译就。内容有善恶正鹄论与形式论之见解、至善快乐论与势力论之见解、厌世主义、害与恶、义务及良心、利己主义及利他主义等 9 章。伦理学正是 20 世纪初中国文化界感兴趣的热点之一，因此这本书很畅销，到 1927 年共发行了 8 版，1940 年又编入《汉译世界名著丛书》。蔡著《中国伦理学史》是他基于深厚的旧学根底，从大量古籍中梳理出伦理观念的不断变化和各派伦理学说的发展，并借助日本有关著作作为蓝本而写成的，1910 年出版。1907 年蔡在驻德使馆任职和半工半读期间，为商务写稿。张元济征得夏瑞芳同意之后，每月以稿酬名义付给蔡 100 元，支持蔡在国外留学和照顾其在沪子女的生活。这种做法，也是张元济的首创。他以此保持了与学术界的联系，而商务也可以获得高质量的稿源。

在出版的中外著述中，较有影响的还有孙毓修主编的近百册《童话丛书》，它最先把西方儿童文学介绍给中国小朋友；由本馆编译日本泽柳政太郎所著的《读书法》，则是一本介绍读书方法的拓荒之作。此外，24 册的《日俄战记》，拍摄辛亥革命武汉、南京等地实景和革命人物的《大革命写真画》，在反对袁世凯称帝时期被梁启超用来宣传民主政体、讲解自由平等政治常识、印量达 12 万册的《国民浅训》，等等，都是当时乃至中国近代出版史上有影响的图书。

张元济同样重视自然科学著作的翻译。商务出版的《自然科学小丛书》，收书 200 种，对科学研究和技术工作有一定的推动作用，这也是我国科技类丛书中最大的一部。1936 年周昌寿在《译刊科学书籍考略》一文中，把明末以来汉译科学著作分为三个时期，清咸丰以前为第一期，咸丰以后到清末为第二期，民国为第三期。他指出其中第二、三时期约有 963 种图书，都出自张元济之手，是张元济事业的一个组成部分。

继前面曾经提到的期刊《绣像小说》之后，商务于 1904 年推出了一种在旧中国出版时间最长的杂志——《东方杂志》。1903 年冬，张元济与夏瑞芳一同参加商务与日本出版商金港堂合资后的第一次出版会议。会上，夏瑞芳与张元济联名提议出版一种杂志，以与社会各界通气。杂志一开始起名《东亚杂志》，为了避免与德驻沪领事馆一种出版物重名，遂改为《东方杂志》。1904 年 3 月 11 日，《东方杂志》创刊，为月刊，1920 年起改为半月刊，除抗战时期稍有中辍外，连续出版至 1948 年 12 月。开始时，它以登载报刊资料为主，也酌登署名的评论文章。首、二任主编为徐珂和孟森。1910 年，发行量达 1.5 万份，居全国杂志之首。1911 年初起，杜亚泉出任主编，杂志篇幅扩充，除最后一部分仍保留原有的时论摘要和中外大事记外，以刊载自撰或征集的文章及东西报刊译文为主，卷首刊登采自外国刊物上的图画。改版以后，销数大增。张元济常把自己的文章，如《中国出洋赛会预备办法议》《环游谈荟》等给《东方杂志》发表。《东方杂志》也常转载《外交报》的论说。1911 年，张元济致信约逗留日本的梁启超为杂志撰稿。梁答应每月写一篇。1922 年，张元济收到梁启超十分自诩的佛学研究之作《大乘起信论考证》后，以自己素不信佛而能以 3 小时一口气读完，认定其是有趣味的文字，立即安排进最近一期《东方杂志》，同时告诉梁，以后梁在商务刊物上发表文章，稿费以千字 20 元计，还对梁说"千字二十元千万勿与外人道及"。这大大超过其他作者，但却是争取有声望的作者、提高刊物身价、在同业竞争中取胜的好办法。

商务的《小说月报》历史也很悠久，它创刊于 1910 年 8 月，为月刊，1931 年 12 月停刊，共出 259 期。早期主编是恽铁樵和王西神。恽是武进人，秀才，二十六岁时考入南洋公学专攻英文，1909 年起以古文翻译西洋小说，为张元济所赏识，聘他入馆。《小说月报》1913 年刊登了鲁迅以笔名周逴所写的第一篇文言小说《怀旧》。这篇小说刊登在卷首，编者还加了评语给予赞扬。"五四"时期张元济对《小说月报》进行了一次重大改革，一直为出版史研究者所称颂。

1914 年创刊的《学生杂志》，1915 年创刊的《妇女杂志》《英文杂志》《英语周刊》，在各自的领域内都有特色，与《东方杂志》《小说月报》一起，构成了商务的期刊系列，发挥了集群效应，在社会上影响很大。

　　尽管后来的事实表明，古籍校勘、版本研究是张元济本人的学术专长，商务的古籍出版也是它的一项重要业务，但在张元济主持编译所时期，古籍出版不多，仅仅做了一点儿尝试。张元济对古籍的研究，曾受益于版本目录学大师缪荃孙。缪荃孙（1844—1919），字炎之，又字筱珊，江苏江阴人，清光绪二年进士，翰林院编修，曾任国史馆总纂，在江苏、山东、湖北等多处书院任主讲，创办江南图书馆，又任京师图书馆监督，民国时期参加撰修清史。1911年前后，他曾经一再提议张元济影印出版古籍，张亦有志于此，但感到时机尚不成熟，因为古籍在数百年的流传中，多次刻板，讹误不少，必须找到最佳版本作为母本，并对比不同版本进行校勘，才能保证质量，这就需要时间。1909年商务第一次试用照相石印技术影印了端方所藏的《百衲本史记》，这部书的原本后来在不断的变故中不知所终，今天只能在商务的影印本上看到它原来的面貌了。1911年，商务开始用照相石印技术影印宋本《韩昌黎集》，张正在北京，与主持这项工作的孙毓修往返书信不断，讨论印样的质量。他对所用油墨、母本书内污损点的处理、历代藏书家在母本上所盖的红色藏印的处理、中缝的宽度等都指导得十分具体，信中再三强调"决不可草草从事"。张元济主持商务的古籍出版工作，从一开始就十分重视质量，宁缺毋滥。

　　1916年，商务印书馆资料图书室涵芬楼收藏的古籍已相当丰富，其中不乏人间稀见之书。为了使这些珍本古籍得以流通，不致因万一遇到灾变而失传，张元济设想仿照明清藏书家毛晋刻《津逮秘书》、鲍廷博刻《知不足斋丛书》的方式，选印涵芬楼收藏的珍本，编为《涵芬楼秘笈》丛书出版。这套丛书大多采用原书、原稿影印，也有少部分用铅字排印。全书分10集，总共收书51种，到1921年出齐。张元济与孙毓修共同选定了书目之后，大量具体工作就委由孙毓修担任。张元济为其中两种书写了跋文，叙述该书的版本源流和收藏历史，内中《敬业堂集补遗》为海盐张氏涉园旧藏本，有张元济六世叔祖张宗橚印记。友人傅增湘在天津书市见到该书以后，火速告知张元济，张不惜重金，托傅代为购订。一部祖上收藏过的书，经过五代人一百五十年左右的时间在外流转，最后又回到后代手中，可谓藏书史上的一件趣事。

张元济主持编译所时期还做过一件"扶助教育"的工作，那就是开办师范讲习班。1905 年 7 月，由商务出资，张元济和谢洪赍直接操办，开办了两期师范讲习班，共招收学生 80 人，同时创办一所实验小学。这两期师范班结束后，这所小学保存了下来，成为上海一所有一定声望的小学——尚公小学，直至 1932 年被日本侵略军炸毁。鉴于清末小学堂设立不久，经过师范学校正规训练的师资极其缺乏，任教的只能是一些以前的秀才、举人，即便当时有过一些简易师范，但学制短，质量很差，而 1909 年清政府学部奏定《检定小学教员章程》，规定两年以下简易师范生和旧式贡生、监生必须经过资格考试方能担任教师。张元济约请知识界和政府教育官员共任发起人，在 1905 年的基础上筹划开办规模更大的师范讲习社，拟订了教学计划。课程以教育学、心理学、管理学、教学法为主，兼及各科，讲义由商务印书馆编印。师范讲习社自 1910 年至 1917 年共开办三期，采用当时国内还属十分新颖的函授方法进行教学。第一期入学学生近 9000 人，最后经考试合格者达 1960 人，遍布我国 22 个行省，为提高我国师资水平做了一项切切实实的、收效较大的工作。以一家私营出版单位为立足点，搞这样大规模的师资培训，为中外教育史所罕见。

1914 年 1 月 10 日，夏瑞芳遇刺身亡。这天下午 6 时，夏瑞芳与张元济结束公事，从河南路发行所二楼下楼。张忽然想起遗忘一件东西，返身上楼去取，夏瑞芳行至店堂门口，正欲登上马车，被背后射来的子弹击中倒地，急送附近仁济医院，终因伤势过重而不治，年仅四十二岁。当时替夏驾车的小马夫胡有庆，初生之犊，见状向凶手追去。凶手边向南逃窜，边向小马夫开枪。小马夫紧追不舍，至泗泾路口，凶手被英租界巡捕擒获。后来经会审公廨审讯，知凶手名王庆余，暗杀系受人指使，背景复杂。当时社会皆认为夏曾联合商界抵制沪军都督陈其美在闸北驻军和拒交摊派款，招致灾祸。商务印书馆是民营的商家，强权人物得罪不起，不敢再有所追究。后来，小马夫被商务保护了起来，送到济南分馆工作，并告诫他为了安全，千万不要再来上海。据说，小马夫退休后，才回到原地"凭吊"了一番，那已经是中华人民共和国建立以后的事了。

事也凑巧，夏瑞芳遇刺这一天也正好是他与日本金港堂方面经过长期商谈，结束两家合资，商务登报申明成为完全国人资产的企业之日。早在1903年，日本出版商金港堂主人原亮三郎携资来沪办印刷公司。因金港堂资金和技术力量雄厚，夏瑞芳深恐难与其竞争。经棉纺业实业家、1901年与张元济同时入股商务的印有模与日方磋商，双方决定各出资10万元，合成股本20万元，并订立了一个对中方十分有利的协议：用人、行政一律归中方主持，所有日本股东都必须遵守中国商律，经理及董事均为华人，日方仅派一人为监察人，且所聘日本人可随时辞退。这样的条件，在中国处处受外人欺侮的年代，是十分奇特的。两家合资正是"强强联合"，商务既有张元济主持编译方针，又有夏瑞芳善于经营，加上中日双方充足的资金和日本的先进技术，因此发展很快。1913年时，其资本已增至120万元。1904年商务在上海闸北宝山路购地80亩，建造新厂，至1907年，新厂与编译所新楼落成。但当时国内民族情绪和宣传舆论，对拥有日资的商务十分不利。尽管金港堂是一家民间的出版机构，但同业竞争中，对手尽量利用这一可以利用的借口，制造出种种舆论。巨大的压力，使商务感到结束合资成了唯一可以选择的方案。

夏瑞芳去世后，商务董事会推举印有模任总经理、高凤池任经理。1915年印有模在日本病逝，高凤池接任。1916年，张元济被推为经理。虽然他迟至1918年9月才辞去编译所长，交给了高梦旦，但自担任经理之后，则以主要精力从事于日常大量繁杂的行政事务以及处理没完没了的人际关系中的矛盾，编译业务往往无暇顾及，而学术研究的时间就更保证不了了。

张元济主持编译所十余年间，由于备受夏瑞芳的尊重，两人配合默契，可以说这是他一生中工作最为顺手的时期。他勤勉有加，一丝不苟地工作，为商务的事业奠定了扎实的基础。他既吸收国外的优秀文化，又坚持传承中华文化的正确的中西文化观，适应了我国文化渐进改良的发展规律。他所制定的"扶助教育"的出版宗旨，始终指导着商务出版高质量的好书，使商务赢得了良好的社会信誉。他开拓的五大门类的图书出版，构筑了商务出版物的大框架。他不断物色、引进的编译人员，也都成了商务出版部门的业务骨干。

复职与开缺

　　从 19 世纪末因戊戌变法失败离开北京，到 20 世纪前十多年间，即辛亥革命前后，张元济的人生轨迹形成了两条截然不同的曲线：其一是他的事业，随着时间的推移，从南洋公学三年过渡，到投身商务，接着是商务的起飞，形成了一条不断上升的曲线；其二是他直接参与政治活动的程度和热情，却随着时间的推移，越来越下降，逐渐趋近于零。

　　慈禧政变，倒行逆施，旧党复辟，新法遏绝，有识之士先是敢怒不敢言，一年以后，要求归政于光绪的舆论开始出现。慈禧企图以皇族内部继承人变更的办法，另立"大阿哥"，废除光绪，以扑灭舆论的火光。不料适得其反。她又企图借助洋人的力量，却遭到拒绝。这时山东、直隶一带的义和团运动兴起，它以"扶清灭洋"为口号，反对外国教会压迫。1900 年，顽固保守势力看中了这股力量，在最终决定是否"抚团灭洋"的关键时刻，杀了徐用仪等三位持相反观点的大臣，与洋人宣战，还命令各省督抚"联络一气保疆土"。英、美、德、法、俄、日、意、奥八国于是组建联军，对华发动侵略战争。很快，八国联军攻陷天津，占领北京。慈禧挟光绪仓皇出逃西安。侵略军所到之处，烧杀掳掠，无恶不作。华北地区生灵涂炭，京城遭到了严重的破坏。

　　这时，张元济正在南洋公学，与盛宣怀保持着工作上的联系。盛很看重张，不时要张起草文牍、电信稿或索借外文资料。张元济出于对国家前途、特别是人民生死的责任感，在闻知八国联军攻陷大沽之后，写信给盛宣怀。信中说当前的形势是"螳臂当车，胜败可决。祸变之惨，将不忍言。政府一蹶，东南各省必乱事蜂起。哀我生民何堪遭此荼毒"。他向盛宣怀提出："我公负天下重望，且为各国所引重，似宜速与各省有识督抚联络，亟定大计，以维持东南大局。"两天之后，盛致电两江总督刘坤一，称"自吴淞以迄长江内地，公应饬沪道告知各国领事，自任保护，勿任干预"。刘与张之洞当日复电赞成，这就成了盛宣怀提倡"东南互保"的发端。一周后，《东南互保章程》在上海签订，主要内容是上海租界归各国共同保护，长江内地均归各省督抚保护，两不相扰；各督抚应禁止谣言，缉拿匪徒。这显然是在跟慈禧闹独立。6月27日，张母谢太夫人病逝，盛宣怀亲至张宅吊唁。半个月后张元济致信道谢，但说了几句礼节性的话之后，以1000多字的篇幅，对时局慷慨陈词，毫无隐晦地指出"北方糜烂至此，咎实在我顽固政府"，又请盛"破除成说，统筹全面，……剀切为东南各帅一言，而谋所以联之之道，庶无负岘帅（刘坤一）倚托之重，与夫东南数千万生灵仰望之诚"。从这两封有幸保存至今的信中，可以看到张出于"哀我生民"，为盛的"东南互保"积极出谋划策。尽管史学界对"东南互保"评说不一，但它客观上使东南国土免遭洋兵践踏，保护了东南各省广大地区的工商业和人民群众的生命财产，对中国社会显然是有利而无害的。

　　张元济离开了北京这个政治中心，然而仍处于一股政治惯性之中。这种惯性驱使他继续关心外界的政治活动，但热情已大不如前。1899年末，湖南维新人士唐才常与在海外的康、梁共商举义计划，在沪成立正气会，后改称自立会。1900年7月26日，唐邀集在沪维新人士于愚园召开"中国议会"，29日又开第二次会议，发布会章和英文宣言，其宗旨主要是不承认清政府有统治中国之权，归政于光绪，给人民以立宪自由的政治权利等。张元济参加了这两次会议。第二次会上，会长容闳指派干部，指定张与孙宝瑄掌管会计，但张力辞未就，他也没有加入中国议会的核心。不久唐才常组织的自立军事败，唐惨遭杀害。这是一次百日维新的余波，一次试图以军事暴力开拓政治改革道路并扶持光绪、推动立宪的尝试。张元济的态度比较冷淡。1929年丁文江等人为编《梁启超年谱长编》，就中国议会这段历史询问过这位直接参与者，而张的回忆不得要领，可见他对此事没有热情之程度。

1901年清政府同英、美等十一国签订空前丧权辱国的《辛丑条约》之后，中国完全沦为半殖民地半封建社会，人民身受的灾难日益深重。朝廷与洋务派在感到末日来临之际，又乞灵于"新政"。但知识界和部分官员对朝廷已失去信任，转而提出设议会、立宪法。到1903年，君主立宪的社会思潮风靡国内和海外华侨、留学生间。如果把主张君主立宪者称为立宪派的话，那么此时的张元济应该毫无疑问地划入这个范畴了。

1904年，日俄两国在我东北摆开战场，打了一场野兽争夺羔羊的罪恶战争，中国人民又一次遭受战火的煎熬。立宪派以君主立宪的日本战胜专制的沙俄这一事实，坚定了自己的信念，而同时又为东三省的前途感到担忧。他们加强了活动，以江浙立宪派人士为主，策动地方和中央的有权人物赞同立宪，派遣大臣出国考察政治等。他们走的是上层路线。日俄战争一爆发，包括张元济、张美翊等人在内的江浙立宪派人士与盛宣怀的幕僚吕景端进行紧急磋商。他们担心战事结束，列强将不顾我东三省之主权，随意瓜分，因此提出要及早准备，派专使分赴各国，声明东三省主权之所属。他们说服了盛宣怀，盛联合湖北抚台端方和办理商约大臣吕海寰，又拉入岑春煊、魏光焘两位总督，联名上奏，要求派大臣出国，名义是考求新政，实际是四处游说，以图保全主权。张謇、汤寿潜、张美翊、许鼎霖、张元济、吕景端等人还经过连日商谈，由张美翊执笔，写了一份说帖给他的老师——军机大臣兼外务部尚书瞿鸿禨，请瞿派人调查宪法，倡导立宪。瞿鸿禨（1850—1918），字子玖，湖南善化（今长沙）人，1850年生，清同治十年进士，翰林院编修，历任管学大臣、工部尚书等要职。他常为慈禧起草诏旨，颇受慈禧信任。立宪派给瞿的说帖起了作用，瞿后来对立宪越来越感兴趣。由于瞿的支持，终于促成1905年清宗室、镇国公载泽等五大臣出洋。这是中国历史上很难得的一次高级官员出访。他们出洋后得出一个结论：中国若想生存、富国强兵，"除采用立宪政体之外，盖无他术矣"。这一结论直接关系到政治制度的改革，得来不易。江浙立宪派人士的活动于其功不可没。

1906年9月1日，朝廷发布仿行立宪的上谕，确立了实行立宪的基本国策，国家自此进入预备立宪时期。京沪各地绅商着实热闹地庆祝了一番，商务印书馆也高悬国旗，以示庆贺。商务从后来担任过数年董事长的郑孝胥开始，有不少立宪派人士，包括张元济、夏瑞芳、高凤池、高梦旦、蒋维乔、陆尔奎、孟森、孟昭常等。他们都在不同程度上参加了立宪派的活动。

也就在1906年的年初，张元济接到学部奏调开复原官、调入学部参事厅行走的公牍。由于壬寅和癸卯两个学制的颁布，各地新式学堂如雨后春笋般地发展起来，朝廷准了山西学政宝熙之奏，于1905年底设立学部，总管全国的教育事业。新机构的设立，要物色办事之人，有人就想到了张元济。张是戊戌变法失败时受过革职永不叙用的"有罪之人"，朝廷因此还发了"开复原官"的上谕。张元济对于以慈禧为首的顽固派，早已十分痛恨，对朝廷的腐败也有亲身感受。他自从选择了"官"与"隐"之间的第三条道路——在近代市场经济中心上海从事出版、教育事业之后，没有再想去官场东山再起。倒是瞿鸿禨很赏识他。瞿通过汪康年试探张是否有意在仕途上复出。1904年8月14日张元济给汪的复信，谈及此事，说得很透彻：

> 善化师（即瞿鸿禨）拳拳于弟，至为可感。惟数年以来，自镜稍明。如今时势，断非我一无知能者所可补救。若复旅进旅退，但图侥幸一官，则非所以自待。抑亦非所以对师门也。晤时如再询及，尚祈婉达鄙意。……弟近为商务印书馆编纂小学教科书，颇自谓可尽我国民义务。平心思之，视浮沉郎署，终日作纸上空谈者，不可谓不高出一层也。

这封信说明他无心于官场，而认定了为商务印书馆编小学教科书为他的终身事业，表现出了相当高的思想境界。

然而，1906年初任职通知果真下达了，张元济并不像有的文章所写的那样"断然予以拒绝",而是思想上有所反复,也就是说政治惯性对他还在起作用。他对汪康年说:"学部奏调函电络绎,敦促北上。此事究于前途关系至大,已允痔疾稍痊,即便就道。"当然他也说:"到京之后,决不久留……弟不欲与人争,不可不使人知我意也。"张于3月进京,先在学部,后因外务部开办储才馆,奏调派充提调。在京耽搁了三个月后,张于6月具呈告假返沪。

张元济毕竟是实干惯了的,在京三个月,给学部大臣提出了十一件条陈,对学部掌握全国的教育行政管理有很多参考价值,也反映出他本人这方面的见解。这里举三件为例。

《关于学费标准致学部堂官书》中,张元济认为,要普及教育,就要多设学堂。如学费过低,则经费不足,学堂难建;学堂少,失学者就多。他认为,在学堂完备而学生入学艰阻之时,学费宜减轻,便于更多的学生入学;反之,学堂缺乏而学生生源踊跃时,学费可稍贵。当前情况属于后一种。他还拟出了各级学校的收费标准。

《议管理留学欧美办法致学部堂官书》中,张元济提出"方今需才孔亟,任其废弃,殊为可惜",应请驻各国使馆切实调查留学生人数,动员他们回国,由学部奖励录用。择其优者,可以破格,其他可派办学堂,或任教员,或办实业。他还拟出了加强留学生管理的具体办法。

《为寺庙办学致学部堂官书》中,张元济则认为寺僧办学应竭力提倡,加以保护,而不宜淡漠视之。原因有四:可以杜绝外人之觊觎,增进社会之生计,图风俗之改良,补助教育之普及。

新设立的学部,由满族大臣荣庆任尚书(部长),我国近代著名教育家严修任侍郎(副部长)。严修(1860—1929),字范孙,祖籍浙江慈溪,晚清进士、翰林。他很早就具有新教育思想,提出举办"经济特科",以实用之学,替代科举。他提倡西学,在办学方面提倡民办,是天津南开中学和南开大学的创办人之一。张元济入学部后,见到严修,两人观点见解相合,相处颇为融洽。一开始,严修就把新设机构的基础性文件——《学部办事章程》交给张起草,严对此很是关注,对张所起稿件仔细阅看和批改。在一次交谈中，他们谈到了南洋华侨子弟的教育问题。后来世事变迁，严和张虽身居津沪两地，但一直保持联系，20世纪20年代，严来沪，张陪同他参观商务印书馆这所虽非学校却又是我国近现代的重要教育基地的地方，相聚甚欢。

在外务部，张元济还草拟了储才馆章程。对外务部提出整顿机关、完善组织、勿使其涣散从而提高工作效率的建议。

张元济思想、行动上有一些反复，也属常理。但他最终还是回到了商务。出京后，他写过一封信给瞿鸿禨，称"实因有不得已之事，不能不托故而去"，表示了歉意。其实他对瞿是很敬重的。1918年瞿在沪病逝，张元济不仅前往吊唁，而且亲自赶赴杭州送葬。如此对待逝去的师长，大约他生平也只有这么一次。换一个角度看，这样一位受敬重的老师着力提拔他，他还是没有听命，足见他是何等看重商务印书馆的小学教科书。

1907年两次被任命邮传部职，1909年被任命度支部咨议官，张元济都没有接受，一再辞请"开缺"，从此绝迹仕途。

立宪派随着队伍的不断扩大，组织政党、社团的趋势日益明显。清廷宣布预备立宪之后，1906年底上海成立了预备立宪公会，郑孝胥为会长。它是各地立宪组织中力量较强、影响较大的一个，还出版半月刊《预备立宪公报》，宣传宪法、国会、官制、政党、自治等内容。张元济入会较早，1911年还被选上过副会长，但纵观前后五年，他对预备立宪公会的活动，直到后来各省成立咨议局，都不积极。《预备立宪公报》中找不到他的文章，现今厚厚的权威性资料集或研究专著中，几乎找不到他的名字。这也就是笔者认为他直接参与政治活动的程度与热情渐趋于零的缘由。他赞成君主立宪，但他的行动与戊戌变法时相仿，一是不靠近政治运动的核心，二是以自己能力所及，做实事，做宣传、教育和启发民智的实事。所不同的是，对立宪派的政治核心，他比那时离得更远，而做的实事，由于有了商务印书馆，就比通艺学堂时多了一些。

1907年初，商务在张元济主持下，推出一部80册400万字的《新译日本法规大全》，是他为立宪运动和后来我国现代法治建设做的一件大事。清末，国内上层人士和知识界普遍认为向日本学习是中国近代化的捷径，明治维新以后集日本法律之大成的《法规大全》必然是大家所关注的一部重要资料。早在1901年，张元济就与新任南洋公学总理沈曾植商议翻译这部书，后来获得盛宣怀同意，工程便开始实施。日文翻译人才不足，张请来了好友、驻日使馆参赞兼留学生监督夏地山主持，不及一年，完成十之七八，但译文出自留学生之手，水平参差，体例不一。这时张离开南洋公学，公学资金又不足，译稿遂被搁置。1904年，立宪运动逐渐高涨，张去拜会盛宣怀时，盛重提此书，希望商务续成。商务当时也没有翻译力量，只得外聘。经高梦旦介绍，聘请福建闽县人刘崇杰来馆主持。因人手少，且数年前的法律大半已经修订，必须重译，所以进展很慢。最后张元济请刘崇杰携稿东渡，由刘的留日同学分任校订，才于清廷宣布预备立宪前夕校改完竣。

《新译日本法规大全》由瞿鸿機题写书签，张元济请载泽、戴鸿慈、端方等12人写了序文，大大增加了这部书的分量。不到半年，预约及门售达3000余部。两江总督端方一下子订购200部，发给江苏省的官员学习，并命安徽、江西也各购200部，此书一时洛阳纸贵，商务印书馆也为之名声大噪。这部书的出版正好适应了立宪运动的需要，为国内各界系统了解日本明治以来的法律制度提供了资料，为推动立宪运动起了不小的作用。

1908年秋，张元济访日，在日本听到清廷宣布开设国会期限定为九年的消息。他给高梦旦的信中说："在海外闻此消息，不觉欣喜。"他主张中国社会进步以稳健、渐进为上。他认为九年也不算太长，只要切实做好准备工作，将应办的事一一办好。他说商务此时亟须编译政法书籍，编订好出版计划，既为社会需要，也可为公司赢利。尤其重要的是先编浅近的书籍，分若干专题，使读者明白何为议院，何为选举，每个专题一册，形成丛书，专为内地绅士入门研究之用。后来，这套书由商务的几位立宪派高级编辑编写，如杨廷栋的《钦定宪法大纲讲义》《城镇乡地方自治章程通释》、陶保霖的《新编现行法制大意》《调查户口章程释义》、孟森的《新编法学通论》、高梦旦的《九年筹备宪政一览表》《谘议局章程表解》以及专为议员使用的《谘议局、资政院、自治会议员必携》（一本集资政院院章、谘议局章程、府厅州县城镇乡及京师地方自治章程等资料的手册）。这一时期，商务有关立宪、法律方面的书出了不少，这是张元济立宪时期思想的反映，也是他支持立宪的实际行动。

1911 年初，张元济为"以普通政治知识灌输国民"，与沈钧儒、林长民、孟森、孟昭常、邵羲、高梦旦等 24 人发起创办《法政杂志》。发刊时，大家把杂志的宗旨提高到"上助宪政之进行，下为社会谋幸福"。数年来，商务编译所吸收了不少人才，其中不乏法律方面的专家，力量较强，足以自办杂志。《法政杂志》内容分六个方面：论说，由发起人撰稿，大多是研讨、评论与君主立宪相关的论文，张元济的《法学学会杂志序》也被列入；资料，发起人翻译的外国法政文章；杂纂，短篇的杂论；专件，朝廷或地方颁布的法律、法令、条例、章程或它们的草案，以及奏折，均原文照登；记事，立宪、立法方面的新闻；附录，转载其他报刊的有关文章。这本杂志不出当时杂志的风格，但它是我国较早的一本法律方面的专门杂志。辛亥革命后，杂志内容从君主立宪转而支持和宣传共和，1915 年停刊。今天去翻阅这套杂志，必定会发现许多清末民初宪政、立法方面有价值的资料。

环球之行

　　张元济的眼光，不只局限于国内，更不囿于商务印书馆一个基层单位。他时时以国家、社会的大背景来思考商务的出版方针和规划商务事业的发展，同时又密切注视着教育、出版事业的世界水准。他出国考察的愿望由来已久，1908年去了一次日本，去欧美则于1910年成行。这在商务领导层中形成了一种风气。夏瑞芳、高梦旦、另一位创办人、印刷所长、后来担任过总经理的鲍咸昌，一度被培养作接班人的王显华，以及王云五，都在任内或任职前出国考察。这对一家要走上现代化发展之路的企业来说，无疑是大有裨益的。

　　张元济欧美之行，花了近一年时间。他的外国朋友爱尔兰人柯师太福医师同行。柯医1866年生，1900年来沪行医，同情苦难中的中国人民。他是中国红十字会首任总医官，在上海创办了时疫医院；20世纪初，经严复介绍，结识张元济。严、张及伍光建常在苏州河畔柯医寓所叙谈，张元济的英语会话水平从此进步很快。当时上层人士的服装，都是长袍马褂，拖着被世人取笑的发辫。出国前，张元济经柯医介绍，去南京路上专为洋人服务的服装店定制了西装、大衣、皮鞋、领带，最难处理的发辫由服装公司设计，做了发套，把发辫盘在头顶，应付了过去。他穿了这身新装，请人画了一幅肖像，留存至今。

　　他们于1910年3月17日登轮起程，经马来亚、新加坡、锡兰，入红海，出苏伊士运河，经地中海，过直布罗陀海峡，由大西洋至荷兰鹿特丹，时已5月2日。

　　舟行至新加坡，停靠五六天。张元济游览了新加坡市区和马来亚柔佛、槟榔屿等地。新加坡沦为英国殖民地已近百年，市面繁荣，华人街市的建筑和习俗都与我国南方城市无异，有时走上几公里路竟见不到一座洋房。新加坡不远即柔佛，他参观了柔佛苏丹离宫，又北上经司威南到达马来亚北部的槟榔屿。槟榔屿依山濒海，瀑布高悬，奔腾直下，山中草木繁茂，分类种植，是可供植物学家研究的天然植物园。此处景色之美，堪称全程之最。在槟榔屿，张与老友康有为晤面。那时康还是朝廷的要犯，游走外洋，不能回国，也由于这个原因，张在他的《环游谈荟》一文中未提及此事。马来半岛上所见，皆高大茂密的热带树林，间有英式或清真寺式建筑，人口稀少。新加坡和柔佛，华人已远多于当地土著，司威南河道中从事橡胶运输及渔业者，也都是华人。令张元济痛心的一件事是柔佛赌市林立，因新加坡禁赌甚严，故赌徒麇集该地，而从事赌业者，都是华人。他感叹地说："吾民程度之卑劣，亦可见矣。"

　　船至埃及塞得港，登岸游览，张元济参观了建筑恢宏的清真寺。见街市上阿拉伯文与法文并用，土产只有纸烟、鸵毛和粗制的绣品，日本产的漆器、瓷器倒为数不少，中国货仅有广东产的小银器，张元济感到我国的工商企业全无世界思想，与日本相比，能无愧色吗？张元济不会不企慕埃及五千年的古文明，可惜这次来不及到开罗。然而他更同情进入近代以来，与中国有着共同的饱受帝国主义侵略历史的埃及。1903 年，商务出版过日本柴四郎著《埃及近世史》的中译本，是各种"亡国史"中颇引起中国读者注意的一种。张为这本书写过序，他认为埃及近代的命运，在于没有进行真正的改革，"不务其实而务其名，徒以为涂饰耳目娱乐外人之用。未行之先，不暇推究，既行之后，遂无一不与国势民情相触，以致溃败决裂而不可收拾也"。他认为中国决不能步埃及的后尘，"吾不患他人之以埃及待我，而特患我之甘为埃及也"。但这次在塞得港，见到登轮检疫的海关医师都是埃及人，外国船长见了他们，也只得受命惟谨。张元济联想到中国海关的检疫者都是政府聘来的白人。从这一点看，中国虽算主权国家，但还不如埃及。"外人之入境者，见关医无一华人，则以为吾中国之人皆不知医，其视我岂不与野蛮相若？事之可耻，孰有甚于此者耶？"从 1901 年起，京师设医学堂，而至今中国的医学教育，究竟取得了多少成效？他切盼负教育之责的当局，"盱衡时势，速为改图"。

5月4日，张元济抵达伦敦。一个月内，他参观了英国王宫、伦敦动物园，又去了柯师太福的故乡爱尔兰，参观了拥有1200名学生的都柏林大学、实业学堂和能造45000吨轮船的贝尔法斯特船厂。在伦敦，正逢英王爱德华七世病危、逝世和丧礼。他经过宫门时，看到门外不少老百姓在探问英王病情，来者络绎不绝。医官不时对外宣布病情，听到病危的消息，大家都发出叹息。张元济是见过中国皇帝的，却无法理解别国的君民之情。

在比利时，张元济先后六七次参观了当地正在举行的世界博览会。世博会历来被比喻为浓缩之世界，会场中可以饱览世情，然而腐败无能的清政府把中国馆搞得十分糟糕。各国展馆的建筑式样都取其民族风格，唯独中国展馆不中不西、不伦不类，虽有五间，却位于一个不起眼儿的角落。展品有瓷器、绸缎、绣品等，这些很具东方文化特色的物品，却十分粗陋，陈列零乱琐杂，不要说远不及日本几个商家联合展出的展品，就连国内苏杭等地的杂货铺也比不上。外国人很少来看中国馆，来者也都摇摇头，表示鄙夷不屑。据说1905年的一次博览会上，中国竟展出刑具、烟枪和缠足女鞋，留学生向公使抗议后，才把这些东西撤掉。中国花了钱参展，所得到的是外人对我们的鄙视。这既是清政府腐败无能所致，也是民智不开、素质低下所致。张元济在比利时游览了马士河，联想起世博会之所见，很有感触，在当时拍摄的一张照片背面写下了一首七绝——这张照片在"文化大革命"中被毁。诗曰：

> 小小山河点缀多，居然名胜数欧罗。
> 故乡风景非无此，举目荆榛可奈何。

诗后题曰：

> 宣统庚戌六月至比利时，游马士河，书此志慨，兼示子琦。

　　张元济经荷兰抵德国。此时蔡元培正在德国，故友重逢，喜悦之情，自不待言。张事先给蔡去信，告以考察计划和游程。蔡通过德国教育当局替他周密安排，于是张得以参观盲童学校、幼儿园、初级小学、二级小学、聋哑学校、智障学校、植物园以及莱比锡印刷品陈列所，日程排得满满的。张元济在英国以考察强迫教育（即义务教育）为重点。此时，英国实行强迫教育已二十年，经实地考察，他对国民教育是一项庞大的系统工程有了新的认识。他明白了"仅言兴学，学固不能兴也。财政、警察、交通，无一事不相联者"。在德国，张则以职业教育为重点。他在德考察学校不下 30 所，觉得许多方面为其他国家所不及。他了解到德国的职业教育深入到各行各业：邮递员要学习邮政知识；铁匠铺学徒要学习制铁历史；鞋匠要学习人足的构造和皮革的种类。"城市学堂之外，又有山上学堂、林中学堂，真有观止之叹。"他采购了大批教育参考资料、书籍，以及盲人打字机、盲人读物等带回国内，供商务印书馆同人研究参考。有一套硬质木料制成专供盲童触摸后认识各种几何体之用的模型，现今保存在家乡海盐县博物馆内。这些高约 10 厘米的棱柱、圆柱、锥体、球体，加工精密，完全符合数学教学的要求。

　　出版业和印刷业，当然是他这次考察的重点。此行使他与欧美出版家也建立了业务联系。在伦敦时，恰逢三年一度的印刷展览，他花了几天，仔细参观，后又在西欧各国与印刷机械制造商进行洽谈。由于他本人对机械是外行，所以须及时将机器样张、估价单寄回国内，请夏瑞芳等决策。他更希望夏能亲自到欧洲，以便及早订购。他认为商务印刷所业务量大，外接印件又多，应及早购置技术水准高的新式机器，将旧机逐步淘汰，使得重要新书可及时出版，印量也不必多，随需随印，无积压的危险；要做到公司今后仅靠外接印件就能维持，公司的基础就能稳固。可惜此时夏已被卷入上海租界上的橡皮股票投机案，公司损失惨重，难以自拔，无心去欧洲了。

　　张元济知道清政府学部已经奏定，今后学校教育中的科学书籍一律用英文本。他早就想拓展商务的西书销售业务，是翻印好，还是代销好，因无把握而举棋不定。他在英时，与朗曼公司商谈，决定用没有风险的代销方式合作。原因是上海租界当局偏袒洋商，清政府又无力保护华商；代销又不会因销售不佳而造成积压。于是商务与朗曼建立了业务联系。后来，张元济对商务的西书部一直很关心。

英、德两国是张元济考察的重点。此后，他游历了捷克、奥地利、匈牙利、瑞士、意大利和法国，最后回到英国。从英国出发，横渡大西洋去美国。

在法国和英国，张元济有机会看到珍藏在法国国家图书馆和大英博物馆内的敦煌秘籍。敦煌石窟藏经洞中沉睡千年的经卷和古籍，1900年偶被道人王圆箓发现，政府不加保护，导致外国冒险家乘机大肆盗运，现存于俄、法、英、日等国者居多。张之前曾通过与驻法公使馆事先联系，获睹了这批珍宝。法国对这些敦煌秘籍倒是十分重视，严加保护，对一般读者不公开。张元济由亲至敦煌捆载藏经洞文献的法国汉学家伯希和陪同，进入光线暗淡的重房密室。他本欲抄录一份目录，但伯氏寸步不离，又匆匆欲去，所以只能粗略看了一下。伯希和说，英国人斯坦因比他早一步到敦煌，所获亦很丰富。张一回伦敦，立即打听这批珍品的下落，最终他在大英博物馆见到了它们。那里与法国一样，不愿让人参观。张元济在英国见到的古籍不及法国多，而佛经与其他古物则远多于法国。中国政府无力也无心保存自己祖先的遗珍，能见到它们的学者为数极少，而张元济则是第一位亲赴欧洲调查、考察流失海外敦煌文物的中国学者，这也算是张元济旅欧的一大收获，然而也是一件很痛心的事。

11月中旬，张元济到达纽约。他在美国还访问了华盛顿、芝加哥、旧金山等处，前后达一个半月。

在纽约，他在中国驻纽约总领事杨毓莹陪同下，访问了《纽约先驱报》馆，参观了报纸编、排、印的全过程，并详细询问了印刷机器和技术问题。他接受记者采访时说，过去半年在欧洲的访问，已得到了大量教育制度等方面的资料；在美国的访问，主要考察美国的初等教育制度，并决定回国之后，建议在中国的初等学校实行强迫教育。《纽约先驱报》对此都进行了报道。

张元济应纽约中国留学生会之邀，对会员做了一次讲演，题目是"耶教与今日中国"。他先论述了基督教数十年来在中国陷于困境、时时遇到仇教举动的原因：一是历次中国战败，订立城下之盟的屈辱条约，而传教一事往往载入条约，引起中国人民极大反感；二是传教士都是外国人，他们不了解中国的民族性，因此举动常与中国民众格格不入，招致反感；三是他们享有领事裁判权而不受中国法律约束，使中国人不平；四是一旦教士被杀而导致中国割地赔款，更使国人对教会抱有恶感。张认为解决的办法是由中国人自己传教，以华教士代替洋教士，直到中国的耶稣教会中无一外国教士。这样，教士遵守中国法律不成问题，至于万一有教士殒命，亦可诉诸法律，无所谓割地赔款，更可以援用耶稣爱仇之意，不必杀人，而以至诚之心去感动百姓。他认为这样"耶教人与非耶教人可以永远好合，而吾国庶几有信仰自由之一日，且从此中外交谊，可以除去一大障碍。是造福于中国岂浅鲜也"。张元济不信奉任何宗教，家里既没有圣像，也不见菩萨。这次讲话是他唯一一篇论述宗教事务的言论。文中主要观点是由中国人自己办教，遵守中国法律，这是我们可资借鉴的。

张元济在美国得知旅美华人、中国第一位飞机设计师、制造家兼飞行家冯如自制飞机试飞时打破纪录，荣获优等奖，十分兴奋。在会晤时，张希望冯能回国服务，冯欣然应允。后来张将他介绍给两广总督张鸣岐。翌年3月，冯携带飞机和机器返抵香港。张鸣岐派军舰前往迎接，但又恐他与革命党有涉，拒不任用。很遗憾的是，1912年8月，冯在广州进行飞行表演时失事罹难。

12月下旬，张元济经檀香山到日本横滨，在东京与先期赴日考察的高梦旦一同于1911年1月回国。回国后，他做过一次三小时的讲演，谈环游见闻，《民立报》刊载了他的讲话，却有不少讹误。张元济决定撰写《环游谈荟》，在《东方杂志》连载，可惜只登了两次，大约因工作繁忙，无暇写作而中止，成了无可弥补的缺失。他很珍惜从各国带回来的旅游纪念品。一幅紫红底色的印第安人皮革工艺画一直挂在他的床头，一个盛着巴拿马运河开挖时掘出的泥土的玻璃罐放在他床边的梳妆台上，一箱各地的明信片，包括风景、名胜、建筑、街景、名画、雕塑等等，也被珍藏着。然而20世纪六七十年代，神州多舛，这些物品也随着一一散失殆尽。当时他每到一地给家中寄回一张明信片，详细、准确地记录了三百天的历程，积成厚厚一叠。有人亲眼看见它们在"史无前例"的日子里，被送去造纸厂做再生纸。

严复、林纾和伍光建

　　张元济重视外语和翻译，是与他主张吸取西方文化之长相一致的。翰林公自发组织友人学习英语，绝无仅有。通艺学堂开设外语课，在皇上面前大谈翻译人才之重要，南洋公学广译外文书籍，商务印书馆出版名家译作，向外籍人士学习口语，亲自出洋考察，以上种种形成了他人生轨迹中一条色彩绚丽的线条，而他与中国近代三位著名翻译家严复、林纾和伍光建的交往，受到他们的启发与帮助，又反过来帮助他们出版译作，则是这一线条上着墨浓重的三笔。

　　严复（1854—1921），字又陵，又字几道，福建侯官人，幼年熟读旧学，因家境变故，未能走入科举仕途，后投考洋务派创办的福州船政学堂，毕业后入选为第一批官派留欧学生。留英期间，他除完成海军课程之外，以很大一部分精力研读西方哲学、社会科学著作及考察社会文化状况、中西政教异同，受到驻英公使郭嵩焘的赞赏。1879年学成回国后，严在马江船政学堂任教，过了一年，调任天津北洋水师学堂总教习（教务长），1890年升任学堂总办（校长）。他目睹洋务派和海军内部的腐败，亲历了甲午战争、戊戌变法和八国联军入侵，思想有了很大变化，开始倾向维新，并以自己扎实的中外文功底和出众的文才作为为国效命的武器，"致力于译述以警世"。在"天不变道亦不变"的陈腐空气笼罩下，康有为也只能"托古改制"，打着孔老夫子的旗号来宣传自己的主张，而严复则公然以译著英国赫胥黎的《天演论》打破沉闷，给了中国人一股清新的资产阶级新思想。从此西方先进思想文化开始系统地输入我国。因此，严复不仅是一位翻译方面的专家，更是近代的启蒙思想家。

　　张元济与严复的交往大约始于1896年或1897年张两次去天津期间。那时他正在筹划英语学习之事，很可能经人介绍，慕名去拜访了严复。西学堂开办时，张元济请严代聘教习，严介绍的其中一位是他的侄子严君潜，另一位则是严复通过教会从伦敦请来的，虽水平不低而费用却不高。1898年，严复受光绪召见，入京时寓于通艺学堂，张元济请严复在学堂讲学，题为"西学门径功用"，受到学生的欢迎。戊戌变法时，严没有直接参与政治活动，只是在天津与王修植、夏曾佑等办了《国闻报》，与上海的《时务报》相呼应。他的观点也是认为中国民智卑下，不能速变，只有慢慢地进行教育，把民智开启到一定程度，才能有所变化。他与张元济观点很接近。从变法失败至辛亥革命这十余年间，他把主要精力用于翻译西方有代表性的政治、经济、哲学和社会学等方面的重要著作。

　　1899年，张元济刚出任南洋公学译书院总校，就给严复写信，请教了聘请翻译人员、译书选题、如何翻译专门字典、工作量的核定和报酬等问题，并告诉严复，译书院打算出版严译宓克著《支那教案论》，请他作序。宓克，英国人，1853年来华，曾任英文《时报》主编、李鸿章顾问。此书对中国教案问题持论较为客观。严复受李鸿章指令，于1892年译就。不久，该书出版，成为张元济经手出版的第一部严译名著。严复在回信中以他自己的经验，对张元济提出的问题做了详细认真的回答，对张的工作有很大帮助。

　　严复译《原富》的出版，是严、张两人友谊与合作的最重要的成果。严原已与裕禄开设的北洋译局谈妥《原富》的翻译事宜，稿酬3000两，三年译完。经张元济再三恳商，且北洋译局办事拖拉，严终于将稿件交与南洋公学。交稿后，他还在信中就编排格式、字体大小，以及序言、缘起、目录、凡例等的要求都对张元济做了交代，也接受了张的意见，对译音不释义的词另作一检索表，以方便读者。可见他们两人为此书做过许多磋商。张元济与译书院翻译郑孝柽合作，编订了"中西编年及地名、人名、物义诸表"，置于书末，便于读者查阅，正是红花绿叶之美。后来在张的提倡之下，商务出版严译名著都加上了译名对照表，这也是翻译、出版史上的佳话。可惜 20 世纪 70 年代以后再版严译名著时，这个传统被取消了。

张元济主持商务编译所后，严译八种名著先后出版，并多次重印。《原富》1903 年起由商务出版，英国哲学家斯宾塞的社会学著作《群学肄言》、英国哲学家穆勒的政治学著作《群己权界论》（直译是《自由论》）亦于同年问世。次年商务出版了甄克思的《社会通诠》（直译是《社会进化史》）和孟德斯鸠的《法意》（直译是《论法的精神》）。1905 年严译第一部名著《天演论》出版，这部书曾于 1898 年在湖北出版过，是最早传入我国的进化论著作，对开拓中国知识阶层的思想起过很大作用。1909 年和 1912 年，商务先后出版了耶方斯《名学浅说》和穆勒《穆勒名学》两部逻辑学著作。这 8 部书籍，以其先进的思想、学说和严复以"信、达、雅"为翻译准则的高超译笔，成为商务印书馆出版史上的经典之作。

前面说到过，严复对张元济的"文明排外"观点提出了批评，张并不因为来稿与《外交报》主编观点不一而拒登，说明他们在事业上互相信赖之真诚。因严复与高梦旦是福建同乡，张、高与严的联络又添了一层方便。在张、高的恳请下，严还为商务的好几本辞典写过序。严复所得稿酬是丰厚的。他在商务拥有存款和 500 股股票。商务业务发达，红利较高，他晚年没有正式职务，主要依靠这些来自商务的利息、股息维持生活。

第二位翻译家是严复的同乡，长严两岁的林纾。林纾字琴南，号畏庐，自幼克勤功课，尤喜爱《左传》《史记》等文史典籍。至三十一岁中举人时，他已具备了很深的文学造诣和极强的写作能力。他先后在福州、杭州和北京京师大学堂任教经学、古文和伦理学。1897 年丧妻后，其意志消沉，后在好友、曾留学法国的王子仁劝说下，开始从事小说翻译。有趣的是林纾并不懂外文，他的翻译是与一位熟知外文的口译者合作，由口译者先行口述，再由林纾对作品内容进行消化，落笔成文。他第一部译作是法国小仲马的《巴黎茶花女遗事》，出版后大大开阔了中国人的眼界，"不胫走万本"，林的译作一举成名。林纾与严复、张元济是同时代人，对国势屡弱、外侮日深不会无动于衷。他与严复、夏曾佑关系密切，梁启超和严、夏提倡的"宗旨所存，则在乎使民开化"的维新派小说理论对他很有影响。林纾利用自己的文学修养，通过翻译外国小说，帮助人们了解西方社会和人生，使人们从中得到启发，懂得学习西方、变法图强的重要。《巴黎茶花女遗事》于1899年初版，张元济对之大加称颂，还带回家让高堂老母阅看。这时林、张尚未见过面。林纾闻得此事后，十分感动。他知道张"品学皆高"，两人都"恨未之见"。《茶花女》之后，是著名的鼓吹黑奴解放的《黑奴吁天录》（今译《汤姆叔叔的小屋》）。从此，一发而不可收。直到1921年搁笔时，林共译了170余种欧美小说。小说源自英、法、美、俄及日本等十多个国家，作者有莎士比亚、狄更斯、大仲马、小仲马、雨果、巴尔扎克等。如果说严复开创了系统翻译西方社会科学著作的先河，那么林纾开创的则是翻译世界文学作品的风气，从而也提高了小说在中国的社会地位。林纾与严复这两位翻译家，在中国翻译史上，地位相当，并驾齐驱。

　　林纾第一部在商务出版的译作是《伊索寓言》，时间在1903年。翻译这本书的合作者是通艺学堂的教习、严复的侄子严君潜。因此，稿件由这条渠道送至张元济手中，是合乎逻辑的。后来张主持的《最新国文教科书》，有好几课采用了《伊索寓言》故事。1904年1月，林的同乡高梦旦加入商务印书馆，于是林与商务的联系更为紧密。林译小说大量编入《说部丛书》，源源不断地流向社会，流向读者。当然商务编译所的出版物必定经过张元济的审定。1906年林纾在《蛮荒志异》一书后面的一段跋文，证明了这一点。文曰："长安大雪三日，扃户不能出。此编誊缮适成，临窗校勘，指为之僵。……雪止酒热，梅花向人欲笑，引酒呵笔，书此数语，邮致张菊生先生为我政之。光绪三十一年十二月二十七日畏庐书于雪中。"

　　张元济很赏识林纾的国文根底，除了大量出版林译小说外，1907年还特地邀请他选编一套《中国国文读本》。这是一部学生课外读物，逐篇都加上编者的评语。全书分10卷，由今及古，第一、二卷为清代文，第三至五卷为宋、元、明文，第六、七卷为唐代文，第八卷为六朝文，第九、十卷为周、秦、汉、魏文，1908年起出版，1910 年出完。林纾还有大量用古文写的各种体裁的作品，如《畏庐文集》《畏庐续集》、长篇小说《金陵秋》、剧本《天妃庙传奇》等，均由商务出版。

林译小说前期，一般以 1913 年左右为界，是"比较精美的，感情真切、文字生动，令人爱不释手"（钱锺书语），但后期则较为草率，为了多得稿费，粗制滥造，质量下降。张元济的工作日记中，可查到多处这样的记录：

> 1916 年 8 月 10 日　梦旦查告，琴南小说今年自正月至八月收稿十一种，共五十七万二千四百九十六字，计资三千二百零九元零八分。梦意似太多。余意只得照收，已复梦翁。
>
> 1917 年 6 月 12 日　竹庄昨日来信，言琴南近来小说译稿多草率，又多错误，且来稿太多。余复言稿多只可收受，惟草率错误应令改良。
>
> 1917 年 8 月 14 日　林琴南译稿《学生风月鉴》，不妥，拟不印。《风流孽冤》拟请改名。《玫瑰花》字多不识，由余校注，寄与复看。

仅此三例，可见后期林译作品的状况。但张元济还是坚持收稿，说明他对译者之尊重，非但亲自改稿，改了还要送译者本人过目，不失大出版家的风度。

这里再介绍一位我国最早用白话文翻译的翻译家伍光建。伍字昭扆，广东新会人，1867 年生于贫寒之家，十五岁考入北洋水师学堂，从此，他成了严复的学生。毕业后，他被派往英国深造五年。与他的老师一样，留英期间除完成课业之外，他对英国文学、历史极感兴趣，研读不辍，回国后又钻研中国文史哲作品，于是中英文文笔都能挥洒自如。1905 年载泽等五大臣出洋考察西方宪政，他任一等参赞，兼事口、笔译，后在学部、海军处任职。北洋政府期间，他应北洋水师学堂老同学黎元洪邀，任财政部顾问。他曾任北洋政府盐务稽核所英文股股长达十年。每当与外国人交涉，总是据理力争，保护国家利益。

伍光建性格孤僻，脾气急躁，交友十分严谨。张元济是他要好的朋友之一。张在南洋公学译书院任职时，伍为他提供过译稿。20世纪最初的几年间，张元济刚入商务，住在苏州河北岸阿拉白斯脱路（今曲阜路）长康里，与伍光建、夏曾佑为邻。他们在柯师太福医师沿苏州河寓所阳台上叙谈时，张元济除了练习英语口语之外，还谈到改良时政和文化出版事业。这时张正着手编纂中小学教材，就请伍光建编写《西史纪要》，一部三册。该书虽用文言，但按张的意见，尽量写得简明易懂，使读者称便。后来应张元济邀，伍又编写中学理科和英文教材。那时，我国从事理科教育和研究的人才十分稀少，而新学制确立了中学理科教育的法定地位，教科书何来？今天我们已经难以见到当年的中学（相当于今天的高中）理科教材，所幸在石鸥和吴小鸥编著的《百年中国教科书图录》中，还能见到伍光建编著的《最新中学教科书　热学》和《最新中学教科书　磁学》的书影。他以两三年时间，编成清代第一部中国人自编的理科教材，在商务印书馆出版。他编的《帝国英文读本》，则由浅入深，从字母开始，直到文学作品选读。

伍光建的主要成就还是翻译。译作有社会科学著作，也有文艺小说，而且大部分交由商务印书馆出版。他一生译有130余种西方科学、哲学、史学、文学著作，正式出版有100余种，其中有英国休谟的《人之悟性论》（即《人类理解力研究》）、法国马德楞的《法国大革命史》、狄更斯的《劳苦世界》（即《艰难时世》）、《二京记》（即《双城记》）、夏洛蒂·勃朗特的《孤女飘零记》（即《简·爱》）等。伍译影响最大的，要数法国大仲马的《侠隐记》和《续侠隐记》（今译《三个火枪手》和《二十年后》），这是中国最早的白话翻译小说，1907年出版后，大受读者欢迎。当时，商务出版了不少林译小说，一则林是从第二手材料——即另一位合作者的口述译出，与原文有距离，且林纾不谙外文，于外国文学的修养毕竟有限；二则文言文不及白话文能适应时代潮流，所以张元济得知伍光建有用白话文翻译小说的打算时，对此极感兴趣，一再给予鼓励。《侠隐记》等小说果然取得成功，新文化运动以后，白话文学大盛，《侠隐记》正、续两篇一直保持畅销。

伍译英国麦尔兹的《十九世纪欧洲思想史》是他用了七年时间才完成的一部力作。张元济很关心他的翻译计划和进程。伍致张的信中，也详谈翻译这部书的困难和趣味。1931年，该书被编入商务的《历史丛书》出版。

20世纪30年代，伍光建定居上海，与张元济过从甚密。他们一同交谈古籍的收藏和出版，一同观赏昆曲。1943年，伍光建在贫病中去世。张元济为他写了一副挽联，以14个字评价了故友的一生：

天既生才胡不用？
士惟有品乃能贫！

主持商务

　　1907年，张元济被推举为商务印书馆第一届董事。由于他的学识水平、社会名望以及掌握着编译所这一主宰出版方针的重要部门，所以他对商务的行政事务，早已有所介入。其实他的行政管理能力，早在办通艺学堂和在南洋公学主持译书院工作期间，就已经有所表现。

　　1910年，上海滩发生了外国金融骗子哄抬、炒作造成的"橡皮股票"风潮，使不少人卷入其中，蒙受巨大损失。夏瑞芳是一名敢于进取的企业家，具有果敢乃至冒险的精神，但在瞬息万变的市场中，却难免失算。投机失败，他本人损失了6万元，商务资金被他擅自动用，损失了7万元，商务的财政陷入危机。夏受此打击，神形受困，不仅个人无心工作，还直接影响到商务的营业，更担心股东们闻讯后闹事。张元济在欧洲听到了这个消息，回国后与同人们花了很多精力设法善后，一方面稳住股东和日方合资人，一方面从大局出发，对夏所借款项延长还本年限、降低利率、增加夏的工资和应酬费，帮助他渡过难关。1911年秋冬，因时局变迁，各地分馆一时未能将款项及时汇至总馆，更加重了财政危机。这一年10月的一个月内，张元济给日本合资者原亮三郎的信、电多达六件，也足以证明这一点。待1912年形势有所缓解后，张元济就在致山本条太郎的信中明确指出："商务印书馆经济状况近来似稍宽裕，惟公司办事章程组织未善，董事及经理人权限未清，将来公司恐大受损害。"因此他提出"必须更改章程，划分董事及经理权限，订立管理银钱出入规则"。他还提出今后"宜按照法律及严定办事权限，保全公司"。由于商务原是一家清末开办的小企业，在半殖民地半封建社会的国土上，除了家庭作坊式的经营之外，无现代企业制度可言。张元济在这次商务财政危机中，首先认识到旧管理模式的弊病和建立健全走上现代化大企业之路需要的管理体制的必要性。张元济不仅为商务制定了适应社会需要和指导企业发展的编译出版方针，而且对商务管理制度的改革及建立现代企业制度发挥了重要的作用。

1914 年，夏瑞芳遇害以后，张元济在商务领导层中发挥的作用逐渐增大。这时商务主要分设三大业务部门：编译所、印刷所和发行所。前两者于 1907 年迁入宝山路新落成的公司总部，而后者则在市中心的河南路上。夏去世前，编译所由张掌管，集中了一批知识分子，人称"书生派"，而印刷、发行所则由夏、鲍、高几位创办人直接掌管，因为他们都笃信基督，就被称为"教会派"。夏瑞芳是元老，能力又强，"教会派"都由他统率，而他对张元济十分尊重，甚至到了言听计从的地步。这样，三个所系于总经理名下，业务联系比较正常。夏去世后，三所独立倾向有所流露。很长一段时期内，张元济工作十分忙碌，往往天不亮就起身，阅看公文，缮发信件，七时半匆匆吃过一大碗面条之后，坐上商务派来的马车，到宝山路上班，当天的报纸是在马车上阅读的；从编译所下了班，再赶到发行所，很晚才能回家。1915 年，他从北京请来了好友陈叔通。陈叔通，名敬第，1876 年生，浙江杭州人，清光绪二十九年进士，曾留学日本，1908 年经汪康年介绍，与张元济结识。民国后，他在北京任国会议员，主办《北京日报》，因参与反袁活动，承受很大压力。1914 年袁世凯解散国会，张元济就去电邀请陈叔通南来上海加入商务。陈来沪后，对商务进行了一番调研。他看出了三所分立中存在的问题，便向张元济提出建议，说应该建立一个统一机构，把三个所联系起来。张元济很快同意了这个意见。开始时，印刷、发行所的负责人还认为没有必要，经过许多说服工作，大家才同意。这个机构名为"总务处"，由陈叔通负责日常工作，相当于今天的"秘书长"或"办公室主任"，建立了由总经理、经理和三所所长出席的总务处定期会议制度，集体讨论决定公司大事，协商制订每年的工作计划，协调所与所之间的工作关系问题。在此基础上，逐渐制定出许多管理制度。张元济与陈叔通合作，理顺了商务的行政管理体制，实现了集中领导、分层次管理的模式。这个管理模式在后来的实践中证明发挥了很好的作用。为此，十几年以后，陈叔通虽已离开商务，包括张元济在内的商务主要领导人仍一同去陈府登门拜访，还送去 6000 元银元作为酬谢。

如上面所说，张元济从"橡皮股票"事件发生后，就开始过问商务的资金和财务管理。他担任经理之后，以很多精力关注营业利润、资金投向、分馆的经济状况等。每年一次的红利分配，他都参与多次的商讨。他随时注意金融市场的信息，以确保资本的升值。在《张元济日记》中，我们可以看到许多这样的记载，不妨摘录几条：

> 1917 年 9 月 6 日　金价日跌，余请同人详细研究，有无直接、间接之关系。
>
> 1919 年 8 月 29 日　本日午前外国币价极低，翰未来故未定。午前再购拟英金二万镑、美金五万元，而市价大涨，已来不及。
>
> 1919 年 11 月 18 日　余昨告翰翁，现存英金三万镑拟售去，改银存款，息可较多。翰不甚明了。本日由迪民详细算出。

张元济聘请经济专家杨端六入馆，从事会计制度的改革，是商务财务管理上的大事，它使商务沿用多年、不能适应现代化大企业财务管理的旧式记账法得到彻底的改革。杨端六，1885 年生，早年留学日本、英国和德国，1917 年在《太平洋杂志》上发表了《会计与商业》一文，被张元济发现，1920 年回国后，即被聘为《东方杂志》撰述。张与他商议，请他主持建立一套新会计制度。杨经调查研究后，决定接受，于 1921 年与商务馆方签订了筹办新会计制度的合同，自任筹备处主任。与张元济的指导思想一致的是，杨端六提出先开办新式会计讲习班，培养能适应改革的人员。第一期学员经三个月的培训，达到了上岗要求。1922 年 1 月起，杨端六主持设计的新会计制度正式出台，杨本人出任会计科长。这样，长期使张元济等领导人头痛并制约业务发展的财务管理问题，得到顺利解决。

商务印书馆随着业务的不断发展，股本从初创时的 4000 元，逐年发展到 1903 年的 20 万元（这一年开始中日合资），1905 年的 100 万元，1914 年的 200 万元，1922 年的 500 万元，连续二十五年保持了平均 30% 以上的年均增长率，确实是一个经济奇迹。然而即便是处在这样的顺境之中，张元济还是考虑多为公司积累，预防突发事件。他对发放红利的一贯想法是"多留少分"，这就和包括总经理在内的许多股东发生矛盾。不少股东投资商务，首先考虑的是赚钱，红利当然越多越好。张元济凭借他的威望，1922 年说服董事会向股东年会推出"股息公积"办法。内容有二：一是公司遇有盈余，分派股息至一分以上时，应酌量提取股息公积；二是股息公积除积存巨款，于扩充股额时改作股份，或遇股息不足一分之年份酌提垫补外，非经股东会议决，概不提用。股东大会对这个提案发生了争执，后来股东童世亨提出增加第三条：股息公积按常年 8 厘起息，这才获得通过。企业遇有盈余时，在提存的法定公积之外，再用提取股息公积的办法来增加积累，这在当时也是一种创新。1932 年"一·二八"事变，商务总厂全毁于日本侵略军的战火，而能在半年中复业，这笔一百数十万元的资金积累，起了很大的作用。

张元济在访欧期间，就提出要采用最新式的印刷机器。后来他担任经理，也经常关心国外新技术的发展和支持印刷所添置新设备。《张元济日记》上有不少记载：

> 1918 年 10 月 16 日　鲍（咸昌）言，拟购买两色机器两架，每架约美金九千元，到沪之价。余赞成。
>
> 1918 年 10 月 28 日　向美兴公司定胶版机一部，价美金七千二百元，九七五折。本日签字。签字送鲍先生看过。
>
> 1919 年 9 月 8 日　余与鲍咸翁言，拟购圆筒铅印机，以为平印机及转轮机中步之用。

商务在合资期间，技术上受日方的帮助较大，合资结束之后，仍能保持不断进步，几乎年年保持与世界水平同步。1915年采用胶版，1919年购入米利机，1920年采用直接照相晒版法，1921年使用彩色胶印照相制版，1923年增设影写部。商务创制的仿古活字，人称商务体，别具一格。商务在印刷设备和技术上的不断创新和发展，与张元济的技术管理思想是密不可分的。

不仅如此，张元济鉴于"排字工人终日站立，屈伸俯仰，亦复甚是劳累，且字架占地太多"，便亲自动手，设计新式排字机。1923年他提出了方案，绘制了设计草图。新式排字机的主要构想是采用轮转圆盘，将常用字置于圆盘上，盘的直径约80厘米，分若干层，每层缩进约1厘米，使圆盘呈塔状。排字工只需坐在转椅上转盘取字，可免除俯仰之劳。

商务印书馆从1903年起，在内地陆续建立分馆，拓展业务。汉口分馆是第一家，1906年建立天津、北京、沈阳、重庆等分馆；至1912年先后增设长沙、济南、杭州、桂林等分馆，使分馆增至21处；至1916年又先后增设长春、南京、香港、湖州、泸州、宝庆等分馆，共计43处。分馆实际上只是商务的一个门市部，专销上海总馆出版的书籍，当然以教科书为大宗。分馆遍设于今天的23个省、市、自治区，不仅开拓了商务的业务，而且对推动当地的教育和文化起了不小的作用。张元济对分馆的人事、经济状况十分关心，他的工作日记中，随手可以翻到这方面的记录。但他并不是主张一味铺摊子，追求数量上的高指标和低水平的重复。1917年10月，他经过调查后，向董事会提出一份报告，建议对分馆加以紧缩。他的理由有二：一是大批分馆建于民国初年，当时中华书局崛起，为了便于竞争、向内地扩大销售，便不惜代价在内地多开分馆，而1917年前后，中华经营不佳，甚至一度愿意盘售给商务。这样，分馆的布局完全应该"因时势为转移"；二是缺乏管理人才，经营不善，造成书籍大量积压，或放帐过滥。1917年与1911年比，分馆增加1倍，而占用的货款增加了4倍。此后，经董事会议决，陆续收束一批分馆，1931年减至36家，1936年减至33家，使经营效益有所提高。

1916 年商务在新加坡开设分馆，被誉为"新加坡华文书业的发端"。南洋华侨子弟的新式学校教育，几乎和中国国内同步兴起和发展，而采用的就是直接从中国国内运过去的教科书，商务版是其中最主要者。张元济十分重视南洋市场，他 1916 年的日记中，就有四次接见马来亚、新加坡有名的教育界人士宋木林的记载。新加坡从地理位置上看位于交通枢纽，从中国运往南洋的书籍、文具等，先运到新加坡，然后分散转运其他各国。因此选定新加坡开设分馆，也是张元济管理工作中一项十分重要且正确的决策。

与此同时，张元济看准了香港这块风水宝地，提议建立香港分厂。1919 年 2 月 6 日张元济在日记中写道："昨在鲍咸翁宅内，余提议拟分设印刷局于香港。……鲍甚赞成。"这一天他们还谈到了今后港厂负责人的人选。1922 和 1923 年，张元济两次亲赴粤、港，先后在广州、香港、九龙等处做了实地考察。经多方比较、选择之后，报告董事会议决通过购置建厂用地。香港分厂的建立，是商务向海外发展的一大步。香港分厂建成后，销往南洋的书籍就直接从香港运往新加坡，成本大为节省。1932 年上海总厂被毁，香港分厂在此后相当长的一段时期中发挥了作用。

1925 年，商务发生了两次大规模罢工。商务印书馆是上海最早建立中国共产党组织的单位之一。沈雁冰、董亦湘、廖陈云（陈云）等早期共产党人，20 世纪 20 年代初就在商务工作。1925 年初，以商务和中华的工人为主，成立了上海印刷工人联合会。同年 6 月，印刷所工会成立。"五卅"运动后，上海工人运动有转向低潮的趋势，中共中央准备再掀起一次罢工高潮，以打击反动军阀政府。因商务工运基础较好，就选择了商务。8 月 21 日晚，党团成员和工会积极分子 168 人举行大会，由廖陈云主持。大会决定举行罢工，并提出宣言和复工条件。罢工虽提出经济要求，但主要斗争方向也很明确："惟当此外祸急迫之时，正应一致对外。"一个星期后，劳资双方都有一定让步，遂告结束。12 月 22 日，因馆方辞退近百名职工，第二次罢工爆发。对罢工的处理，张元济坚持用和平方式解决。特别是第二次，经理王显华主张用强硬手段，调动工厂附近的军警，殴打工人纠察队员，并开枪打伤数人，又拘捕数人。

军警宣布"武装调停"，强使职工代表与公司谈判，立待解决，遭
到工人代表拒绝。此时，董事会正在开会，传来厂中军警与工人冲
突的消息，张元济声泪俱下，坚主和平谈判，并请经理李拔可、夏
鹏（夏瑞芳之子）赶到厂里，向职工代表保证决不带走一人，职工
代表才同意谈判，至晚间达成复工协议。复工后，张元济等还到医
院慰问受伤工友。次年8月，商务各部门工会组织联合发起纪念
"五卅"周年馆庆大会。张元济应邀在会上讲了话。讲到劳资矛盾
时，他说："劳资之争，在西方尚未解决。不过西方不能解决之问
题，难道不可在东方先行解决？难道不可在本馆先行解决？解决之
途径，不外诚意合作。"这是他真实的思想，与他历来主张"和平
改革，勿丧元气"的观点完全吻合。

　　在张元济任经理期间，由于他的支持，商务除了出版书籍之
外，还发展了多种实业。张元济聘请发明华文打字机的周厚坤入
馆，请他主持商务印书馆华文打字机的生产。这一产品在中文办公
设备中，独领风骚数十年，直到电脑进入办公室之后，才被淘汰。
商务设立的电影公司也一直得到张元济的关心。这家电影公司在我
国早期电影史上居有领先地位。它开始以拍教育片、风景片为主，
后来也拍故事片。京剧大师梅兰芳最早的两部舞台纪录片——《天
女散花》和《春香闹学》，就是在商务拍的。拍摄时张元济和出面
邀请梅兰芳来商务的经理李拔可一同到现场观看。

　　张元济在商务印书馆，从确定出版宗旨到制定管理体制，他本
人事事以身作则、处处严以律己，以他认真办事、一丝不苟的工作
态度和独特的人格魅力，带领全馆职工形成了一种具有商务特色的
敬业精神，使商务在20世纪30年代以前保持着持续发展。一位美
国研究中国出版、印刷史的学者，在1992年举行的"张元济先生
思想和事业第二次学术讨论会"上发言，认为在张元济的带领下，
商务到20世纪30年代初，从其规模、员工人数、出版物数量和质
量、印刷技术等各方面综合来看，已经达到了与西方著名出版企业
同样的水平，亦即中国人用三十年时间，走完了西方同行两百年所
走过的道路。这样的评价是很高的，也是实在的。

用人唯才

人才管理，是企业管理的重要一环。张元济对于人才的重要性，早就有了一套完整的思想。在主持商务印书馆编译所和全馆工作期间，他始终把人才问题放在他工作的首要位置。也正是在人才问题上与总经理的争论，导致他两次辞去行政领导职务。

编译所开创之初，对张元济来说，首先是网罗人才。他后来回忆说，编译所开创之初，就得到蔡元培、高梦旦和蒋维乔的帮助。蒋维乔是编写教科书的主将，江苏武进人，二十岁考中秀才后，就热衷西学，后留学日本，参加蔡元培组织的中国教育会，为《苏报》翻译日本文章。1902年蒋入江苏南菁高等学堂，积极支持革新，成为校内新派"领袖"。1903年，他抱着办教育应从编写教科书入手的宗旨，经蔡元培介绍，应张元济之聘，入商务编译所。他为商务编写过多种教科书，也译过国外的教材，如《新教育学》等。

由蒋维乔介绍入商务的武进人庄俞，年轻时就已看到科举失去了实用价值，开始学习史地等学科，并与同学创设体育会、演说会、私塾改良会，家乡开办新学后，即受聘任教。1901年后，当地年轻人学习外国文化者渐多，他来到上海，设立"人演社"，译印东西新书，开辟沟通中西文化的通道。入商务后，他参加教科书的编纂工作多年，又担任编译所国文部长、机要科长等职务，为商务服务终生。

杜亚泉是一位自然科学工作者，青年时期考过乡试，但无心仕途，而是集中精力自学数理化，阅读西方科学译著，担任过绍兴中西学堂的数学教师。1900年他在上海创办亚泉学馆，招收学生，普及科学知识，又创办中国近代最早的科学杂志《亚泉杂志》，后开设"普通学书室"，编译科学、史地、政治书籍。1904 年由张元济聘其入商务，任理化部主任，编纂数理教科书。他在商务工作了二十八年，1918—1922 年主编的 300 万字《植物学大辞典》和 250 万字《动物学大辞典》，都是很著名的自然科学工具书。在主持《东方杂志》期间，他也大力介绍国外科学成果，包括向国人介绍居里夫人发现放射性元素镭的事迹。

编译所早期还有一位从事英文书籍编纂的邝富灼，也应一提。他是广东台山人，出身农家，十三岁随人赴美当劳工，坚持业余学习，终于获得哥伦比亚大学硕士学位。邝 1906 年回国，两年后来上海。当时张元济等看到社会对英语教材的需求，打算成立英文部，苦于找不到合适人选。邝富灼的到来，使商务得人，是一件十分庆幸的事。邝任商务英文部部长达二十一年，直到退休时为止。他为商务编写了大量英文读本、英文学习杂志和词典，使商务的外语教育出版物的水平在全国始终保持着领先的地位。

编译所第一批编辑的资历、学识和他们的工作成果，说明他们不仅具有新的知识结构、热心于新学的推广，而且具备了按新的知识体系编写各种出版物的能力。而张元济之所以重用他们，则取决于他人才思想中的"新"字。他以这个"新"字为出发点，物色人才，成功地组建了这支编辑队伍，为商务的发展奠定了基础。

张元济组建了编译所最初的队伍之后，一直注重对这支队伍的充实与加强。他的工作日记中，用人问题占了很大的篇幅，提到的人名不计其数，其中不乏有名的学者。张元济多方网罗人才，有熟人推荐的，有毛遂自荐的，有慕名而去设法求贤的。丁文江，1911年自英国留学动物学和地质学，获双科毕业文凭回国，在上海当一名中学教师，课余用动物演进的观点编写教科书，被张元济发现。张有意请他入馆，还出版了他的著作。只因高凤池的反对，才没有成功。后来丁在地质科学方面的出色成果，证明了他的才能。以编译教育小说《苦儿流浪记》《馨儿就学记》等闻名的包天笑，先当过教师，又在上海《时报馆》工作。张有意请他入商务，但他以多处就职为由推辞了。等了几年，张又派庄俞再去"劝驾"，把他请到编译所。张元济和他见了面，又进行了一番说服，对他说"看过你写的教育小说，深知你能体察儿童心理"，对于辛亥革命后马上要重编教科书"必能胜任愉快"，包才应允为商务编高小国文课本和课外读物《新社会》。胡愈之进入商务是在 1914 年，他学完中学二年，刚踏入社会，经人介绍将几篇作文送给张元济阅看。张一眼看出了这位十八岁青年的才华，将他录取进编译所当练习生，一年后调到《东方杂志》任该刊助理编辑。

人才的培养也同样受到重视。商务自办各类学校，规模之大，历时之久，在出版史上也是绝无仅有。除了尚公小学和师范讲习班外，还有直接为本公司培养人才的商业补习学校。张元济亲任商校校长。从 1909 年到 1923 年，商校共办七期，毕业学员 300 多人。商校聘请有经验的教师讲授国文、算学和商业，还规定学徒必须在业余时间到这所学校学习，工作分配和晋升机会都与他们的学习成绩有关，成绩优秀者还可以获得奖金。这所学校为商务各部门培养了不少管理人才和技术人才。1940 年代进入商务上层管理机构的史久芸、张雄飞、韦傅卿、丁英桂等人，都是这个学校的毕业生。他们在 1930 年代后期和整个 1940 年代的艰难岁月中，成为支撑商务的中坚力量。

做好人才管理工作，其基础是尊重人才。这一点夏瑞芳做出了榜样。编译所享有比印刷所、发行所的行政人员较为丰厚的待遇。编译所实行六小时工作制，编辑人员可以在外兼一点儿课。事实上，他们的教学实践经验，对教科书的编纂无疑是有所裨益的。然而尊重人才最主要之点，还是在于知人善任，让人才发挥其最大的作用。这里举孙毓修为例。孙毓修，字星如，江苏无锡人，生于清同治年间，清末秀才，在南菁书院读书时，受过很严格的经、史、词、章的训练。他既从缪荃孙学习版本目录学，又随外国牧师学习英文，从中国古文献到西方文学都有造诣。1908 年他经人介绍入商务时，送来给张元济看的是他编的地理读本。1909 年开始，他在编译所长的支持下，创刊了《少年杂志》，主编《童话丛书》，开创了商务少儿读物的新天地。同时，张元济知道他是版本目录学大师缪荃孙的弟子，本人又有古籍收藏，于是就委派他主管编译所的

图书馆，这个图书馆 1909 年定名为涵芬楼。1910 年前后，张元济
筹划开辟古籍出版业务，又委派他从事这方面的工作。在完成大型
古籍丛书《涵芬楼秘笈》的编纂并取得经验之后，孙协助张元济辑
印、校勘《四部丛刊》和《续古逸丛书》。张因必须应付大量行政
事务，在主持制订这两部丛书的出版规划、选定所用的书目和版本
之外，许多具体的编校工作就交由孙毓修来担任。孙不仅出色地完
成了任务，而且留下了很有价值的版本目录学研究著作。

　　尊重和爱护人才，当然也应包括工人。商务拥有一批技艺娴熟
的工人，他们一丝不苟，辛勤工作，是商务成功的诸多因素中必不
可少的一环。古籍刻板工人徐震水，有较高的技术水平。徐患脑疾
后，张元济用自己的汽车送他去一位德国医师处诊治。由于治疗及
时，徐恢复了健康。张元济倡导了一些职工福利待遇，如花红制
度，职工不分职位高低，普遍分配；红利中提出 5%，用作酬恤基
金；总厂内设有疗病房，有医生为职工诊病。早在 1913 年，鲍咸
昌看到印刷厂的 200 多名女工，有人产期将近仍坚持上班，虽劝说
其休息，但其因家庭贫困而不能停止工作。张元济查看了瑞士、法
国等国家的产前、产后休息制度，拟定了《女工保产章程》。虽然
方法上无非是给予一定有薪假期，但这些福利待遇在 20 世纪初至
20 世纪 20 年代的中国工商企业中，可以说是绝无仅有。职工享有
福利待遇，感到人格受到尊重，对企业的向心力自然增强。

　　张元济一方面尊重和爱护人才，为人才成长创造条件，另一方
面又十分严格。作为一名企业领导，严格管理的前提条件就是自己
以身作则。他历来主张高层领导人的子弟不能进商务任职，因为高
层领导人的子弟进了商务既不利于这些青年的成长，更不利于公司
发展，一旦成风，就会造成"满清之亡，亡于权贵"的局面。张元
济的儿子张树年毕业于上海圣约翰大学经济系，毕业前夕，同学们
就说你毕业后去美留学，得了硕士学位回来，凭你父亲的地位，进
商务不成问题。但张元济对儿子说明不同意他进商务的原委之后，
斩钉截铁地说："我历来主张高级职员子弟不进公司。我应以身作
则，言行一致。"据商务老人说，海盐张氏（即张元济的亲戚）在
商务做事的不是没有，但没有在公司里吃闲饭或掌大权的。有了这

样的前提条件之后，他对下属各部门或外地分馆发生的贪污、渎职事件，都能做到严格按章程处理，不予姑息。一次商务职工鲁云奇在外私设洋行，挪用公款 7000 元。此人系夏瑞芳亲戚。张元济不顾高凤池和夏瑞芳夫人说情，坚请律师，诉诸法庭。鲁终被拘留，直至交出全部欠款。

由于张元济在人才管理工作上不懈地努力，编译队伍得以不断发展，1908 年有 64 人，1921 年有 160 人，1925 年达 286 人。这支队伍中，除前述者外，尚有钱智修、章锡琛、沈雁冰、蒋梦麟、吴研因、郑太朴、周昌寿、陈布雷、谢六逸、杨贤江、郑振铎、叶圣陶、周建人、周予同、李石岑、朱经农、唐钺、竺可桢、段育华、任鸿隽、周鲠生、陶孟和、顾颉刚、范寿康等。可以说，同一时期国内任何一所高等学校所拥有的人才，都难以与商务媲美。

人才为社会所共有。商务印书馆没有必要也不可能网罗全社会所有的专家、学者。张元济知道，一家大型出版社仅依靠内部的编辑队伍，而缺乏与学界的合作与支持，是不可想象的。担负与学界联系这项重任，则非张元济莫属。前面已说过，张元济与蔡元培、梁启超、严复、林纾、伍光建等，始终保持着密切的联系。他们的著、译，不断通过商务印书馆流向社会。由于张的思想开明，商务的联系面很宽，从拖着辫子的"文坛怪杰"辜鸿铭，到中国共产主义的先驱者陈独秀，都被包括在商务印书馆馆外作者的范围之内。此外，商务还十分关心、培养、扶持青年学人，不少名家的早期作品是在商务出版或在商务的杂志上刊出的。张元济把他人才观中的这个"新"字，也用到馆外年轻作者身上。可以找到资料的有鲁迅的第一篇文言小说《怀旧》及《阿Q正传》的第一个外文译本，梁漱溟早期著作《东西文化及其哲学》，冰心的第一本小说集《超人》和第一本诗集《繁星》，冯友兰的博士论文《人生理想之比较研究》，王力的第一本著作《老子研究》，费孝通的第一篇文章《秀才先生的恶作剧》，老舍的长篇小说《老张的哲学》，等等。

张元济在人才管理上的一系列做法，特别是他人才观中那个"新"字，却遭到了以总经理高凤池为代表的保守派的抵制。张、高二人意见分歧很大，无论资金投向、业务拓展，还是职工待遇、用人问题，往往意见相左，有时甚至意气用事。在多年的摩擦中，人事问题占主要方面。1919年10月8日张元济致高凤池信中，鲜明地说出了自己在用人问题上的观点："弟生平宗旨，以喜新厌旧为事，……弟敢言公司今日所以能有此成绩者，其一部分未始非鄙人喜新厌旧主义之所致。"他认为："五年前之人才未必宜于今日，则十年前之人才更不宜于今日。即今日最适用之人，五年、十年之后，亦必不能适用也。事实如此，无可违抗。此人物之所以有生死，而时代之所以有新旧也。"这些思想与高凤池大相径庭。高愿意用旧人、用熟人、用亲朋故交。这在封建性很强、充满小农意识的旧中国大大小小企业中，是十分普遍的习惯性做法。张则认为不论熟识与否，只应看这个人的水平和经验是否合格。他认为公司中之旧人精力衰退，但又不便改变其地位，他们禄位永保，办事敷衍，新人则又无法晋升，公司不仅负担沉重，更主要的是"事业不能随时势进步"。他还指出："本馆营业非用新人、知识较优者，断难与学界、政界接洽。"当然，对于过去为公司出过力的老人，在辞退时要优给报酬，使他们回家有所赡养。不过对于那些敷衍塞责，甚至营私舞弊者，"则婉言辞退，保其颜面可也"。

1920年，张元济与高凤池在资金投向问题上，意见相左。当时商务存款很多，怎样投资可使资金增值更快，是经理们经常考虑的事情。高主张办黄板纸厂，张认为办纸厂固然不错，但没有经营管理人才，无法开展这样一项大工程。张元济主张在上海南京路购置地产，购地虽与商务的业务无直接关系，但不用专人去照管，日久也会增值。他与人谈妥了一块地皮，商务领导层大多也没有反对意见。不料高在最后时刻予以否决，使张元济措手不及，他愤而提出辞职。然而仔细看来，购地与否只是导火线，张元济的真实思想，是他已经看到新文化运动的高潮正在涌起，商务如果从上到下安于眼下的安乐现状，恐怕难免被历史潮流所淘汰。这个时候，应该狠狠地触动他们一下。张的辞职，着实引起了领导层的恐慌。高凤池对陈叔通说，如果张辞职，他在事务方面还能勉强顶一下，"但社会文化界，我怎么能号召得了"？毕竟陈是协调人际关系的高手，他仿照当时上海先施公司的成例，提出一套方案，设立监理职务，建议高、张同时退居二线，担任监理。两人都接受了这个方案。张担任监理后，他的心也始终没有离开商务。

1926年，股东年会上，经理王显华鼓动股东，否定了张元济几年前提出并经股东大会通过的股息公积办法。张第二天在报上刊登启事，辞去监理职务。这时他已六十岁，这样做是以自身的行动，来带动公司领导层废除行政职务终身制，从而推动公司在人事等一系列问题上的观念更新。他在致董事会的辞职信中，有一段感人的话，抄录于下：

抑元济更有请者，现在劳工方面潮流甚激，公司之于佣雇断不能以一二十年前陈腐之思想、简略之方法与之周旋。元济愚见尤必须用科学的管理、友谊的待遇，勿以喜怒为赏罚，勿以恩怨为进退。庶几劳资可以调协，宾主不至乘离。虽然言之匪艰，行之维艰，果欲行之，不能不破除旧习，不能不进用人才。人才何限，有已在公司成效昭著者，固宜急为拔擢，勿以其匪我亲故而减其信任之诚；其有宜于公司而尚未为吾所得者，更宜善为网罗，勿以其素未习狎而参以嫉忌之见。此为公司存亡成败所关。元济在公司二十余年，今临别赠言不辞苦口。诸公挚爱公司，当不嫌其哓哓也。

在新文化运动中

　　历史走过了 20 世纪头两个十年。这时中国大地上出现了一场爱国、救亡和启蒙、进步相辅相成的社会变革，这就是近代史上具有划时代意义的"五四"运动和发生在它前后较长一段时间内的新文化运动。这一场变革，带来了人们文化上和观念上的更新，其意义之深远，远远超过十年前的辛亥革命。与 20 世纪几乎是同龄的商务印书馆，尽管遇到过挫折，此时却不论其经济实力，还是社会声望，正处在黄金时期。在历史大潮涌现的时候，是继续搏击、开拓前进，还是躺在已有的成绩上吃太平饭，这对把握一家企业的领导人来说是无法回避的问题。张元济明白，此时的商务，如逆水行舟，不进则退。

　　在这场变革来临之前，张元济不能说没有危机感。多年来，他与高凤池在人才问题上意见不一，使商务编辑队伍的更新减缓。高凤池认为商务旧人年资长，经验多，有贡献，应一律予以重用，概不退休。他还主张从老职工中提拔干部，在亲朋故友的小圈子内招聘，并优先录用馆内高级人员的子弟，以示崇敬。张元济认为这种闭塞、保守的封建家族和小生产式的用人观，造成的隐患最为严重。由于人员更新减缓，编译队伍知识结构对新形势的适应能力减弱。较为明显的问题，首先从商务的杂志上反映出来了。

　　《小说月报》在恽铁樵辞职后，由王西神任主编。王是清光绪时的副榜举人，善骈体文和词曲，虽懂英文，但总的来说还是一个旧式文人。《小说月报》文体陈旧，全是文言文，多载鸳鸯蝴蝶派小说及旧体诗词、韵文。王西神本人发表在刊物上的连载小说《燃脂余韵》，搜罗清代闺秀的诗文、词曲、歌赋，提供这些女作家的遗闻逸事，虽有些史料价值，但"终不免于玩物丧志"（茅盾语）。其实张元济早在1917年，就看出了《小说月报》的问题，认为它"不适宜，应变通"。《东方杂志》主编杜亚泉，在理科教科书编写中，为商务立下汗马功劳，接办《东方杂志》之后，增加了篇幅和插图，写下了300篇文章，涉及哲学、政治、经济、法律等诸多方面，使《东方杂志》成为各界欢迎的期刊。然而杜亚泉对东西方文化的看法，对社会进步的过程和途径的观点，与新文化运动的主将不同。他认为民主转型中的中国需要借鉴英国"于保守中求进步"的做法，主张社会进步应渐进演化，这与陈独秀等人的观点迥然相异，使他成了"调和思想"的代表人物，遭到了新文化运动代表性刊物的围攻式抨击。陈独秀在《新青年》杂志上发表文章，抨击杜主编的《东方杂志》反对西方文明的论点，接着罗家伦在北大的《新潮》上发表了著名文章《今日中国的杂志界》，更是把商务各种杂志说得一无是处——"毫无主张，毫无选择"，乃至内容"多半不堪问"。商务刊物的声誉由此一落千丈，刊物滞销，并累及图书。在优越的运营状态下，突遭如此激烈的批评，使商务措手不及。

1919年5月，列强在巴黎和会上决定把第一次世界大战战败国德国在山东的特权转让给日本，中国军阀政府签署卖国条约，激起了北京爱国学生运动的高涨。张元济十余年来，几乎不再直接参与政治活动，但他的爱国心始终没有泯灭。他为青年学生的爱国精神所感动。当时日记中有如下记载：

　　5月7日　群益书局及某书社登报，于九日停业一日。旋经书业商会会议通告，是日停业。遂约鲍、梦至发行所，商定明日见报声明，本公司九日停业。

　　5月9日　是日因书业商会议决表抵抗日本及对于北京学生敬爱之意，停业一日。

　　6月9日　拟略出捐款送学生会。众意多则一千、少则五百。后决议五百，由梅生转托李登辉。又在发行所设休息，略备茶点招待学生。

在商务领导层担忧罢工罢市造成营业损失、中华书局陆费逵决定停发罢工工人工资的时候，张元济明确表示了对学生运动的支持，坚持发给罢工工人一半或三分之一工资。

在"五四"爱国运动的触动和期刊、图书销售形势的压力下，高凤池做了一些让步，提出"新人尽添、旧人不去，以新人辅助旧人，用旧人监督新人"的折中办法。张元济尖锐地指出："如此用人，必至旧人新人皆不办事而已。"他一面在总经理面前坚持自己的主张，一面着手做改革的具体准备。1920年初，他与庄俞、江伯训商议编写白话文教科书事，虽文言文本已经编定，还有销路，但他主张"新体国语（指白话文本）应宽备"。他还提出将文言文本历史、地理译成白话本出版，算术也改用白话。他直接推动了1920年商务版首部白话文《新法教科书》的编纂和出版。这套教材结束了中国教材为文言文独占几千年的局面。同时，他又请方毅准备《白话词典》。张元济设想"拟设第二编辑所，专办新事，以重金聘胡适之，请其在京主持，每年约费三万元，试办一年"。高凤池对张紧锣密鼓筹备内部革新是不赞成的。张元济遇到的一连串阻力，使他在南京路购地事件这条导火索的引爆下愤而辞职。高、张同退二线后，倒给张元济提供了一个机遇，一是高凤池干预馆事减少，张的改革所受阻力有所缓解，二是摆脱了日常行政事务，他有更多的精力和时间去物色人才和制订规划。这样，在20世纪20年代的新文化运动中，商务的改革起步了。

1918年和1920年，张元济两次北上，到新文化运动的发祥地北京，与新文化运动的主要人物有了接触。这对以后一段时间商务的改革，起到不小的推动作用。

1920年，张元济托蒋百里介绍新文化运动中较为突出的年轻人，想见见面。果然，10月22日，郑振铎和耿济之两人到旅馆中拜访。张外出未晤，也不知他们是谁。第二天郑又来，才明白这两位年轻人的来历。这时郑和耿分别在铁路管理学校和外交部学习，他们提出希望出版文学杂志，由他们提供材料并负责编辑，交商务出版发行。张元济的意见是商务有《小说月报》，可以把文章附入该刊，并答应回沪后再商定。郑振铎还提出先成立一个文学会，再办刊物，而张回到上海就与高梦旦议定请沈雁冰任主编并改组《小说月报》。这一年第 12 期《小说月报》刊出明年起更改体例的启事，注明由文学研究会的瞿世英、叶圣陶、耿济之、蒋百里、许地山、郭绍虞、冰心、郑振铎、沈雁冰等人担任撰著。从此《小说月报》面貌大改，努力宣传为人生的现实主义文学，连续刊载清新向上并富有浓厚生活气息的新创作，发表具有民主主义和现实主义倾向的新作品，不再刊登鸳鸯蝴蝶派小说，并广为介绍外国文学，尤其是俄国文学和世界弱小民族的文学。这份杂志一下子就成了倡导现实主义文学的重要阵地，它的改组成为我国"新文学运动取得胜利的一个里程碑"（胡愈之语）。

《东方杂志》主编杜亚泉的东西文化观和社会进步观尽管与张元济很相似，但迫于市场形势，迫于公司的经济收益，张元济不得不改请陶保霖接办。不久陶病逝，就交给了钱智修，并请积极投入新文化运动的青年编辑胡愈之全力协助。从此，《东方杂志》全部改用白话文，有了一个新的面貌。

1920 年，张元济将《学生杂志》交给杨贤江。杨在读书时就给商务《学生杂志》写稿，以稿费充作学费。他学习很刻苦，在南京高师念书，还是半工半读，后来被《学生杂志》聘为编辑。加入中国共产党后，他撰写的社评以及署名代英、楚女的文章给广大青年展示了一个新天地，成为当时教育青年走向社会、揭露帝国主义侵略和军阀卖国罪行的重要阵地。《学生杂志》很具政治性，受到进步青年的好评。

此外，《教育杂志》改由李石岑主编，又由新进商务的年轻编辑周予同协助；被罗家伦指责为"专说些叫女子当男子奴隶的话，真是人类的罪人"的《妇女杂志》改由章锡琛和从北京请来的周建人合作。至此，商务杂志编辑部的重新组建基本完成，商务杂志又一次焕发了光彩。

在此之前，张元济在北京就与当时担任北大校长的蔡元培商妥出版《北京大学丛书》和《北京大学月刊》事。1918 年 7 月 9 日下午，张来到北大，与蔡元培、陈独秀、胡适、沈尹默、李石曾、夏元瑮、章士钊等一批学者一同出席了《北京大学丛书》编译茶话会，商定由商务印刷、发行反映北京大学新思潮的《北京大学丛书》和《北京大学月刊》，出版北大教授的著作及通俗教育丛书。1919年初，合同正式签订，规定编辑事务由北大担任，印刷、发行由商务担任，每年出10期，每期10万字。商务提供了极大的优惠："销数不满两千部时，所有损耗由发行人担任。如满一年后尚销数不足，发行人得将杂志中可以单行者另印单行本，以冀抵补。""销数满两千部以后，如有余利者，著作人得十分之六，发行人得十分之四。"这样，商务以其经济实力支持了国内举足轻重的、走在新文化运动前列的北京大学和它的思想开明、历来主张"兼容并包"的校长。后来，一批北大教授有影响的著作也陆续由商务出版，其中有胡适的《中国古代哲学史大纲》、陈大齐的《心理学大纲》、胡钧的《中国财政史讲义》、陈映璜的《人类学》以及刘半农的《中国文法通论》等。与北大合作的进一步成果是由胡适、蒋梦麟等著名教授为商务组织的一套《世界丛书》。这套丛书收集了不少政治、经济、文学、戏剧方面的世界名著，1920年后陆续出版，使商务出版物的层次有了提高。

与梁启超合作编辑出版《共学社丛书》，是新文化运动时期张元济取得的又一项出版成果。1920年3月5日，梁游欧回国，在上海登岸，张元济去码头迎接，并邀梁在自己寓所小住。这时梁决定摆脱上层政治活动，致力学术研究，从事培植国民基础的文化教育。3月13日，梁到商务，正式拜会了张元济、高梦旦、陈叔通等商务领导。时值第一次世界大战结束，欧洲思想界、学术界比较活跃，新学说、新思想不断萌发，国内学术界也很希望早日有所了解。会谈时，梁启超提出最好成立一个团体公司来办这方面著作的出版工作。张随即表示，商务"试行一年，可垫版税二万元"，请梁"预为计划"。梁启超回到北方，即组织共学社，着手编辑《共学社丛书》。《共学社丛书》下分17种，如《共学社史学丛书》《共学社时代丛书》《共学社科学丛书》等。第一种出版的是《共学社马克思研究丛书》，1920年9月出了其中第一本陈溥贤译、考茨基著《马克思经济学说》。《共学社丛书》共有86册，大部分在1920至1922年期间出版。

梁启超回国后的第二项设想是聘请国外学者来华讲学。他已准备请生命哲学和现代非理性主义的主要代表人物柏格森，但经费不易筹措。他又想到了商务。张元济与商务领导层对此表示积极支持，请梁开示确切的费用计划。1920年9月，梁成立"讲学社"，打算每年请一位欧美学者来华讲学，先试办三年，首先请英国哲学家罗素。张元济得知此项计划后，立即给梁去信，说："自十年分起，每年岁助讲学社五千元，专为聘员来华讲演之用。三年为限，以后再另作计议。演讲稿即承交敝馆出版，仍照给讲学社版税。此次罗素来华演讲稿即照此办理。"后来，罗素的讲稿编入《共学社罗素丛书》出版。

《北京大学丛书》《共学社丛书》《世界丛书》《新时代丛书》《文学研究会丛书》等新文化运动时期的著名丛书，陆续由商务出版。这不仅提高了商务出版物的层次，而且对新文化运动的发展起到了支持、宣传和推动作用。有的学者认为，从1920年陈独秀定居上海，同年9月《新青年》编辑部迁沪，到1927年鲁迅经与北京、厦门、广州三地的比较之后也选定上海为止，意味着与中国新文化运动发展密切相关的领导人物、重要刊物和主要文学论争活动，都渐渐由北京南迁上海，形成中国新文化运动中心的南移。南移有多方面的原因，但其中很重要的一条是上海拥有一个能与北大遥相呼应的、国内最有影响的文化组织机构——商务印书馆。它有比北大雄厚得多的经济实力，它的领导人与当时有影响的文化人保持着密切联系，而且他支持新文化运动，有能力帮助新文化运动走出学校，推上社会。笔者无疑是赞成这一观点的。

一系列的改革，最终导致主管出版业务的编译所负责人乃至经理层的变动。张元济和高梦旦这两位真诚合作了近二十年、亲密无间的工作伙伴，都感到老之将至，自己的精力和知识结构适应不了外界的激烈变革。1919年7月14日晚上，高梦旦特地到张家，"谈公司大局及一己去留事甚久"。高谈到，在当前的形势下，自己不懂外文，就把握不住商务的出版大方向。此时他们不约而同地把注意力集中到胡适身上。胡适，字适之，1891年生，安徽绩溪人，早年肄业于上海中国公学，后就读于美国康奈尔和哥伦比亚两所大学，是实用主义哲学家杜威的学生。1917年他回国任北京大学教授，是新文化运动的一员主将。1921年初夏，高梦旦受张元济委托，北上访贤，力劝胡适辞去北大职务，来沪任商务编译所所长。张元济恭恭敬敬地写了一封邀请信，这是现存张元济与胡适通信中的第一封。信中说：

> 敝公司从事编译，学识浅陋，深恐贻误后生。素承不弃，极思借重长才。前月梦翁入都，特托代恳惠临指导，俾免陨越。辱蒙俯允暑假期内先行莅馆。闻讯之下，不胜欢忭，且深望暑假既满，仍能留此主持，俾同人等得常聆教益也。

胡适被这两位老前辈的精神所感动，答应暑假先来上海调查。暑假期间，他果然来了。张元济、高梦旦、李拔可、庄俞、王显华亲抵车站迎接，又举行了全体高级领导人参加的宴会。胡适做了一番考察后，向商务领导层提出了一份改进方案，但他没有同意到商务任职。

胡适提议由他中国公学的老师王云五来担任此职。张元济和商务领导层对胡适的意见可谓言听计从，王云五几天以后就被请来参观编译所，不到一个月，即被聘为编译所副所长。这一年年底，高梦旦辞编译所所长，由王接任。王云五，号岫庐，1888年生于上海，原籍广东中山。他最初学过三年私塾，后在当学徒时上夜校读英文，成绩优异。十九岁时王在中国新公学与宋耀如同任英文教员，宋教文学，王教语法、修辞。当时班上的学生有胡适、朱经农、杨杏佛等。辛亥革命之后，王在孙中山任临时大总统期间担任大总统府秘书，不久又任教育部科长。1929年，商务总经理鲍咸昌病故，由王云五接任。

至此，商务印书馆及其编译所完成了从总经理、所长到各主要部门负责人的变更，新人员增加，书籍出版数增长，从1911年到1920年年均出书260种，增至1921年到1930年年均出书440种。

王云五 1921 年担任了商务第三任编译所长（"第三任编译所长"系王云五语），1930 年担任总经理，全面负责商务的行政工作和出版业务，而张元济加入商务时"吾辈当以扶助教育为己任"的指导思想及依此形成的出版方针始终被保留和发扬。此后，张淡出了日常的管理工作，可以说商务由此进入了后张元济时代。

纵观张元济一生所从事的出版、教育、文化事业，可以看到他的中西文化观与新文化运动的主要人物之间有很多的相同之处，然而也有着根本性的不同。从第一个层面，即引进西方文化方面看，他们的主张是完全相同的。张元济直接主持出版大量西方书籍，比新文化运动早了十五年左右。在第二个层面上，即对中国传统文化和学术上，他们研究方法就有所不同。胡适他们知道中国传统文化博大精深，提出整理国故，但他们主要想按西方学科体系来处理中国传统文化，哪些篇章属于哲学，哪些文献属于史学，哪些著作属于文学，等等；而张元济以中华古籍校勘、编辑、出版的巨大成果，表现出他要以最为精确或接近于最精确的版本，把传统文化呈献给读者，并使之传承下去。在第三个层面上，即引进西方文化的目的上，张元济和新文化运动的主将们是根本不同的。张元济引进西方文化的目的，是用来改良、发展中华文化，而不是用西方文化来取代中华文化。这是根本的不同点。他没有把中西文化放在对立的地位，不存有非白即黑的二元对立思维方式，他不认为"五四"运动提倡的科学民主与中华传统文化水火不容。他在中国工程学会第七次年会上讲到，有人称吾国文明为精神文明，西方文明为物质文明，而他所希望的是"于保存吾固有精神文明之外，发展物质文明，成功世界上一种特别文明，则不但不使中国之物质破产，抑且大可建树于世界也矣"。

张元济从小受过严格和全面的儒家教育，有深厚的国学根底，有涉园藏书历史文化的熏陶，对中华传统文化热爱和敬畏；同时他生活在中国社会迅猛变革的历史时期，受对外通商口岸广州的城市环境及岳父关心世界大事和重视西书的遗风影响，年轻时大量阅读西书，成为学贯中西的学者。他既能以儒家"致中和，天地位焉，万物育焉"（《礼记·中庸》）的中庸处世原则和气度来看待中西两种文化，又有足够的学识水平来分析中华文化的优长和不足，懂得哪些优秀传统文化应该传承，又有哪些西方优秀文化应该吸收。他没有把中西文化放在对立的两极，而是采取引进、交流、互补的态度，他中西文化观的最主要之观点在于他主张吸收西方优秀文化，主张淘汰中华文化中不适应时代进步的成分，但绝对不是以西方文化来全盘取代东方文化。这里，我们看到了他心目中的文化主体意识，看到了他对中华文化的自信。在他的中西文化观主导下，他本人，他亲手创建和主持的商务印书馆编译所，他为之奠定了发展基础和主持经营数十年的商务印书馆，在中国近代文化史上，不仅创造出了出版工作的辉煌业绩，而且上升到了堪称文化自信的典范和榜样的地位。

继绝学篇

中华文化，历数千年而不绝，学术之丰，著述之多，为世所罕见。目录、版本、校勘之学，从清代起就有了很大的发展。祖父主持编辑、影印、出版的《四部丛刊》，被学者誉为与《永乐大典》《四库全书》《古今图书集成》相当的大型中华文化典籍丛书，而他以一己之力完成校勘、编辑的《百衲本二十四史》，则是"全史最可靠的本子"。这两部大书，成为民国时期我国古籍出版史上的巅峰，也是他作为文献学家深厚学术功底的标志。

涵芬楼和东方图书馆

　　张元济之爱书，如同爱自己的生命。他以出版书籍为终身事业，而于收购、藏弄图书，建设图书馆，以图书馆为立足点传播文化、辅助教育，亦时时予以关心。戊戌维新时期，开办通艺学堂，就同时设立图书馆，虽规模不大，但也不失为我国图书馆事业史上一个较早的有规章制度、对社会开放的公共图书馆。张元济加入商务，担任编译所所长后，和同人一起从事编纂工作，手头缺乏参考书是一件苦恼的事。市上小书店极多，但那里的书都是坊间所刻，质量低下，不足以借助。于是，他开始筹划建设图书资料室，希望得到藏书家收藏的善本。1904年，出现了一个机会，绍兴徐友兰的熔经铸史斋藏书要出售。徐与蔡元培是故交，经蔡的介绍，商务印书馆照单全收，把五十大橱古籍全数买下，作为资料室奠基的第一批藏书。

　　从此以后，张元济几乎不间断地为编译所图书资料室收书。他在寓所门口挂了"收买旧书"（当时所谓"旧书"，即今日通常说的古籍）的红底黑字铁皮牌，商务同人还建议登报征求。这样，书籍源源而来，收获不小。太仓藏书楼顾氏谒闻斋的后人，寓居上海南市老城厢内，把祖上的藏书也运至上海，见报后就来联系。张元济约了孙毓修一同前往。当时上海县的城墙还在，两人就称作"入城"看书。只见彼处"橱架凌乱，尘封蠹积"，看来其主人从来不读书。两位行家稍稍翻阅，就见到不少清乾隆、嘉庆年间苏州大藏书家黄丕烈、汪士钟收藏过的古籍，喜出望外。双方谈妥书价之后，主人说还有许多抄本，你们如果要，再加100元就行了。张元济很爽快地答应下来，一看这些抄本竟是乾嘉年间常熟张金吾的著作《诒经堂续经解》，全书有 1436 卷。这部抄本虽不全，但所缺也不过十之一二。

张元济为商务收购旧书，渐渐地出了名，却差点儿招来大祸。家门口挂了字牌以后，不断有书主或书贾送书来求售。张白天不在家，他们就把书留下，由仆人照管，过一二日来听回音。如果张愿意购下，他们就凭张的字条去商务领款。一次有人拿了一部书来，外面用布包着，张元济回家累了，没去打开，第二天那人将书取回。过了几天，巡捕房来人调查此事，说是前几天那人把书挖空，放了炸弹，后来书取去后，炸弹爆炸，歹徒自毙。这件事发生在夏瑞芳遇刺前不久，估计是整个暗杀阴谋的一个组成部分。此后，门口收购旧书的字牌便悄悄地摘下了。

1905 年至 1907 年间，发生了一件令知识界和藏书家们痛心的事。浙江归安（今湖州）陆氏皕宋楼藏书被日本人收购，悉数运往东京，而国人对此无能为力。皕宋楼的主人名陆心源，1834 年生，清咸丰年间举人，自幼爱好读书，聪明过人。咸丰、同治年间，太平军战火遍及江南，各家藏书纷纷流散。陆氏既富有又为学渊博，便乘机购入大量善本秘籍。当时上海最大的藏书家郁氏宜稼堂的珍本大部分归入陆氏收藏。他筑有三处藏书楼：皕宋楼、守先阁和十万卷楼，其中皕宋楼专储宋元刊本和名人手抄、手校之本。"皕宋"即 200 部宋版书的意思，大大超过黄丕烈收藏 100 部的"百宋一廛"。皕宋楼与山东聊城海源阁、江苏常熟铁琴铜剑楼、浙江杭州八千卷楼并称晚清四大藏书楼。1894 年陆心源去世，十余年后，他的长子陆树藩事业遇阻，对家藏典籍也不甚了了。这时日本汉籍目录学家岛田翰游历江南，数登皕宋楼，表示愿出高价收购。倒是夏瑞芳先得到这个消息，并抄来目录，叫张元济看，问张是否应该买下来由商务图书资料室收藏。张自然知道皕宋楼藏书的价值，但买皕宋楼书，是他可望不可及的事。夏瑞芳答应拨出 8 万元购书——这时商务的资金最多才近百万，而这位并不熟悉古籍的总经理居然主动提出拨巨资购书，足见其目光之远大和对张元济之信任。张为之十分感动，立即设法与陆氏接触。但陆没有把这 8 万元放在眼里，张元济几次提出要看一下书，都遭到拒绝。1906 年春，张进京，见到荣庆，向他提出由政府拨款购买，作为今后设立京师图书馆的基础。答案是事先可以想见的——这位军机大臣、学部尚书、协办大学士对此置之不理。官方不愿截流，民间又力不从心，陆氏藏书悉数东渡。张元济后来"每一追思，为之心痛"。

皕宋楼藏书东流域外之后，张元济就开始为我国古籍的命运担忧。国势衰弱，不只是他以前看到过的割地赔款，也不只是生灵涂炭，而是五千年中华文明已经到了岌岌可危的地步。这时，作为一个民间的出版工作者，一位饱读诗书的儒家学者，他能为抢救中华文化做些什么呢？用商务的资金，尽力保住这些古籍，亦即保住中华优秀传统文化的载体，也许是自己力所能及的。1911 年以后，不少旧式藏书楼走到了尽头，藏书纷纷流入书市。张元济的这种想法就更坚定了。

1911 年 6 月，清政府学部奏准设立中央教育会，由张謇任会长，张元济、傅增湘任副会长。7 月初，张元济进京参加会议。会议开了一个月，讨论了教育方面的议案十多件。《国库补助小学经费案》、《义务教育章程案》、《变更初等教育方法案》（包括初等小学男女同校、不设读经讲经课、手工列为必修课）等获得通过，另有原议中的四十七件来不及讨论就散会了。通过的议案有一定进步意义，但不久辛亥革命发生，清帝退位，这些议案也自然作废，张元济这一个月的功夫完全白白浪费。这次会议对张元济来说，最大的收获是结识了一位好友，一位相交三十八年直至终生的好友，一位对他的古籍整理出版和研究事业给予了有力支持和帮助的好友。数十年间，他们讨论收书、藏书、刊书、版本、校勘，往返的书信现今存世的就有 30 万字，可集成厚厚的一本出版。这位友人名傅增湘，字沅叔，号润元，四川江安人，1872 年生，清光绪戊戌年进士，翰林院编修，1905 年起先后创办天津女子公学、北洋女子师范学堂，1909 年任直隶提学使，民国时任北洋政府教育总长、大总统顾问、故宫博物院图书馆馆长等职。他毕生致力于版本目录学，经他校过的书达 16000 余卷，撰有题跋 500 余篇，著作有《双鉴楼善本书目》《藏园群书题记》等多种，是民国时期一位著名的版本目录学家、校勘学家。张、傅二人在古籍方面有许多共同语言，一见如故。傅增湘经常光顾北京琉璃厂、隆福寺等书市，及时将所见的珍本详细函告张元济。他们多年合作，为商务的图书资料室购入了许多善本秘籍，如从清宗室盛伯羲意园散出的影元钞足本《元秘史》、影宋钞《事实类苑》《公孙谈圃》、明覆刻宋本《墨子》《宣和遗事》等。

商务编译所图书资料室 1909 年起了一个古朴典雅的名字——涵芬楼。后来商务也仿照历代藏书家以藏书楼的名义刻印书籍的惯例，许多商务版的古籍都署"涵芬楼印"。涵芬楼创立之初，管理上出过一点儿问题，使张元济很不高兴。从他旅欧途中给高梦旦、孙毓修的信中，可以看出涵芬楼初创时管理很松，编译人员可以随意取阅藏书，但不久即发现有人长期借阅不归还，有的书竟找不到了。张元济感到不管不行了，就请孙毓修负责清理整顿，不想阻力很大。"图书馆事为难竟至于此，殊非初意所及。……原欲求便同人，而不料事有出我意外，不能如我之愿者，实在无法。"他参观了国外的图书馆，特意询问如读者丢失或不归还图书怎么办。管理人员想了半天，回答说这种情况是极少发生的。张元济感到"我国竟如此，真为可叹！"后来孙毓修在张元济支持下，着力整顿，风波过去了，正常秩序得以建立。张元济每次去北京，花在书肆中的时间很多，以亲自为涵芬楼选购古籍。1920 年，他得知扬州何氏的藏书要出售，就特地约了葛嗣浵、吴待秋去扬州观看。当年谐价未妥，五年后何氏又来求售，张再赴扬州。时江浙军阀的争战，大有一触即发之势。书运至镇江，战事果然发生。张冒着危险，以最快速度将 4 万余册书籍安全运抵上海。二十多年间，江阴缪（荃孙）氏、溧阳端氏、荆州田氏、南海孔氏、海宁孙氏多家藏书，先后为涵芬楼收购。著名的宋本《六臣注文选》、宋黄善夫刊本《史记》（残本）、宋绍兴刊本《后汉书》、宋庆元刊本《春秋左传正义》等，都来自这些藏家。1926 年张元济为涵芬楼收购吴兴蒋氏密韵楼藏书，费银 16 万两，引起了股东的不满。密韵楼主人蒋汝藻已是藏书的第三代，光绪年举人。他购下了陆氏皕宋楼空屋，立志恢复宋元藏本 200 部，由于事业经营不善，将藏书抵押于浙江兴业银行。张元济闻讯后去银行仔细阅看，与书主几经磋商，报请董事会同意后购入。张向董事会的报告中指出，收藏的善本古籍本身可以保值、增值，这些书经过选择、编辑，影印出版，是商务出版业务的组成部分，也可以赢利，商务数年来出版的古籍，没有一种是亏本的。

涵芬楼也注意收藏欧美、日本有价值的书籍。沈雁冰在回忆录中说，编译所里有很多书，他记得有英国的《万人丛书》（*Everyman's Library*），该丛书辑录西方政治、经济、哲学、文学名著，以及英国以外的文史哲著作的英译本，从古希腊、罗马，到易卜生、比昂逊，还有一套美国出版的性质类似的《新时代丛书》（*Modern Library*）。

从民国初年开始，张元济锐意为涵芬楼收藏全国各地方志。志书是中国优秀传统文化中一种特有的文献，分全国性的总志，如《大清一统志》，和省、府、州、县等地方性的方志两类。地方志记载该地的历史、地理、物产、人物等等，取材丰富，历代编纂的方志为研究各地人文、社会和历史地理积累了十分重要的资料。张元济收购地方志有一个极为有利的条件，即通过各地商务分馆，收集所在地及邻近府县的志书。他还通过各地的朋友设法购买或借抄，如黄齐生去贵州时，他就托过黄；他把涵芬楼所缺 200 种方志目录寄给在北京清史馆工作的科举同年金兆蕃，金为他找到了其中的 62 种，张随即请人抄录后存入涵芬楼。1927 年黄炎培因受国民党政府通缉，避居大连。张元济曾听人说大连图书馆藏有全国方志，就托黄查找。黄将查找结果告知张后，张说："今知乃仅有 638 部，才当本馆三分之一弱，殊为失望，因此又不禁斤斤自喜矣。"最终，涵芬楼的方志收藏数是 2641 种，25682 册，其中元本 2 种，明本 139 种。此中省志收齐，府、厅、州、县志 1753 种，占全国应有总数的 84%，国内其他图书馆无法与之相比。

随着藏书日益增多，馆舍明显不足。张元济也一直在考虑把涵芬楼的收藏公诸社会。上海是一个人才荟萃、学舍林立的大都市，公共文化设施既十分重要，又显得十分缺乏。进入 20 世纪 20 年代，商务的经济实力已经很强了。1921 年初，商务为纪念成立二十五周年，设想筹办公益事业。商务的领导层意识到，他们的资金积累，来之于社会，应该对社会有所回报。张元济在董事会上发言，建议设立公用图书馆，因为这与商务从事出版和印刷的性质相近，且有益于社会。原拟在市中心泥城桥一带租屋，但租费较贵，还是自建为好。董事会一致通过。一年后，董事会决定在宝山路总厂对面购置一块地产，兴建馆舍，同时成立公用图书馆委员会，张元济、高梦旦、王云五等任委员。张元济还提出就现在情形，只能先就普通书着手，酌备高等用书，"以便教育界有所参考"。经费也决定增加，从公益金中提款 4 万元，特别公益金中提款 2 万元，公司再津贴 1.6 万元。

图书馆与商务同人俱乐部同时于 1924 年落成。图书馆大楼为钢筋混凝土结构，5 层，平面呈长方形，基底面积 430 平方米。大楼南面有宽阔的绿化园地，东面入口处设有半圆形石阶、圆柱门廊，门廊上面是一个平台，围以花铁栏杆，三、四层楼有朝南的长阳台，屋盖为平顶，窗樘全部是平拱，墙面处理简朴。这一年 7 月，董事会就开始筹备图书馆开办事宜。图书馆办事章程由总务处议定。高凤池、张元济、鲍咸昌、高梦旦、王云五被推选为董事，王云五为馆长，江伯训为副馆长。

新图书馆定名东方图书馆，于 1926 年 5 月 2 日开馆。涵芬楼的藏书移入新馆三、四楼，由此作为东方图书馆的一部分，即收藏古籍的部门。二楼为阅览室、杂志陈列室和办公室，底层为编译所办公室。阅览室有 100 平方米。全馆有书架 370 余座，累计总长 4500 米，可容中西文书籍 40 万册。开馆典礼当天，商务主要领导全部到场，王云五、李拔可都忙于招待各方来宾。文化、教育界人士前来祝贺者最多，还有外国客人，一时宝山路上车水马龙，热闹非常。此后数年中，读者和参观者与日俱增，1930 年全年达 36000 人次，平均每天 1000 人次。

《四部丛刊》和《续古逸丛书》

　　浩如烟海的中国古籍，不仅是中国，也是世界文化的瑰宝。历代学人不间断地著述、校勘、刻印，使之不断丰富，不断增加沉积的厚度。但是随着岁月的沧桑变化，自然与人为的损耗，特别是国内每隔若干年就发生一次的大规模的战争，又使之以不慢的速度消亡着。张元济在 1911 年前后着手开拓商务古籍影印出版的业务，几年之后，积累了一些经验。1915 年，他开始构思、策划出版一部大型的古籍丛书。他的编辑意图有两层含义：一是提高商务的声誉，提高商务古籍出版业务的水平，并赢得经济收益；二是凭借商务的经济实力，在时代变革当中，保存中华优秀传统文化。基于这两个出发点，他构想的这部丛书有几大特点：首先它辑录我国古籍中常用、实用的书籍，即所谓"家弦户诵之书，如布帛菽粟，四民不可一日缺者"。也就是说，它是中国古籍的一部基本丛书，为学习和研究古典文献者所必读。其次它选用当时能找到的最好版本。同一种书，流传过程中产生出多种不同的版本，更有残缺、损坏或刻板时有意无意的疏漏、窜改，即如明《永乐大典》和清《图书集成》这样的巨帙，也有经剪裁而有损原著面貌之处。因此选择时间最早、面貌最真的版本，对于原著的流传和后人的研究无疑是十分重要的。再次，时代的进步带来了印刷技术的革新，商务有大规模采用照相石印技术的能力，可以完全摆脱传统雕版的落后状态，不仅出书快，而且原书面貌丝毫不改。

　　书名初定《四部举要》，后由高梦旦建议，改为《四部丛刊》。"四部"这两个字，源于中国古代的图书分类法。以"经、史、子、集"四部分类的方法，始自晋代，沿用至今，虽不断有所改进，但不出此框架："经"指儒家的经典著作，如《诗经》《书经（尚书）》等；"史"为史籍；"子"为社会科学、自然科学和宗教著作；"集"为个人文集，主要是诗词、文学评论等。出版这样一部大型古籍丛书，绝非一蹴而就。张元济和他的同人们经过长期充分的准备，一旦条件成熟，便做出出版的决定。

丛刊的书目，先由孙毓修提出，经张元济订定。张还与傅增湘、浙江南浔嘉业堂主人刘承干等许多藏书家频繁通信，征求意见。书目确定后，最难的是选择用作母本的版本。涵芬楼收藏已属不少，但"书囊无底，善本无穷"，而藏书家手中的珍本，都被视为琅环之秘，外人难得一见，要借到印刷厂来拍照，那更是难于上青天了。张元济以他本人的声望，与藏书家的个人友谊，以及商务印书馆办事认真的良好信誉，为《四部丛刊》借得不少上好的母本。

《四部丛刊》的编纂，得到张元济光绪壬辰科同年，著名藏书家，湖南长沙叶氏观古堂主人叶德辉的帮助。他不仅对《四部丛刊》书目和版本的选定提过不少建议，还亲自于1919年10月陪同张元济拜访了江苏常熟铁琴铜剑楼主人瞿启甲。瞿氏铁琴铜剑楼位于常熟城东10里菰里村，初名"恬裕斋"，始创于瞿绍基（1772—1836），瞿启甲已是藏书楼的第四代主人了。瞿氏几代藏书，经历了战乱，数度迁徙，终于保存了下来。瞿启甲继承祖辈未竟之事业，刊成《铁琴铜剑楼书目》。这部书目中著录宋版书161种，金本3种，元本105种。其收藏之富，堪与黄丕烈"百宋一廛"、陆心源"皕宋楼"媲美。宾主先在常熟城里逍遥楼见面，午后随同主人坐船到菰里。原来瞿启甲亦主张"书贵流通，能化身千百，得以家弦户诵"，这正与张元济志同道合。张说明出版《四部丛刊》的本意和计划，并提出向瞿氏商借影印的书目。瞿慨然相允。第二年，商务印书馆的技师，由朱桂带领，前往菰里。当时菰里还没有电灯，商务自备了发电机，在瞿家茶厅设立工场，每天早晨将书借出，登记入专册，当晚摄影完毕即交还。这项工作一直持续到年底方为竣工。张元济还委派孙毓修去南京江南图书馆，联系借照该馆所藏原杭州丁氏八千卷楼的藏书。书借回上海，由谢燕堂负责，在印刷所夜以继日拍照，连礼拜天也不休息。1918年、1920年，张元济到北京时，又从书市收购到一批好书。这样多方努力，使《四部丛刊》的母本"基本上网罗了当时现存的珍本秘籍"（王绍曾语）。

1920年6月，上海《申报》刊出《四部丛刊》出版第一批书的大幅广告。1923年3月1日出版第六批，初编出齐。全书共收入古籍323种，2100册。1926年底至1930年初，又重版了一次。因为第一次印书"购者纷至"，很快售罄，而且第一版后，有21种书又发现了年代更早、更完整的版本，另有44种书发现了可以增补的缺卷和缺页以及历代名家的校记。这时中华书局也推出了性质相近的《四部备要》。竞争也是促使商务对自己出版物做到精益求精的重要因素之一。《四部丛刊》重版后更名为《四部丛刊·初编》，两次共印5000部，数量很是可观。

张元济的《四部丛刊》计划十分庞大。初编再版之后，日本帝国主义的战火使工作停顿。1933年，商务复兴稍有眉目，他又马上全力投入了《续编》和《三编》的工作。这时好在他已从监理岗位上退休，免受繁杂的行政事务干扰，精力可以集中。遗憾的是他的主要助手孙毓修已经去世。部分工作由丁英桂接手。丁坐镇印刷厂，负责摄影、制版直到装订等各项工作，没有丝毫疏懈，而前半段的事，包括检阅印出的校样，全部由张元济一人包揽。续编于1934年年内出齐，共收书75种，500册，印数1200部。续编中半数书籍的底本借自铁琴铜剑楼。此前，瞿氏看到战乱不断发生，为了免遭意外，在上海租界内租屋，将书运至上海庋藏——此事在苏常一带还引起了一场"皕宋楼第二"的不小的谣言风波。商务与瞿氏正式签订《租印善本书事合同》，规定借印手续和严格的赔偿办法。由于1920年商务工作人员细致、负责的工作精神早已为书主首肯，这次瞿氏几乎把全部精品借给商务拍摄，印入《四部丛刊·续编》。1935到1936年，又出版了三编，规模与续编相近。张元济原有四编的计划，但由于1937年日寇全面入侵，出版这样的大型古籍丛书的外部条件已完全丧失，只得搁置，成了他未竟之业。他列过一个四编的计划，今天我们还可以从几封他给刘承干、丁英桂的信中见到一个大概，其中有《契丹国志》《名臣碑传》《国朝名人事略》等几种，或许还包括他直到晚年都一直牵挂着的《册府元龟》。

《四部丛刊》有很高的版本价值。它不仅收集了当时能见到的最佳版本，而且张元济和姜殿扬、胡文楷等人对它的每一种书都进行了详细的校勘。张元济历来认为"古书非校不可读"。采用照相技术影印，绝不是简单摄影制版即可成事。举例来说，《文始真经》采用铁琴铜剑楼藏本作为母本，张元济同时用明万历刊本、《道藏》本等6种版本进行校勘，写下详细的校勘记。校勘记中先注明采用何种版本进行对校，接着将各版本中不同之处一一列出，这样读者读了《四部丛刊》本，就相当于同时见到了几种不同版本，大大地方便了研究工作者。《续编》和《三编》各书大多附有校勘记，其中42篇由张元济撰写。他还为《四部丛刊》各书写了109篇跋文，叙述这些书籍的成书经过、历代刻板的情况、不同版本的优劣比较。这些跋文成为他古籍研究方面的一项重要学术成果。

《四部丛刊》的出版，在抢救孤本古籍方面成绩卓著。不少古籍经数百年流传，已成孤本。有的本来只是稿本，没有刻印过，稍一不慎，就此失传。也有的稿本已经零乱散佚，只剩下残本。张元济深知自己负有抢救这些古籍的责任。明末清初海宁人查继佐的《罪惟录》是一部传记体的明史，记载晚明史实较其他史书为详。查氏曾遭文字狱。这部书是后人冒着生命危险保存下来的。张宗祥整理抄录了原稿，推荐给张元济。张元济又向刘承干借来嘉业堂藏查氏手稿进行比较，又请何炳松、姜殿扬再行考证、整理，最后得以影印出版。昆山图书馆藏有明末顾亭林《天下郡国利病书》手稿，张元济知道后，立即决定影印出版，并撰写了跋文。张元济青年时代在海盐就很崇拜彭孙贻的作品，但所见也只是抄本，且十分散乱，很大一部分已不知去向。他曾花了十年时间，多方访求，试图像大海捞针那样把失散的书稿找回来。他从葛嗣浵处借抄了一部分，后来居然从友人徐行可处得到了大部分残本，这样拼凑起来，使一部《茗斋集》基本配齐，辑入了《四部丛刊·续编》。这些有价值的稿本，经过主持人和他的助手们刻苦的工作，得以整理出版，一部书化成了千百部，无疑使它们保存和流传的可能性扩大了许多倍。

可以告慰张元济的是，《四部丛刊》从面世之初，直至他逝世半个多世纪之后，学界始终予以充分肯定和极高评价。文献学家郑鹤声、郑鹤春昆仲早在 20 世纪 30 年代就在他们的著作《中国文献学概要》内，称《四部丛刊》为堪与《永乐大典》《四库全书》《古今图书集成》比肩的我国"四大编纂"。王绍曾认为："《丛刊》是一部前所未有的集善本之大成的大丛书，如果我们把《丛刊》的版本按时代和版刻地区加以排比，实际上就是一部变相的中国版刻图录和中国雕版史。"周汝昌说："可见无拘秦、梁，不限明、清，凡所厚积，皆帝王之意旨，举国之材力，始能成彼鸿业。自兹而后，继者罕闻。而于是乃有菊生先生，乃有商务印书馆，乃有《四部丛刊》……而如斯盛业巨任，已非复出于帝王之意，国家之力，唯有一私家、一个人之张氏于举世不为之际，倡导经营，艰辛奋勉，而成就之者也！"21 世纪之初，有一家民营书业，从当年张元济留下的资料和当代学者的论文内，发现了《四部丛刊·四编》的线索，恳请专家把关，逐一找出原定的版本，把《四部丛刊·四编》原有计划中各书影印出版。《四部丛刊·四编》在被日本侵略军战火中止八十年后获得重生，成为古籍出版业的一件盛事。

有一件事该提一下：张元济从 1926 年退休后，不再领取工资。十年校刊几部大丛书，都是义务的。1935 年 6 月 18 日商务总经理、经理王云五、李拔可、夏鹏联名致函张元济，说"近年公司印行《百衲本二十四史》《四部丛刊》正续各编，全赖我公一手主持，劳苦功高，远非公司在职同人所及。而纯任义务不下十年，尤为全体同人所敬佩不已"，决定从该年起送酬金 4000 元，并附上半年酬金 2000 元支票一张。张元济当天将支票退了回去。两天以后商务又将支票送来，张元济就干脆将"原票即时涂销退回"。

与《四部丛刊》并行的商务另一部古籍丛书是《续古逸丛书》。《续古逸丛书》之名由《古逸丛书》而来。清末黎庶昌（1837—1897）在先后出任驻日本参赞、出使日本国大臣期间，专心访求日本收藏而中土已失传的中国古书，共得 26 种，请杨守敬为之校勘刻印，于 1884 年刊成。由于此书多古本逸编，故名《古逸丛书》。其版本除采用日本公私藏家的秘本外，全书镂板极精，纸墨印工俱佳，成为我国近代古籍出版史上一部有名的佳作。商务在张元济主持下，继黎氏之后，辑印《续古逸丛书》，不仅收罗罕传之本，更重版本价值。全书除 1 种采用蒙元刊本，1 种采用明代《永乐大典》本外，其余 45 种均以宋本作为底本，采用照相石印技术，"与原本无毫发之异"，使得"世间佞宋之人不得见真宋本者，犹得见宋本之化身"。印本的版框（即书芯，书上的文字部分）保持原书同样大小，不像《四部丛刊》那样经过缩小。丛书用厚质精白宣纸印成，外加黄褐色染古色纸书面，套以深蓝色布函，外观十分典雅。

《续古逸丛书》于 1919 年出版第一种《宋椠大字本孟子》，母本是故宫博物院藏的宋刻本。由于这部丛书着眼于版本价值，类似于艺术复制品，所以没有严密的出版规划。借到好的版本，出上几种；没有理想的版本，就搁上几年。印量也比较小。大致是1920—1923 年出版过 21 种，母本来源除涵芬楼自备外，主要借自傅增湘的双鉴楼和萧山朱翼盦的藏书；1928 年出版 12 种，母本大多借自铁琴铜剑楼；1933—1938 年出版 12 种，有好几种是张元济去日本访书时拍摄到的日本几家藏书楼中的珍本。张元济原打算抓紧时间，出满 50 种而结束，因全面抗战开始，出至第 46 种就被迫中止。有意义的是，1957 年，商务为了纪念建馆六十周年，出版了第 47 种《宋本杜工部集》，使《续古逸丛书》成为商务历史上出版时间最长的一部丛书。

张元济为影印《四库全书》，费了不少心血，但是没有成功。《四库全书》成书于清乾隆中后期，当时清王朝处于盛世，乾隆诏开四库全书馆，命纪昀主持纂辑。全书包括了乾隆以前传世的各种重要著作，其中不少是各地征集来的孤本秘籍，也有从《永乐大典》等类书中辑出的佚书，共收书 3503 种，79337 卷，是历史上最大的一部丛书。但编纂者对一些不利于清统治者的文字作了删除，以致原貌大失。书成以后缮抄 7 部，分贮北京、沈阳、承德、杭州、镇江和扬州。不到一百年，7 部中的三部半就毁于战火。

1916 年上海房地产商人、英籍犹太人哈同有意印行《四库全书》。张元济认为我国文化宝藏，不宜由外人印行，而商务应引为己任，但因没有得到政府的支持而未果。1920 年，北洋政府教育部主动提出招商承印，有意交给商务。张元济上京与督理此事的朱启钤商谈，但资金、版式、时间等方面都有很大困难，议而未决。1924 年，张又以商务成立三十年为契机，希望影印《四库全书》作为纪念，请高梦旦进京与掌管清宫的清室内务府商借文渊阁本，一次运沪，照相影印。几经磋商，达成协议，并报北洋政府有关部门备了案。不料关键时刻，贿选总统曹锟的亲信李彦青向商务索贿，遭到商务拒绝后，以大总统府秘书厅名义出面阻止。张元济为此致函国务总理孙宝琦，说明借印的意图和经过，希望给予支持，但得不到确切的答复。张第二次去函，愤而指出：“商务印书馆若不印此书，在若干时期以内，必无人能肩此任。此若干时期以内，又不知经几许沧桑，今仅存之三部，恐且为《永乐大典》之续矣。”又过了一年，北洋政府教育总长章士钊、交通总长叶恭绰来电，告知政府有意续议。商务立即派李拔可到北京，张元济和高梦旦则在上海坐镇，随时函电联系，商量对策。李多方奔走月余，与教育部达成协议。就在一切就绪之后，江浙战事发生，交通中断，为了书籍的安全，不得不再次放弃计划，以致功败垂成。直到 1933 年，故宫内的文渊阁本《四库全书》拨归南京的中央图书馆，书先运抵上海。中央图书馆筹备处主任蒋复璁建议由商务影印发行全书中未付印或已绝版的孤本。张元济欣然同意。这时几位专家，如蔡元培、袁同礼，认为《四库全书》的版本有过窜改，抄写也有讹误，应收集其他善本来代替，或校勘后影印。张元济与他们意见不同，他以亲历“一·二八”事变、涵芬楼大量古籍被毁之惨痛教训，指出当前主要任务应是争取时间，影印未刊珍本带有抢救古籍的意思，以后如有善本，不妨再印，否则完成将遥遥无期，古籍的命运难以逆料。终于，商务与教育部签订了《四库全书未刊珍本》影印合同，选书 231 种，分订 1960 册，印 1000 部，于 1935 年告竣。

为国人抗争

张元济主持商务印书馆的古籍影印出版，取得了巨大的成果。这固然与他本人的学术研究方向乃至兴趣爱好相一致，所谓"性之所近，颇乐为之"，也是出于商务业务发展的需要，然而可以看出，深一层的动力是源于他把古籍的保存、研究和影印出版，看作像他这样精通旧学的知识分子能为国家、民族尽责的一种途径。1927年，正是他六十周岁那年，在给好友傅增湘的信中，他说了一段发自内心而又十分感人的话：

> 吾辈生当斯世，他事无可为，惟保存吾国数千年之文明，不至因时势而失坠。此为应尽之责。能使古书多流传一部，即于保存上多一分效力。吾辈炳烛余光，能有几时，不能不努力为之也。

张元济是一位实干家，他留下致友人通信不少，所写绝大多数为具体的事务或学问探讨，而流露感情者极少，这几句话是其中难得的一段，为不少学人、研究者所引用。这里，所说的是古书，其实还有更为深刻的含义。信中"时势"指的是什么？1927年，西方列强对中国的直接武力入侵基本上停止了，而日本侵略者的"九一八"事变尚未来到，国内尚称平静，古籍遭战火毁损的危险不算太大，而更大的威胁，在于中国传统文化在新文化运动到来之后，被置于时代进步的对立面，被说得一无是处，而从事国学研究和教学的人士，失去了话语权。这时，张元济看到的不仅是善本古籍的命运，更多的是中华传统文化的命运。从这段话可以看出，他愿意像持枪守卫国土的战士一样，来守护中华文明，而古籍则是它们的载体。

这段话也证明了这样的事实：尽管他已多年不直接参与政治活动，但他始终把爱国和对国家民族的责任心放在重要的，或者说首要的地位。回顾一下 20 世纪前 30 年中发生过的几件事，有的并非商务的馆事，从中也可以看出他的爱国心和民族正义感。

1904 年到 1907 年，他为浙江两条铁路的路权奔走呼号，出了不少力。帝国主义的侵略、渗透，无论经济、政治，还是文化、教育，可谓无孔不入。修筑铁路，外人据有路权，是列强拓展其势力范围、向内地扩张、掠夺铁路沿线财富的一种方法。1904 年，德国人与浙江一些纨绔子弟相勾结，打算建造杭州郊外湖墅经乍浦到上海浦东的墅浦铁路。计划被浙江巡抚批准。消息见报后，张元济给铁路公司总理沈洁斋去信，讲述德国人在山东半岛的作为和外人修筑铁路之目的，晓之以理；又通过在京的汪康年，劝说京中浙籍官员，设法阻止；还在《中外日报》发表《请中止墅浦铁路节略》，说明不能由洋人办铁路之缘由，揭露这几个参与此事的"浙绅"的面目。终于铁路主管部门否决了该项计划，使德国人落了空。

1905 年，美国财团在华投资公司协丰公司的代表倍次加紧活动，企图在浙江修筑铁路。他找到浙江洋务道许鼎霖、沪宁路总办沈敦和以及汤寿潜、张元济、张美翊等人，筹商浙赣铁路事，当即遭到中国方面人士拒绝。不久，《中外日报》登出美驻杭领事致浙江洋务局照会，称在沪浙绅同意建造铁路。汤、张等人立即在报上发表公开信，一面驳斥谣言，一面号召浙江人集资自办沪杭铁路。浙江人士很快成立商办全浙铁路公司，举汤寿潜、刘锦藻为正、副总理，并获清政府批准。张元济担任了股东。铁路建设进展神速，使英国人十分妒忌。他们提出以前签订过但已失时效的由英国人承建苏杭甬铁路的条约，认为全浙铁路公司侵犯了英国已经取得的权益。浙江人民为维护路权，空前团结，连浙江巡抚也表现出了顺乎民意的姿态。清廷不敢得罪英国人，想出由英国借款给全浙铁路公司、公司以路权抵押给英国人的办法。外务大臣袁世凯对此很欣赏，马上进奏，得到慈禧批准。于是 1907 年下半年，江浙两省民众开展了轰轰烈烈的拒款运动。11 月 9 日、10 日，江浙两省代表各千余人分别在沪举行拒款大会，张元济主持了浙省的大会，发表慷慨激昂的演说，号召到会人士集款以拒洋款。江苏、浙江两路公司推派张元济、孙问清、王胜之、许鼎霖四人为代表，进京与外务部交涉拒借英款事。在上海去汉口的轮船码头上，包括蒋维乔等多位商务高级编辑在内的数百人为代表送行，行鞠躬礼，高呼"代表万岁！铁路万岁！中国万岁！"颇有"壮士一去"之感。张元济等到了北京，参加了几次各地特别是江浙政学商界的集会，报告了拒款集股情形，还多次与外务部当局，包括庆亲王奕劻、袁世凯等人磋议。外务部不敢冒犯洋人，又怕江浙人民的力量，最后想出折中办法：由邮传部向英商借款，再由邮传部将款存入苏浙路公司，最后除利息损失外，路权总算保住了。中国人自建的沪杭铁路于 1909 年 8 月通车，这对江浙一带经济的发展无疑产生了很大作用。

　　作为一个出版业的领头人，张元济不会不注意版权。保护国内作者的版权，前已叙及。对国外出版的书籍怎么办？ 1905 年，他对清政府商部所拟的版权律、出版条例草案提出了意见，表明了他对翻印、翻译外国著作的观点。他从当时的国情出发，认为中国科学未兴，亟待从国外引进相关书籍，学堂所用课本，内容稍深者大多译自国外著作，至于学习洋文，更要读外文原著。如果给外人以版权，其后果必然不能用译本而必须自编，而我国编写力量远远不足。如此一来，原著只能直接从国外购入，学生经济负担加重。另一方面，中国给外人版权，外国亦会保护中国著作人的版权，看似平等，但实际上只有中国人大量采用外国原著或译本，而几乎没有外国人采用中国著作，结果只能是"以我实际之权利，易彼虚名之保护"。他提出，只能紧紧扣住 1903 年与美国签订的《中美续议通商行船条约》第十一款有关版权保护的规定去办。该款的要点是美国作者所著书籍、图册、印件、镌件及其华文译本，凡专备为中国人民所用者，中国政府给予版权保护，此外均不在保护之列。因商约条文已确定，不能不执行，只能运用第十一款来保护中国的实际权益。

1911 年，美国经恩公司向上海租界会审公廨起诉，称商务翻印他们的《欧洲通史》，美领事认为事关美国版权，就向江海关道提出要求禁售。商务据上述条款提出驳议，指出该书并非"专备为中国人民所用者"，在中国不享有版权保护。于是美商的控告被会审公廨驳回。1919 年，美国商会又指控商务翻印美国教科书，侵犯版权。张元济请商务董事丁榕律师办案，又请英文部主任邝富灼与美方沟通，运用条款，在做出一些退让之后，事情得到完满解决。

1923 年，商务准备了多年的译印《汉英双解韦氏大字典》正待出版，该书原出版商美国米林公司代表向会审公廨控诉商务侵权。这时张元济任监理，对此事十分关心。商务委由经理王显华出面，会同丁榕律师，把官司打赢。这三起涉外版权纠纷，商务能在当时历史条件下，在洋人把持的会审公廨中，得以胜诉，也是不可多得的。

1923 年为乐志华洗刷冤案一事，与商务印书馆业务毫不相干，却反映出张元济的民族正义感。乐是张的驾驶员励秀如的外甥，宁波人，刚到一英国巡捕家帮佣三天，就被主人诬称偷窃 700 元钱，被虹口捕房屈打成招。乐在捕房逼迫下，说赃款藏在张家，遂被押至张宅寻赃。乐被打得无法行走，在两名巡捕挟持下，见了张元济的女儿张树敏，立即跪下哀求道："请太太、小姐借我 700 元钱，救我一命。"树敏问明情由，说没有这回事，乐志华已多时没来过了，叫他们快走。晚上张元济回家，闻知此事，为之震怒，认为乐一向老实，不会行窃，当晚即电丁榕律师，托他设法探询。丁律师早年留学英国，有英国法律学位，可以出入英租界捕房。他见到乐的伤情，极为气愤，要求捕房出示证据，捕房什么也拿不出。经过交涉，会审公廨同意两天后开庭。张元济亲自到庭，乐志华见了，泣不成声，只说了一句："张先生，救救我。"张元济心中也很难过，安慰说："我请柯医师给你治伤。"因无证据，乐当堂无罪释放。当丁律师追问捕房虐待囚犯时，张元济也做了旁证，但法官推说证据不足，公堂不予受理。

乐志华出狱后，张元济立即与丁律师一起用汽车把他送到柯师太福医师处。柯医师仔细验伤，开出检伤单。乐左眼、左右臂、右肾等多处受伤，尿液有血。张元济阅后十分气愤，一面把乐送入医院医治，为乐担负一切医疗费用，一面设法为乐申冤，严惩凶手。

但生活在租界的华人起诉租界当局，谈何容易！洋人享有领事裁判权，必须延聘洋律师，才能起诉。巨额诉讼费怎样筹集？他想到了社会舆论和各界人士。因乐是宁波人，他想到了宁波同乡会，那是上海一个很有声望的社会团体，成员中有许多著名宁波籍商界人士。他立即去信，详述乐志华被冤经过、受伤情形，信末说：

> 鄙人昔官刑部时，清廷尚未停止刑讯，即审问重要盗犯，亦从无此种酷刑，何号称文明国所辖之捕房，乃竟如此！吾国今日业经禁止体刑，夫以有罪之人尚不许加以体刑之罚，何捕房对此无罪之人乃施以如此残酷之体刑！……向尝闻捕房种种黑暗，终不敢信。今睹此事，证以昔闻。则道旁累累每日捕房系送公廨之人，正不知有几何惨受私刑，呼吁无闻之吾同胞在其中也。人非木石，能不动心？

他呼吁宁波同乡会"为乡谊计，为人道计，为租界中数十万无告之民计"，予以援助。

宁波同乡会会员群起响应，印发《冤单·同伸公愤》，措词强硬，广为散发。《冤单·同伸公愤》强烈要求对凶手依法治罪，给乐志华终身养老，并提出"收回治外法权"。一时舆论哗然。英文《字林西报》惊呼："如今世道变了，不可小看中国人的力量。"宁波同乡会发动社会募捐。社会团体如四明公所、广肇山庄，知名人士如徐凌云、张元济、黄楚九、姚慕莲，宁波同乡如朱葆三、黄延芳、鲍咸昌等都捐了款。租界当局企图拖延，将大事化小、小事化了，又动用流氓对乐软硬兼施，让他放弃上诉。张元济与宁波同乡会负责人朱葆三、虞洽卿等商议后，决定不能拖延，立即由宁波同乡会出面延请上海有名的英籍律师哈华托，在公共租界按察使署开庭。每次开庭，张元济必到场。当时上海市民，特别是宁波同乡纷纷前往旁听，公堂上挤得水泄不通。最后在社会各界大力支持和舆论的强大压力下，租界最高当局将拖了五个月的案件结案，判定 6 名肇事巡捕有罪，革职查办，其中 2 名英籍、1 名日籍巡捕押送回国，3 名华籍巡捕治罪；乐志华获 1000 元赔偿金，住院三十四天后，伤势基本治愈。

张元济平日不爱向家人谈商务馆务或外界社会活动，但这次他谈得很兴奋。他说这次是为中华民族出了一口气，全靠社会多方支持和合作，以及丁律师、柯师太福医师的帮助。当时商务收集本市各报登载关于乐案的报道和评论，装订成册，可惜这份资料已经找不到了。

"五四"运动以后，社会上掀起了抵制日货运动。当时张元济正在经理任上，主持日常工作。商务每天用纸量极大，采购纸张是一项不可间断的重要工作。纸张有国产的，更多的是从欧美或日本进口。商务不仅停止从日本进口，还不时以库存援助同业，支持同业抵制日货的爱国行动。且看下面几段工作日记摘录：

1919 年 5 月 31 日　以欧美纸分让同业，本日登报。

1919 年 6 月 24 日　同业要求让售有光纸。鲍先生查复，照现存及本馆所购者却好相接，难再让。嗣与迪民考究，拟于维昌七月中到货二百件让出三十件，即告瑾怀。

1919 年 8 月 6 日　查抵制日货后售与同业纸数。8/6/14 鸿宝斋、阙念乔，共十二家，二千一百令。8/6/25 广益书局五百十令。……

以上有光纸共四千八百三十令。

8/7/2 恒丰洋行五十六令。8/7/11 时兆月报九十八令。……

以上新闻纸共五千二百五十令。

所有分馆经手者不在内。

1919 年 10 月 14 日　翰于会议席上称，存大有光纸无多，不过十日之谱。小有光纸已无存。余谓，此项纸初到时，余即劝包不必急售。现即不敷，只有静候来纸，万不能用东洋纸。

　　1919 年 9 月 23 日　向日本定凡利水（一种溶剂），余在会议簿上声明不妥，即西洋货较贵，亦应买。

　　1925 年上海爆发"五卅"运动，广大工人、学生、知识分子走上街头，游行示威，抗议帝国主义枪杀中国工人。商务印书馆编译所的郑振铎、叶圣陶、胡愈之、沈雁冰等进步青年编辑，在中国共产党领导下，联合上海各学术团体，成立"上海学术团体对外联合会"，筹办一份"以发表我们万忍不住的说话"的《公理日报》，6 月 3 日创刊。处在反动军阀和租界当局的双重压力下，商务当局有爱国之心，同情爱国工人和知识分子的抗暴斗争，然又限于自己的立足点，不能有过火的行动。张元济、高梦旦、王云五分别以个人名义捐助 100 元，另由董事会商定资助一笔款项。《公理日报》在上海人民抗议、声讨帝国主义暴行的斗争中起了很重要的宣传鼓动作用，他们坚持到了 6 月 24 日才被迫停刊。

退休以后

　　1926 年 4 月商务股东大会后，张元济辞去监理职务。董事会、总务处、编译所、发行所同人，各地分馆负责人，以及夏瑞芳夫人、股东中的一些友人，纷纷拜访或致函电，设法挽留。由于张坚辞，到 7 月董事会通过决议，接受他的辞职。同年 8 月的董事会特别会议上，张元济被推举为董事会主席——以后改称董事长。他给北京分馆经理孙壮的信中说过这么几句话："弟虽去职而精神仍在公司，苟力所能为，自无不竭其绵薄。"这是真话。以后二十多年的事实证明，张元济的精神始终没有离开过商务。

　　一直到 1931 年底，商务相对平静，公司的经营情况也不错。张元济除了对公司的一些重大事项参与意见之外，当然他的意见总还是得到他人的尊重，则以更多的精力集中于古籍的校勘、出版。1926 到 1928 年《四部丛刊·初编》的再版工作，占了他精力中的很大一个比重；另一部大型古籍丛书《百衲本二十四史》的准备工作也近就绪，开始了实质性的启动。他还抽出时间，把以前花了近十年陆续校勘过的《夷坚志》重校一遍，以期一气呵成。

　　《夷坚志》，南宋洪迈撰，是一部笔记小说集，内容多为神怪故事和异闻杂录，也记载了一些当时的市民生活以及方言民俗等。原书有 420 卷，早已残缺。张元济从多种不同版本中辑得 206 卷，并精心校勘，以涵芬楼名义排印出版，成为现今存世的最完备之版本。

　　张元济当选为董事会主席后的第一次董事会上，就讨论了补助同人子弟学校案，议定由公司从总盈余内拨出 2 万元作为该校基金，存在公司，以常年 8 厘计息，用息不用本，以此支持同人子弟的教育。也就在这一年，他把自己存于公司的一笔 5000 余元的款项，捐赠给扶助同人子女教育基金。1916 年到 1917 年间，张元济请过一些病假，自己要求扣发工资，但董事会仍议决照送，张不愿收受。公司将这笔款存作活期，并作为张元济名下的款项。他给管理同人子女教育基金委员会写了一封信，表示捐赠上述存款，并说：

> 公司员工月得薪工在五十元以下，其子在中学毕业，成绩优美，欲进专门学校或大学而无力者，即以此款扶助之，此数甚微，不足以言基金，本息尽可并支，但已受扶助者，总期毕业。杯水车薪明知无济，然果能成就一二人，亦聊慰区区之私愿。

管委会负责人庄俞接信后，拟了几条管理办法，征求了张元济的意见，定为章程。两年后，他去信庄俞，询问资金使用情况，信中说："弟及生倘能见吾工人之子在大学毕业，则此愿偿矣。"这时，据庄的答复，已有 22 名职工子女获得补助金，其中两名已升入高中。张元济为之感到欣慰。这项基金到 20 世纪 40 年代末 50 年代初还在发挥作用，也不知道它是怎么渡过这段时期内多次币制变动和恶性通货膨胀的。1948 年，张元济又把《涵芬楼烬余书录》的稿费捐入补助基金，给两名成绩较优之子弟发放了教育补助金。1951 年，他中风卧病在床后，还想到这两个孩子，请丁英桂代向他们致意，祝愿他们学业进步。

1927 年，北伐胜利，北伐军进入上海。蒋介石通过"四一二"改变，清除北伐队伍中的共产党人，同年建立南京政府。旧的体制已被摧毁，而新的政权未见稳固，在这样的新旧更替过程中，民生问题提不到议事日程上来，社会秩序更无从谈起。10 月 17 日，张元济也成了当时上海众多绑票事件中的一名"票友"。

当天傍晚，张元济正与家人同进晚餐，一伙绑匪敲开张宅大门，一人用枪顶住看门人，其余人蜂拥上楼，找到目标，立即将他押上汽车。第二天，绑匪开价 30 万元，说商务印书馆是你的产业，去年你女儿出嫁就花了 30 万。张元济只能对着这帮人大笑，叫他们去调查。这一天他给高梦旦写了一封信，从信封上的邮戳可知他被关押在市郊南翔。信中一是请高转告家人放心，但必须严守秘密，如已报案，要马上去销案，就说自己商妥了结；二是请家人向亲友借贷，竭力设法，越快越好。张元济对这第二点也自感十分棘手。他多年在商务工作，由于股票不多，红利也就不多，主要靠薪金收入，退休时有一笔一次性退俸，便不再按月领取退休金。平时他严于律己，虽身在商界，经手款额极巨，但从不做非分之想，甚至机会送上门来，都不接受。前面说过 1920 年为商务购南京路地产一事，张元济已与英籍业主谈妥，暂用"张记"户名，约定一周后付款交割，逾期每天以地价千分之一，即 3000 两白银交付违约金。协议签过字后，被高总经理否定，使张措手不及。他急中生智，想出让一位姓张的富商即南浔张澹如去顶替，把土地转让给他。张澹如为从天而降的好运大喜过望，马上设法筹款购定，后来赚了不少钱。当时张澹如向张元济表示愿意两人合资，盈利共享。张元济一则自己拿不出这么一笔资金，更重要的是他认为此乃为商务办事，自己决不可从中渔利，公私必须分明，即使于公司利益无伤。

过了两天，绑匪来说，事出误会，但既然已经来了，总要表示一点儿意思吧。这时儿子树年患伤寒症，病情较重，住院医治，谈判事由侄子树源出面。商务的英文编辑张世鎏与社会上三教九流接触颇多，主动提出陪树源到西藏路福州路口的爵禄饭店——旧上海黑道人物出没之所去，经四天谈判，赎价降至 1 万元，张元济终于脱险归来。

在匪窟中过了六天，幸得他没受什么皮肉之苦。那里是村镇的平房，很小一间，暗无光线。绑匪让张元济睡在一个单人铺上，他们则席地而卧。第一夜不慎失火，大家披衣起救，幸而不久即扑灭。绑匪开始看守很紧，张表示决不逃跑，才有所放松。几天的共同生活，相互也熟了，张元济了解到他们都是上海失业人员，也自知做这样的勾当见不得人，因此在父母妻儿面前都不敢说真话，只说在外做小生意。其中一人原是上海商店里的店员，失业了好几年，实在没办法才入伙的。张问他们，干这样没本钱的买卖，总可以发财吧。他们说入了伙，每月得点儿薪水，勉强够吃，每年可以碰到两三次好运气，每次也不过分得一二百元钱。张元济劝他们及早罢手，免得危险。大家开诚布公，言至深处，也有流眼泪的。获释时，绑匪送张上路，有人说以后改邪归正时再相见。张元济后来回忆过两个细节：一是他的一件毛衣有破洞，使看守们感到惊讶；二是一名年龄稍大的看守不时咳嗽，张给他开了一张中药方，使他们极受感动。

在遭险的那几天中，高梦旦天天到张家，安慰张家人，与树源商量对策。后来朋友探询、慰问的信电络绎不绝。当时正在国外的黄炎培从当地报上看到消息，亦急忙驰书。张元济脱险后，把在盗窟六夕口占的十首七绝整理加注，请商务排印出来，分寄亲友。另有两首，是第一、二天所作，附在致高梦旦信后，抄录如下：

> 夜寐不宁，口占数绝，写呈两首：
> 名园丝竹竞豪哀，聊遣闲情顾曲来。
> 逐队居然充票友，倘能袍笏共登台。
>
> 岂少白裘兼社厦，其如生计遇艰难。
> 笑余粗免饥寒辈，也作钱神一例看。

当时胡适旅居上海，住在极司非而路张元济寓所对面的一条新式里弄内。两人过往频频。他读了"盗窟十绝"之后，当即写了一首奉和：

> 盗窟归来一述奇，塞翁失马未应悲。
> 已看六夜绳床味，换得清新十首诗。

第二天，张元济又写了一首送过去：

世事遭逢未足奇，本来无喜亦无悲。

为言六日清闲甚，此时闲中学赋诗。

张元济的诗，表现出他对被绑一事心平如镜，处之泰然，精神上未受太大的影响。盗窟六日倒是给他提供了一次接触社会最底层的机会，使他的思想有了一些转变。在给丁文江的信中，他叙述被绑经过之后说："□（原文字迹难辨）有生路，谁肯为此？呜呼！谁实为之而令其至于此哉！人言此是绿林客，我当饥民一例看。"他于这一偶发事件的背后，似乎找出了它的社会根源。1937年内侄许宝骅在（南）京杭（州）公路上被绑，他去杭州慰问，回来写了一篇《谈绑票有感》，发表在《东方杂志》上，进一步阐明了他的观点。文章最后说：

我们中国是个穷国。人口又多，出产又少（吃的穿的，都要靠外国进口）。大家的生产力又薄弱，那里能比得上欧美人们的享用？是应该有些限制的。政府几次明令提倡节俭，我还盼望在位诸公常常牢记这两个字。最好以身作则。不但私人的享用，就是国家的大政也要估计估计自己的力量，分个缓急，定个先后，不要拿国民有限的汗血来作无限的挥霍，或者可以多留下几个钱给这些乡下的穷民多吃一两顿米饭，买些盐来蒸些菜，这也就是无量的功德了。

东瀛访书

　　张元济为涵芬楼收购古籍，为《四部丛刊》《百衲本二十四史》寻访最佳母本，从 1904 年前后算起，到 1932 年东方图书馆被毁为止，将近三十年。他自己把这段经历归结为 16 个字："求之坊肆，丐之藏家，近走两京，远驰域外。"这"远驰域外"主要指的是 1928 年他以中华学艺社名誉社员的身份到日本访书。"访书"二字，更科学一点儿的说法，应该是对日本收藏中国古籍做一次书目和版本调查。这是张元济生平最重要的一次海外文化、学术交流活动。

　　中华学艺社是中国留日学生在东京创设的一个学术团体，出版《学艺杂志》。1918 年，因绝大多数社员反对北洋军阀与日本帝国主义缔结中日军事协定，辍学回国，活动中断。社员回国后，有好几位被张元济、高梦旦聘入商务编译所。例如，郑贞文，福建人，1913 年赴日本留学时经人介绍，与张、高见过面，并为商务编《综合英汉大辞典》初稿，1918 年回国，即入编译所理化部，编辑自然科学读物，在化学名词的中文用字规范、创字定名方面做出过贡献。其他还有前面讲到过的经济专家杨端六，以及周昌寿、何公敢等。1920 年，中华学艺社打算恢复活动，郑贞文被推为临时总干事，他们想把《学艺杂志》改为月刊出版，得到张元济和高梦旦的支持，商定由学艺社负责编辑和供稿，由商务印刷发行并负责营业盈亏，后来还出过《学艺论文集》《学艺丛书》等书籍。学艺社东京分社干事马宗荣在东京帝国大学研究图书馆学，知道日本公私图书馆藏有中国善本图书甚多，他设想由学艺社出面选借，编成《中华学艺社辑印古书》内部刊物出版。如不对外发售赢利，可为日本学术界的惯例所允许。马宗荣的想法征得学艺社上海总干事会同意后，郑贞文即与张元济、高梦旦商洽，希望能由商务提供影印经费。双方一拍即合，立即着手筹备该项出版工程。马宗荣负责与日本各图书馆联系，订立合约；张元济与郑贞文就在上海准备要寻访的书目。张专看经、史、子、集四部书目，他从日本藏家的书目中，事先摘录出一大批，主要是中国本土已失传者，记录在专用的本子上；郑则准备中国古代文艺小说。郑振铎也提供了一批参考书目。这项准备工作前后持续了大半年。

1928 年 10 月 15 日，中华学艺社第五次学术视察团从上海登轮启程，赴日本出席日本学术协会第四届大会。张元济作为学艺社名誉社员，与郑贞文、陈文祥、张资平等同行，于 17 日抵达长崎，开始了一个半月的访书活动。其间，他们饱览了静嘉堂文库、日本宫内省图书寮、内阁文库、东洋文库等处收藏的中国珍本秘籍，访问了好几位私人藏书家。他们在每个图书馆中看书三至四天，除了星期日以外，从不休息。每天晚上，张元济将白天所见，做详细笔记，直至深夜。

藏有前归安陆皕宋楼全部珍品的静嘉堂文库，是张元济访书的首要目标。静嘉堂文库坐落在东京世田谷区多摩川旁的一块台地上，是一座英国古典式建筑，红墙绿瓦，四周林木环抱，置身其间，顿有一种寂静安谧之感。文库是三菱财团的岩崎弥之助和岩崎小弥太父子在明治维新时期创办的。当时西学东渐，日本人大多抛弃古典汉籍，而岩崎家族源于深厚的汉学修养，开始收藏东方文化典籍，十余年间，大约陆氏皕宋楼败落的同时，它投资数十万两银子，建成了日本首屈一指、令世界学者叹服的文库。据《静嘉堂文库略史》等记载，皕宋楼原藏经日本汉学家严格甄别，剔除赝品，实有宋刊本 121 部，2691 册，元本 109 部，1999 册。1924 年前，静嘉堂汉籍的总藏书量达 9000 余部，近 10 万册。张元济等到达时，受到日本汉学家诸桥辙次的接待。诸桥，1883 年生，毕业于东京高等师范学校汉文科，曾来中国留学，与张元济有交往，后来担任静嘉堂文库长。他先陪同中国客人瞻仰岩崎男爵的铜像和墓地，然后参观藏书。张元济在归国后作的一篇记事长诗中有这样的诗句：

溪山深处乐游苑，旧朋握手喜相见。

指公遗像陈堂前，恨我迟来艰觌面。

墓门佳气郁葱葱，百城长傍泉台宫。

生前爱玩不忍释，英灵呵护长无穷。

令子象贤称主器，大启堂构继先志。

金匮石室严弆藏，精椠名钞广罗致。

我来海外交有神，特许巡览娱远宾。

执事靖共骏奔走，相助检索逾兼旬。

好书不厌百回读，快事生平夸眼福。

张元济等阅览之后，决定拟借书目，向图书管理人员商借，由他们在东京预约的照相技师在馆内用特种照相机逐页摄成小型胶片，回国时携回放大，影印成书。

日本宫内省图书寮是日本皇家的图书馆，设在皇宫内院，收藏汉籍极多，但素来不让外人参观。张元济通过他的故友，中国驻日本公使汪荣宝与宫内省联系，经同意后作为特别照顾，方得进入。他们去看了三天书，据说宫内省向天皇奏明，这三天天皇不来看书，以便中国客人可以自由行动。在约定的日期，张元济、郑贞文、汪荣宝都身穿礼服，由宫内省大臣陪同入宫，俨然是外国贵宾。宫内省图书寮不允许民间照相师进入，所以他们请了御用照相技师，费用也特别昂贵。

张氏始祖张九成著《中庸说》残本在日本发现，被张元济认为是此行的一件很重要的收获。张九成著作在《宋史·艺文志》《群斋读书志》中著录有 22 种，但不少仅有书名而文字已经失传。张元济在日本涩江全善著《经籍访古志》中，看到著录有张九成的《中庸说》6 卷，藏于"普门院"。至于普门院在何处，却始终未能查找到。此次在京都，他拜访了日本著名历史学家内藤湖南。内藤生于 1866 年，从事新闻、编辑工作，研究中国问题，1899 年来华时与张元济见过面，后来长期在京都帝国大学任教。内藤对张说，普门院在京都东福寺内。张立即前往，居然找到了《中庸说》的残本——其后半部早已缺失。经寺僧同意，书拍成了照片，回来按原尺寸辑入《续古逸丛书》，缩小后辑入《四部丛刊·三编》。后来张元济研读了这部祖先的遗著，又以南宋哲学家、程朱理学创始人朱熹的《朱文公文集》相对照，知道张九成以佛语解释儒家学说，被朱熹所批驳。朱写了万言的批驳文章，文内所引张九成语与这次发现的《中庸说》相一致，说明这个本子是当年朱熹看过的。后来程朱学派大兴，张氏著作遂被湮没。《中庸说》自宋代以后再也没有复刊过。这次发现的残本何等珍贵！

　　张元济在日本还会见了日本著名汉学家服部宇之吉、中国哲学史专家宇野哲人、中国文学研究者盐谷温、东洋文库第一任主管石田干之助、汉学家狩野直喜、近代著名宗教学家姉崎正治、后来成为日本现代著名书志学家的长泽规矩也等一批日本学者，还会晤了曾在商务印书馆工作十多年的日本汉学家、书法家长尾槙太郎。他们有的设宴款待张元济，更多的是研讨中国典籍与中日两国的传统文化。因此，张元济此行是一次接触范围广泛的中日文化交流活动。尽管当时日本军国主义者对中国已摆出一副咄咄逼人的凶恶姿态，但张元济对中日两国人民之间的友好交往寄予了极大的关注和希望。他在长篇纪事诗末写道：

　　　　回首乡关尚烽火，礼失求野计未左。国闻家乘亡复存，感此嘉惠非琐琐。呜呼！世界学说趋鼎新，天意宁忍丧斯文。遗经在抱匹夫责，焚坑奚畏无道秦。当世同文仅兄弟，区区阋墙只细事。安得尔我比户陈诗书，销尽大地干戈不祥气。

　　张元济和郑贞文回国后，遵照协议，将在日本所拍摄到的书影照片陆续付印，作为中华学艺社内部的《辑印古书》出版，并以每种书20册返赠书主。事后，商务又从《辑印古书》中选出不少，与国内存书配合成套，或单独印行出版。选定的书目一时来不及拍摄的，由马宗荣在日本照管。马多次与各图书馆联系，频频与张、郑通信，致使书影照片不断寄回国内。据郑贞文计算，这次他们访日，旅费和摄影费高达十多万元。

后来在商务的《四部丛刊·初编》再版和《续编》《三编》以及《百衲本二十四史》中，都可以找到日本所藏中国典籍的踪影。这次日本访书，大大丰富了商务几部大型丛书的版本来源。由于采用了更好的、中土失传的版本，这几部大丛书的价值也随之提高。下面举《太平御览》的例子，做一点儿说明。

《太平御览》是宋太宗命李昉等辑成的一部类书，成书于公元983年，共1000卷，所采多为宋代以前经史百家之言，共征引书目1690种，引书完整，出处标明，大多书籍的原本今已亡佚，所以大量古代佚书、遗书都是从这部书中辑录出来的。张元济在日本访见这部书的好几种宋版，有帝室图书寮和京都东福寺藏的宋蜀刻本，内有目录15卷、正书945卷，张即以此作为全书的基础，再设法补配。静嘉堂藏有原皕宋楼360卷宋建宁版的残本，从中可以用作补配的有29卷，还缺26卷，他又访得日本喜多邨直宽1861年的影宋写本，可以从中辑得。张元济经过仔细比较、研究，认为这3种版本都胜过国内流传的清代两种刻本。于是他用这3种版本，把一部《太平御览》拼凑得完完全全，而且采用的都是宋版——即最原始或最接近于原始版本的版本，恢复了原书的面貌，成为现今公认的最佳版本，具有很重要的文献价值和版本价值。1960年中华书局重印此书时，也是用商务这个版本影印的。

"一·二八"事变

　　进入 20 世纪 30 年代，日本军国主义的野心已不再掩饰：1931
年在沈阳发动了"九一八"事变，侵占了我国东三省；1932 年 1 月
28 日，又进犯上海闸北，制造了"一·二八"事变。

　　闸北位于上海市区北部，有沪宁铁路火车站（北火车站）和麦
根路货站两处陆上大门，南邻公共租界，交通便捷，是华商集中的
地方。1931 年时，有各类工厂 574 家，占全市 34%，其中缫丝、
制茶、玻璃、电池等业，均居全国首位。区内居民密集，商业繁
荣，还有多处江、浙、皖、粤的会馆、同乡会以及商会、同业公会
等。宝山路上的商务印书馆总厂和东方图书馆更是首屈一指的文化
单位。商务总厂自 1904 年开始建造，到 20 世纪 30 年代初，已陆
续建成 4 个印刷所及编译所、总务处、货栈、水电设施、藏板房
（纸型仓库）、疗病房、尚公小学等一批建筑和厂内绿地，是一个很
完整的大型企业建筑群。1931 年，上海总馆职工达 3604 人，各种
机器 1200 台。

　　1932 年 1 月 28 日晚，日本陆战队突然向闸北发动进攻，驻沪
的十九路军在蔡廷锴将军指挥下，奋起反抗。第二天上午，日军出
动飞机，把火车站和商务印书馆作为首要轰炸目标，10 时左右，
接连向商务厂区投掷六枚燃烧弹，纸张、油墨、书籍等易燃物品迅
即着火，顿时全厂一片火海。租界内的消防车因商务"地处战区"，
无法接近，厂内消防力量远不足以对付这样的大火。尽管工厂消防
人员及工人不顾个人和就在工厂附近的家庭的安危，奋力扑救，但
到下午 3 时，工厂已全部焚毁。商务同人三十余年的苦心经营，数
小时之内便化作一片灰烬。厂房只剩下钢筋混凝土框架和颓垣残

壁，机器弯曲变形，纸张、书籍成了一堆堆劫灰，铅字在烈火中熔化而流入下水道……

2月1日，日本浪人潜入东方图书馆纵火，全部藏书毁于一旦。东方图书馆到1931年时，藏书总数已达46万册。被毁的书籍中，有张元济二十余年为涵芬楼收购的古籍3203部，29713册，另有购自扬州何氏的书籍约4万册，还未及编目（幸好1925年江浙军阀战争发生时，张元济把最精华的一批宋元本、抄校本547部，5000余册存放在江西路金城银行保险柜中，逃过了浩劫）；有全国各地方志2641种，25000余册；有商务印书馆全部本版图书；有15世纪前印刷的西洋古籍；有全套中外报刊，如《时报》《大公报》《新民丛报》、荷兰的《通报》、英国亚洲文会的《学报》、香港的《中国汇报》等等。据统计，总厂和东方图书馆总计损失1633万元。

强大的热气流，把黑烟、纸灰冲上了高空，又被东北风吹入市中心。当时，甚至住在南市的居民，都可以望见那巨大的黑烟柱。而飘来的纸灰，竟落入张元济寓所的花园内。面对此情此景，张元济对夫人说："工厂、机器设备都可重建，唯独我数十年辛勤搜集所得的几十万册书籍，今日毁于敌人炮火，是无从复得，从此在地球上消失了。"他又感叹说："这也可算是我的罪过。如果我不将这五十多万册搜购起来，集中保存在图书馆中，让它仍散存在全国各地，岂不避免这场浩劫！"张元济退休后，着手编校《百衲本二十四史》，为了工作方便，商务在极司非而路张宅对面中振坊租了房屋，给校史处办公。校史处同人一听说商务遭劫，立即一同到张宅慰问。张元济见到他们，几乎抱头痛哭，呜咽得连话都说不出来。至于日本侵略军为什么把商务列为首要攻击目标，有人说日本人误以为商务厂内驻有中国军队，其实这种说法连日本人自己也不相信；也有人说是因为商务出版抗日书籍，这虽有些道理，但当时比商务出版物激进得多的抗日印刷品有的是。最能说明问题的，还是日本军官盐泽幸一的话："烧毁闸北几条街，一年半年就可恢复，只有把商务印书馆、东方图书馆这个中国最重要文化机关焚毁了，它则永远不能恢复。"侵略军中一介武夫也很明白这样的道理：单凭军事力量不足以征服中华民族，要使一个民族完全臣服，那就非彻底消灭其文化不可。因此商务印书馆就与我国许多高等学校、藏书楼等一起，被列入了日军的攻击目标，尽管那里没有一兵一卒、一枪一弹。

面对这突如其来的灾祸、大片的废墟以及总厂3604名职工面临的失业和生计无着的威胁，商务领导层能否渡过难关，无疑是对其意志、毅力和应付突变能力的一场严峻考验。张元济在致胡适的信中说："商务印书馆诚如来书，未必不可恢复。平地尚可为山，况所覆者犹不止于一篑。设竟从此渐灭，未免太为日本人所轻。兄作乐观，弟亦不敢作悲观也。"刚上任一年多的总经理王云五认为："敌人把我打倒，我不力图再起，这是一个怯弱者。一倒便不会翻身，适足以暴露民族的弱点。自命为文化事业的机关尚且如此，更可为民族之耻……这个机关三十几年来对于文化教育的贡献不为不大，如果一旦消失，而且继起者无人，将陷读书界于饥馑。"凡此种种想念，都使他的决心益加巩固。领导层有着共同的认识，复兴商务便成为他们的共同目标。董事会经过一系列紧急会议之后，做出了几项重要决定，主要是：上海各机构一律停业；总经理和两位经理辞职；上海职工全体停职，发资遣散；成立由张元济、王云五、夏鹏、李拔可、鲍庆林（鲍咸昌子）等组成的董事会特别委员会，张元济任委员长，下设善后事宜办事处，王云五任主任，来总管和办理善后事宜。办事处提出了"为国难而牺牲，为文化而奋斗"的口号，凝聚人心。这时张元济已是六十五岁高龄，精神受到了一生中最大的打击，却还是振作了起来，在此后一年多时间内，早出晚归，每天工作八到十个小时，处理许许多多棘手难办的问题。编译所同人发表了宣言，呼吁世界共同声讨日本帝国主义的罪恶行径。大批职工虽然表示了不同意见，但在严酷的事实面前，还是被迫领下极少量补助费（1个月薪金加10元钱救济金），含泪离开了朝夕相处而此时已不复存在的工厂。为了达到秋季复业的目标，必须调集和重新组织残存的力量。使领导层稍感宽慰的是商务在银行的存款。这些资金使商务不致因债务而倒闭，也是日后复业的经济基础。旧历年终，又陆续收到一些应收款项。这样，经济状况稍见宽松，对外债务也开始陆续清偿。

由于四个印刷厂全毁，在闸北天通庵路的第五印刷所又位于战线附近，不敢有所动作，故在沪印刷力量处于瘫痪状态。善后办事处通知北平、香港两厂，立即停止外接印刷业务，并派庄俞、李伯嘉分赴两地，将上海总厂原有印刷教科书的任务分解给这两家工厂。然而这两家工厂的设备能力仅及总厂的十分之一，尽管克尽全力，仍不足以满足生产需要。张元济就通过他与《新闻报》负责人汪伯奇的关系，委托该报馆承印部分教科书。后来商务又在废墟中找出一些烬余的机器加以修复，在租界内租屋开办了一个小工厂，逐渐投入生产。

经过半年艰苦工作，商务印书馆于7月14日正式对外宣告8月1日复业，并在上海各报刊登复业启事。启事说：

> 敝馆自维三十六年来对于吾国文化之促进、教育之发展，不无相当之贡献，若因此顿挫，则不特无以副全国人士属望之殷，亦且贻我中华民族一蹶不振之诮。敝馆既感国人策励之诚，又觉自身负责之重，爰于创巨痛深之下，决定于本年八月一日先恢复上海发行所之业务，一面在上海筹设小规模之制版印刷工厂，借以继续其三十六年来贡献我国文化教育之使命。

复业后，王云五宣布改组商务机构。原总务处改称总管理处；原来聚集了大批优秀人才的编译所解散，代之以人数很少的编审委员会，也就是说，稿件以原来自编为主改变为向外买稿为主。人员由原总务处380人、编译所200余人减至总管理处和编审委员会共140人。发行所由400余人减为100人。印刷厂不再恢复，宝山路基地上找出一批机器修复后，一堆废墟也就弃置不顾了。按商务当时的财力，恢复工厂或部分恢复，也不是不可能，但王云五却宁可花去150万元遣散职工，这可能是面对国内外形势做出的决策。以后十多年事态的发展，证实放弃印刷厂这个庞大摊子不是没有道理，所不能理解的是为什么要让编译所的大批人才流失，以致造成无法弥补的损失。抗战胜利以后，尽管说外部环境十分不利，然而从商务内部来说，缺乏有全面才能的总编、总经理，还要八十岁的张元济在那里苦苦支撑，这根子不能不说是从解散编译所开始的。这次机构改组，标志夏瑞芳、张元济开创的三所并立体制和后来的一处三所体制正式结束，商务正式进入了"王云五时代"。

复业后，商务继续在出版物上保持原有高质量的传统，集中力量出版一批有影响的大部头丛书。张元济继续他的古籍出版工作，被迫中辍的《四部丛刊》《百衲本二十四史》得以继续，尽管十分艰难。在张元济的指导下，王云五主持的《丛书集成》第一集出版。这部书称为"丛书之丛书"，选宋、元、明、清著名丛书100部，去其重复内容，共得4100种。张元济多次审核书目，担任断句的复审工作，并为每部丛书写了"书目提要"，称为《丛书百部提要》。到1937年全面抗战前夕，出书3062种，3476册。1933年到1937年这数年中，几部大型古籍丛书齐头并进。从张元济给丁英桂和侄子树源的信中，可以看到许多诸如"迩患目疾，业已月余，专恃眼药救济，近日更甚"，"我为商务校书，忙冗不可言状"，"晨起灯下"给丁英桂写字条，夜晚睡下忽又想起某件急事"即披衣而起"等等记载。这一段日子，成了商务古籍出版的丰收期。

从教科书入手的传统保持了下来。一套新的《复兴教科书》于1933年问世。以"复兴"为书名，寓意是可以想见的。鉴于当时国内各大学缺乏权威性的教材，或沿用外文版，或采用油印本讲义的状况，商务复业不久，即聘请国内各学科著名专家、学者55人组成《大学丛书》委员会，其中有李四光、何炳松、周仁、竺可桢、胡适、翁文灏、马寅初、冯友兰、傅斯年、郑振铎、蔡元培、罗家伦、顾颉刚等。这部丛书到1937年全面抗战开始时，已出版了200多种，为原计划的三分之二以上，成为我国第一套成功的大学教材。此外，《中国文化史丛书》《世界文学名著丛书》《创作丛书》《小学生文库》《幼童文库》等书相继出版。复业后第四个月就恢复了"日出新书一种"。据统计，"一·二八"事变以前的1930年出书957册，1931年786册，而1933年至1936年年均出书达

3363 册。1936 年商务出版书籍 4938 种，占全国总量的 52%，遥遥领先于全国同业。商务人以顽强的毅力和对国家、民族文化教育事业的高度责任感，从致命的打击中重新站了起来。

张元济为东方图书馆的复兴做了许多工作。1933 年春，他主持两次董事会，第一次议决以乙种特别公积款的三分之一约 4.5 万元为恢复东方图书馆之用，他本人捐资 1 万元，均动息不动本；第二次会上，决定成立东方图书馆复兴委员会，议定章程和聘请胡适、蔡元培、陈光甫、张元济、王云五为委员，张任主席。东方图书馆复兴委员会接受各方面的捐赠为数不少，包括德国、法国的赠书。商务在静安寺路静安别墅租赁两栋民房贮存图书，积累了 40 万册，但后来的形势，使重建图书馆楼的希望始终未能实现。

《百衲本二十四史》

张元济主持出版的《百衲本二十四史》(以下简称《衲史》),不仅是商务印书馆,而且是民国时期我国古籍出版史上的杰出成就。当代几位史学家、版本目录学家对之评价很高。刘节在《中国史学史稿》中称之为"保存宋元以来所刻正史之大结集",张舜徽认为《衲史》出版"从此全史出现了最标准的本子",而王绍曾则称"无论从《衲史》校勘的规模,或者从校勘认真的程度来考察,都是明清以来汇刻全史所从未有过的。从校勘的成果来说,张先生不仅是王(鸣盛)、钱(大昕)的功臣,他的作用还远在王、钱之上"。

《二十四史》是我国古代史籍的主干典籍,一般称为"正史",为学习研究古代史的学人所必读。历代正史版本很多。清乾隆年间,《明史》编成,在原有二十一史的基础上,再增加刘昫《旧唐书》,成武英殿二十三史。负责编辑《四库全书》的四库馆臣又从《永乐大典》等典籍中辑得薛居正《旧五代史》,于是《二十四史》始得其名。此后,武英殿本(简称"殿本")也自然成了最为流行的本子。但是殿本错漏很多,不仅大量单个文字有错,而且有整段文字脱落。如《宋史》第292卷列传中竟然脱落18行400字,书中不仅任意窜改原文中"戎""夷""蕃""胡"等字,而且有整段文字前后顺序颠倒。如《元史》卷53历志,分列三国以来日月食记录,殿本第15页竟在刘宋文帝元嘉十三年(436年)日食后误接20行赵宋宁宗嘉泰二年(1202年)后至元代的月食记录。这样的编校质量,对史学研究者造成的危害是可以想见的。张元济认为殿本编纂者对宋元善本"舍置不问……既未能广事搜求,复不知慎加校勘"。其后果就是"佚者未补，伪者未正，甚或弥缝缺失，以赝乱真。改善无闻，作伪滋甚"。这就是张元济辑印《衲史》的初衷。他年轻时，就十分重视读史，至于他决心重校并辑印旧本正史，那是他"读王光禄《十七史商榷》、钱宫詹《廿二史考异》，颇疑今本正史之不可信"和听到同年叶德辉说"有清一代，提倡朴学，未能汇集善本重刻《十三经》《二十四史》，实为一大憾事"之后的事。辑印这样一部大型古籍丛书，除了主持人的决心以及从全部成果中反映出来的渊博学识和坚韧毅力之外，还要有合适的外部条件。张元济晚年对顾廷龙谈到他一生主持的几部大型古籍丛书时说："影印之事，如早十年，各种条件没有具备，不可以做；迟二十年，物力维艰，就不能够做。能于文化销沉之际，得网罗仅存之本，为古人续命，这是多么幸运啊！"所说"各种条件"，应该包括商务最初三十年积聚起来的经济实力，涵芬楼逐年收藏的、可以用作母本的善本古籍，影印各种古籍丛书积累的经验和在工作实践中培养起来的专门技术人才。另外还有两个条件，则是天赐良机。一是清王朝覆亡，原来"违碍"清统治者的书籍得以公之于世、重见天日，即所谓"网禁既弛，异书时出"，给张元济收集最佳版本提供了许多难得的机会。另一个是张本人的身体条件。《衲史》实质性起动时张元济已六十开外。他对于几部大丛书齐头并进，也有所担心。他给老友汪兆镛的信中说过："贱躯尚可支持。颇欲就此残年多印数千百卷之书，正不知天意何如耳？"所幸的是这十年中，他经受住了"一·二八"事变和许氏夫人之丧给他带来的巨大痛苦和忧伤，经受住了长期辛勤工作造成的疲惫，坚持到1937年"七七"事变和"八一三"事变日本侵略军又一次进攻上海前夕，完成了他的宏愿。

　　《衲史》第一种《汉书》出版时间是1930年8月，那么准备工作从什么时候开始？经过了几年？张元济自己有两种说法。一种是1930年5月6日给傅增湘的信中说："《衲本二十四史》经营二十年，全赖友朋之赞助，幸得观成。"在《涵芬楼烬余书录》中可查找到有一部宋刻元配本《汉书》购于"距武昌革命军兴未数月"。于是可以说，张为《衲史》准备底本，约始于1911年，尽管当时既没有《衲史》这个书名，也没有形成辑印旧本正史的完整构想。另一种说法是1926年9月26日致朱希祖信中说："敝馆辑印正史，弟从事于此几及十年，近渐就绪，拟即开印。"那就是说，1915年以后，张元济主持《四部丛刊》的辑印，《二十四史》本是《四部丛刊》史部中最重要的典籍，张从此时起，亦必致力于《二十四史》的版本研究，只是因为未寻访到足够的善本正史作为底本，条件不成熟，故未列入《四部丛刊》。待后来准备工作有了头绪，才另作一部独立的丛书出版。

选定采用的底本，是准备工作中首要一环。为了使全史保持或尽可能地接近原来面貌，不影响历史的真实性，张元济倾全力搜寻最早、最好的本子。但宋元旧本经历了几百年，很多书早已残缺不全，或受水、火、虫、鼠等自然损害，或在流传过程中被人无意造成讹、衍、缺、脱，甚至被有意删削、窜改。因此每一部书都要寻找多种版本，做对比、校勘后，才能确定一种最佳本子作底本，所缺部分用他本补配。补配者要与原本相称，尽可能做到宋本宋配，若做不到，就退而用其次者补入。这样，全书，或者说每一史，都是用不同版本的古本史籍集成的。藏书家以僧人所穿"百衲衣"来比方这种集成的本子，称之为"百衲本"。底本除了涵芬楼自藏之外，借自傅增湘、朱希祖、刘承干以及北平、南京等图书馆。1928年张元济去日本访书时，访得几种好的版本，辑入了《史记》《三国志》和《陈书》。

下面以《魏书》为例，将底本的收集情况按年列出其工作进程：

1926年9月，将北京图书馆所有残宋本《魏书》拍摄，所缺已无多。

1927年10月，发现北图残宋本缺30卷，决定用"三朝本"补。

1930年1月，缺卷拟借傅增湘藏本补配。但傅称其藏本不清朗，闻得北京徐梧生家有一部宋本。傅亲自往访。

同年7月，傅增湘与徐氏几经恳商、谐价，以2120元购下。此时傅经济不宽裕，为《衲史》花去巨款，使张感到不安。张提出先由商务付款，待傅日后有余款时再以原价将书取回。傅一面谢辞张的好意，一面慷慨地将新访得的珍本借给商务拍摄。

1931 年，又发现全书还缺数十卷未照。董康介绍说刘承干藏有宋本，张随即向刘商借全书。

1933 年，发现傅、刘两家藏本各有优劣，最终由张元济亲自检看毛样，做比较鉴定。

1934 年 12 月，全书拍摄完成，年底按计划出版。

《魏书》封里上只有简单几行字：上海涵芬楼影印北平图书馆、江安傅氏双鉴楼、吴兴刘氏嘉业堂及涵芬楼藏宋蜀大字本。一般读者是体会不到这几行字里包含着的主持人和他的助手们前后八年为这部仅 50 册的《魏书》所花出的心血的。《衲史》比《四部丛刊》更难的地方，在于《丛刊》中某书万一实在找不到上好的底本，可以把这种书从计划中撤出，而《衲史》的 24 种史籍是不可缺一的，换句话说是没有退路的。

再说《史记》。《史记》是《二十四史》的首部史籍，但出版的时间是 1936 年底。为什么放在全书几乎最末出版？原因是张元济为寻找《史记》的底本煞费苦心，有所延搁。《史记》和许多古代典籍一样，有后人的研究著作，今存有宋裴骃《史记集解》、唐司马贞《史记索隐》和唐张守节《史记正义》，即所谓"三家注"者。宋代以来，《史记》三家注合刻本据记载有 4 种，但留存者仅黄善夫刻本。这是宋代刻本，也是现今存世最早的刻本。当时涵芬楼存有 69 卷，张元济打算所缺部分实在找不到宋版，只能用明代王延喆本补配。但因涵芬楼藏本缺卷太多，用王本补配，他总感欠缺，期待访得多宋本，由此可以减少明本补配的比例，所以把出版时间不断往后推。后来张元济打听到，宋黄善夫本到清代，中国国内已经失传，涵芬楼所藏的 69 卷是书贾从日本带回来的，书贾带回来后又分批出售，于是他转辗从傅增湘的双鉴楼和潘明训的宝礼堂找到了一部分。最后，他访书的一片真心得到了报答，有信息说，日本上杉侯爵家有藏，张喜出望外，便立即设法联络商借，经主人同意，在日本借出摄影，这样《史记》得到全宋本作为底本，《衲史》中宋版比例提升，版本价值增高。这是古籍版本收集、研究和编辑影印出版事业上的一件盛事，傅增湘来信祝贺说："《史记》得全宋本，真可庆慰。所谓精诚之至，金石为开也。"

1926年张元济退休后，由于《衲史》底本的收集有了大致的眉目，工作重心就转移到校勘。这是一项既枯燥乏味，又必须十分细致和花费功夫的事。商务成立了校史处，由汪诒年、蒋仲茀负责，从事校勘和描润两项工作。人员最多时约十一二人。张元济要求每人每天填写工作日记，每天的校勘文字和工作日记下班时由蒋仲茀送交张元济，张当晚在灯下复看，第二天上班前发还各人。所以张天天工作到深夜。1927年底张元济致胡适的信中有这样一段文字可以看出其工作量之繁重："《旧唐书》宋本只存三分之一，弟亦尚未校竟。其三分之二幸尚有校本可以过录，但以一手一足之力为之，恐须数年后全史方能毕功也。近甫校毕《魏书》（有十之七是宋本）。其佳处胜于明监本、汲古本、殿本者不知凡几。继此将续校《北齐》《后周》矣。"1926年到1936年十年间，除了1932年一段时间外，张元济几乎不停顿地校勘各史（还包括同时进行的几种古籍丛书），"终日伏案"，"几至废寝忘食"。

随着时间的推移，张元济的工作重心渐渐由校勘转向描润、制版。由于很多底本文字因年代久远而变得模糊不清，如简单地拍摄，印出的书籍将使读者无法辨读，但又找不到更好的本子来代替。张元济与校史处人员、工厂技术人员研究出一套描润的工艺：先为原书拍照，印出底样，由初修者用白粉清除底板上污点，经复校后由精修者精修文字的叠影、溢墨等问题，但不可改动文字，如有疑惑，随时在左右栏外记录；精修后复校，然后与殿本、南北监本、汲古阁本对读，发现可疑之字，记录，注明何种版本为何字，写明校读人的意见，最终送张元济总校，以确定描清或补缺或作空缺；描润完毕再拍摄一次；摄成后修片，再制版；印成清样后再精校，如发现疑问，记录后交总校决定；精校少则两遍，多则五六遍，认为完善者，由总校在每一页上签名、署年月日后送工厂付印。

1933年12月，张元济将这套完整可靠、行之有效的方法总结为《记影印描润始末》一文，还有《修润古书程序》《修润要则》

《填粉程序》三个附则，内容具体，要求明确，是一篇很少见到的具体记述古籍影印工艺的文章。他还亲自拟定了《〈宋书〉制版须知》，对底本中原有断版痕、断版痕造成的断笔字、断行线等如何拼接，拼接后要恢复古本原貌、保存古意，提出了七条具体做法，还要求工友"如有未明处，可携带原样及制版须知，到敝处当面说明"。可见张元济对影印的全过程都十分重视，而且具体指导，以使《衲史》全书保持很高的印刷质量。

张元济对书籍外观质量也同样重视，他要求一种史要用同一种纸，还直接过问书根印字的字距，做到美观大方。他对《衲史》广告也十分关注。商务在《申报》上刊登《衲史》广告，声势之大，可谓空前。1930年6月到8月每两三天就在头版登出半版广告，印入百衲本与殿本对比的样张，内容不断更换，后来还换上了北平、南京、沈阳、汉口等地报刊对《衲史》的评论摘要。商务还印了大批《衲史》样本，一面分赠各图书馆、学校、藏书家，一面放在发行所及各分馆营业大厅，任凭读者索取。样书与《衲史》开本一律，线装，对各史所选用的版本做了介绍，特别是从每一史中选出一两页样张，用红线画出殿本的错漏之处，在栏外用红字说明，使读者对两种本子的优劣一目了然。

商务沿用它以前出版大丛书的预约办法。《衲史》在1930年出版时，全书定价360元，在6月至8月发售预约期间，一次付清书款者，只需付300元，过了8月30日即收取实价。这样对读者很有吸引力，而公司又可及早回笼一笔资金。仅据1930年的统计数，《衲史》开始发行预约不久，就售出1000余部，成绩斐然。《衲史》在"一·二八"事变前出了5种。事变中，正在工厂拍摄的海内孤本《周书》被焚毁，无以复得，只能用稍次一点儿的版本代替。1933年起恢复校勘和出版，到1937年3月出版了最后一种《宋史》，全书告竣。

张元济关于《衲史》的几种著作，伴随着《衲史》的出版而问世。先是两篇序言和每一史后面的跋文，以及前面提到的《记影印描润始末》。然而还有一部鲜为人知的《衲史校勘记》，这是他校史的详细记录。张元济叙述过这部校勘记的形成过程："影本既成，随读随校。有可疑者，辄录存之。每毕一史，即摘要以书于后。商务印书馆既覆印旧本行世……余始终其事，与同人共成《校勘记》百数十册。"由于文字浩繁，需要整理，1937年《衲史》出齐后，全面抗战爆发，商务再次蒙受重大损失，便无力将它整理出版。见过这部《衲史校勘记》的古籍专家顾廷龙先生说，这部书"所据各本，不同之字都一一校出。……我认为它还是一部有用的校记，值得印出来。因为当时花很大的人力详校各本，后人欲知某本作某，一索即得，可节省研究工作的很多时间，亦可考察一字致误之由"。这部稿本在"文化大革命"中因被中华书局借去为"标点本二十四史"参考，损失了三分之一。改革开放之后，商务印书馆约请专家，进行了整理，把存世的16种陆续出版。1938年在傅增湘等多次要求下，张元济从中摘出164条，7万余字，单独排印成书，名《校史随笔》，然而这仅是《衲史校勘记》中的一小部分。该书罗列了所见到的各史不同版本，在进行版本比较的基础上，进行了科学、严密的论证，提出了许多精辟的见解。这几种著作，是张元济一生古籍整理、校勘、影印、出版、研究的总结，成为他这方面学术成就的巅峰。

老友蔡元培一直十分关注《衲史》的进展。当预约样本刚印出时，他就"欢喜赞叹得未曾有"，认为仅样本中举出的纠正殿本的伪脱，就已经十分重要。他晚年移居香港，身体衰弱，杜门不出。得悉《校史随笔》出版，立即请人从商务香港分馆购得一册。读过之后给张元济写信说："虽未及检各史对勘，而正讹补夺，厘然有当于心。若举百数十册之校勘记，次第整理印行，则吾哥博观精勘之成绩，所以嘉惠学子者，益无限量。"不久，他在港去世，这成了他给张元济的最后一封信，也正是在这最后一封信中，还表述了他与胡适及其他多位学者一样，对《衲史校勘记》的出版寄予了希望。

从张元济一生对中华古籍的研究、保护、传承所做的工作来看，他在这项事业上具备了全方位的学识、全方位的能力，并做出了全方位的贡献。这在民国时期的中国，可以说找不到第二人。首先，他对于从事古籍研究、保护、传承所必备的基础理论，即目录学、版本学和校勘学，有着深厚的功底，掌握娴熟，运用自如。其次，在藏书的实践活动中，他见多识广，积累了丰富的经验。他以目录、版本学的理论和版本鉴定等实际工作经验为依据，选出善本作为底本，编辑成多种大型古籍丛书。经过他亲自校勘并采用高超的照相石印技术的大批海内孤本，在行将湮灭之际化身千百，得以流传后代。在印刷过程中，他亲自指导修版描润，出版后，甚至亲自拟订销售办法，亲自撰写广告。在同一时期内，国内有的藏书家在藏书方面或许超过他，有几位校勘学家或许在校勘和版本研究方面的成果超过他，但综合起来看，如此全方位的学者、出版家，则无人能够企及。

人格篇

　　祖父在全面抗战前夕，写了一本普及型的书《中华民族的人格》。我刚入初中，初具阅读能力时，他就取出这本书，指导我阅读。当时的情景历历在目，至今犹未忘怀。可以说，祖父无论是在出版事业、教育事业，还是在文献学的学术研究上，能取得为后人敬佩的成果，是有着他高尚的品格作为支撑的。换一个角度说，在他逝世六十年后的今天，有这么多人纪念他、研究他，不仅是由于他的事业和学问的成功，更是由于他的令人景仰的品格。

提倡薄葬

　　继"一·二八"事变之后，不幸又一次降临。1934年许氏夫人病故，使张元济陷入深深的痛苦之中。

　　1933年秋，女儿树敏与留法法医孙逮方结婚。许氏夫人操办婚事之后，感到疲惫，精神不支；1934年初开始发热，虽延医诊治，却不见好转。这年春节，张元济就感到夫人病势不轻，情绪不好，草草过了年，年夜饭也无心吃。他给树源的信中说："平日吸烟饮酒过度，颇为可虑，只有尽大力，以待天命。"待4月份确诊为肺癌时，为时已晚，5月2日晨，许氏夫人去世。去世的前一个晚上，她对丈夫说："我今天不会去的。记得我三月十九日来归，我要忍留一天，凑足三十九年。你快去睡。"果然她到第二天，阴历三月十九日离去。三十九年间，夫妇情笃，他们一同承受了戊戌变法失败几乎招致杀身之祸的惊怕，一同渡过罢官南归开创新事业的艰难，一同为商务的兴盛而庆幸，两年前又一同为"一·二八"事变使毕生心血付诸东流而痛心。所有这一切，皆成为过去。此时此刻，张元济悲痛之余，还能镇静地给亲友写报丧条，又起草《张元济谢告亲友启事》，在《申报》刊登两日。启事称：

　　先继室许夫人不幸于本年五月二日病殁沪寓。业经成殓，即运柩回海盐原籍祔葬本族公墓。始丧，除在沪至戚近支外，均未赴告。成殓之日，乃蒙诸亲友枉临垂唁，宠锡多仪，存殁均感。现在宅内不设灵堂，亦不在寺庙举行何种仪式，更不敢循例开吊，多所惊扰。归葬有期，亦不渎告。赙礼一概辞谢。无论何物万勿见贻。即寸香片楮，亦不敢领。务祈矜允。再，逝者卧病数月，叠承存问，衔感万分，兼代告别致谢，统乞垂詧。

《启事》反映了张元济主张丧事简办、提倡薄葬的想法。《启事》中被取消的一应仪式，都是与他社会地位、层次相似的家庭办丧事时的一些惯常做法。他主张移风易俗，与他的经历和出洋考察见闻不无关系。1910年在伦敦遇英王丧礼，他花了5英镑买了个沿街观礼的座位，出殡时，德王威廉、铁血宰相俾斯麦、俄国沙皇尼古拉二世等都在送丧之列，丧礼隆重，但贵宾和英国王公大臣一律步行，庄重之中不显铺张。1918年他去杭州谒岳父墓。故人离去才十余年，落葬时热闹场面一过，小辈无人再来，只见荒草满地，石人石马开始歪斜，管坟的"坟亲"贫困如洗，一片凄凉景色。他曾对夫人说了几句感慨的话："历代皇陵岂不是毁的毁、盗的盗，能保全多久，何况一位尚书之墓呢！"至于家乡海盐，风气闭塞，"风水之说，吾邑尤盛"，先请风水先生看地，风水先生认为好地，地价就涨，不少贫寒之家力不从心，只得先筑浮厝，造成"起视郊原，浮棺累累，时见骸骼，令人神悸"的可怕景象。张元济为了改变这种状况，更为了日后风俗的进步，就与族中几位长者商议，征得大家同意后，出资在南门外红木桥，涉园遗址之西侧购地16亩，开辟张氏公墓，由他本人规划布局，共划定96个墓穴，依次编号。他制定了公墓规划，包括：亡者不论男女长幼、富贵贫贱，一律按宗祠统一编定的穴号循号入穴；号召薄葬；破除迷信，不看风水，不选择方位时日，严禁停棺不葬。1926年，公墓落成不久，他向公墓管理处申领了第7号墓穴，将暂厝在翠屏山父母墓侧的吾氏夫人安葬，并事先在海盐《晶报》上刊登《告窆启事》，邀请族中同辈以下亲戚到场视察、观摩。下葬之日，张元济在凛冽的寒风中含泪朗读祭文，说明不用石椁或三合土，仅掘地三尺，纳棺其中，"竭一日之力以营之，糜银币不逾四元"，还表示将来他本人和许氏夫人亦必安葬于此地。张元济创建海盐张氏合族公墓，对改变当地旧丧葬陋习有很大的推动。张氏公墓开办十二年，经过扩建，共收葬两百余人。县里徐、冯等大族相继效仿。1929 年，海盐县政府也建立了全县公墓。

1934 年，张元济正全力以赴为《四部丛刊·续编》《衲史》看校样、写跋文，繁忙异常。许氏夫人去世，他也没有暂停。现今存世最好的一个例证是 5 月 2 日当天，他给丁英桂写了一张便条："明后两日公司放假，如有校样，务请今日尽数发下。"一个半月后，许氏夫人灵柩由子树年、媳葛昌琳护送，运到海盐。张元济同女儿、女婿、侄子坐车到达。在公墓举行的葬仪很简单，只一个小时。张元济朗读了祭文。在对夫人寄托哀思之后，祭文以很大的篇幅，批判了旧丧仪。他强调自己"夙持薄葬之说"，接着说："古人制礼，首重丧事。《礼经》所载，仪文至繁。数千年来递推递演，杂以虚荣迷信之见，致成今日诡诞之习。"他说，由于迷信的原因，"设灵为祭，酒食杂陈，刍灵明器，纷然散列。纸钱冥钞，供给无算。始丧或呼回煞，或计七七，招延僧道，诵经拜表，谓为亡者解罪祈福。甚或时日未宜，陈尸待殓，风水有碍，停柩不葬"。又由于虚荣的原因，则"满纸浮词。己身无论矣，祖若父、子若孙之有一官半职者，咸罗列而敷陈之，甚或乞高官大贾诔文题字，累累满纸，以相炫耀"，或"张灯奏乐，宾朋咸集……旌饰飞扬，箫鼓杂奏，乞儿千百，列队前驱，招摇过市，观者啧啧"。他最后总结道："此虽一人一家之事，然实社会之病，余以为亟宜湔祓。"张元济以他的实际行动，"湔祓"了旧丧仪这种"社会之病"。

丧事办完，一家人从海盐返回上海。树年夫妇陪伴着老父，但树年白天忙于行务，只能每天晚饭后陪坐一会儿。树源毕业于交通大学，留学美国康奈尔大学，学土木工程，此时在内地铁路上任职，办完丧事，也匆匆离去。他与原配妻子刘冠昭生有一女，名祥保。刘氏产后不久病故，祥保一直留在叔祖身边，由叔祖负责她的教育。这时侄孙女祥保和孙女张珑两个女孩子，还能给祖辈带来一点儿欢乐和安慰。

这年夏季，张元济在庐山居住了近三个月。庐山牯岭在 19 世纪末逐渐为外国传教士和商人开发，建造了许多造型各异的洋房，加上天然的森林、峰峦、山泉，构成了一处著名的旅游、避暑胜地。20世纪20年代，开始有中国人在此买地建屋。1929年，张元济第一次上山，租屋居住，精心校勘上一年从日本拍摄回来的古籍书影。1932年，张处理商务复兴事务，由于精神上受打击太大，数月之后，体力感到不支，6月初上山休养，住了四个多月，中间两次下山出席商务的重要会议。这年，亲家葛嗣浵应邀上山，老人们暂避城市喧嚣，在青山绿水之间，读古书、忆往事，身体渐渐恢复。1934年时张元济已购下一座小屋，早些时候，傅增湘南来，曾在此小屋借住数日，题下"松下清斋"匾额，使张元济十分乐意。许氏夫人去世后，他与葛嗣浵、伍光建一同结伴上山。他们在牯岭拜访了老友陈三立、俞寿丞和在庐山结识的李矩庭。在山上休养、会友的同时，校书事始终没有停歇。刚印出的和经过校改的校样，通过邮局，不断地往返，以致他和当地邮局的局长也成了朋友。

1935年和1936年两次出门旅行，是张元济很难得的两次摆脱了公务的远游，也为今天这本书留下了几幅照片。1935年他与浙江兴业银行董事长叶景葵、葛嗣浵等游了西安、华山、咸阳、洛阳、开封和郑州，得到陕西省主席、南洋公学毕业生邵力子的热情款待。第二次是他与商务两位最亲密的同事高梦旦和李拔可同游重庆和成都。张元济见到了壬辰科举同年尹昌龄，在乐山拜访了另一位同年赵熙。赵熙字尧生，四川荣县人，与张同为翰林院庶吉士，一度做过御史，长期在荣县、重庆、泸州等地主持学堂，有不少四川籍的学者出自他的门下。他是一位诗人，又主撰《荣县志》，印行后曾寄赠涵芬楼。那时他住在乐山乌尤寺，得知张元济来访，十分高兴。张元济独自一人上山，不允他人陪同，到渡口时，等候在渡口及沿山路排列的人员采用"蚂蚁报"方式，即一人高呼"驾到"，随即由他人一声声往上传递，这时赵熙身穿袍褂，站立于乌尤寺大门口，老友相见，执手同登大雄宝殿，在大殿上，二老双双行跪拜礼，然后畅谈至午夜。这样的场景，真像回到了古代，今天即便在昆曲、京剧舞台上也见不到。赵熙后来赋七律《菊生同年见访尔雅台喜记》，登载于当时的《青鹤》杂志上。诗曰：

舍人台角俯云根，忽报花宫客款门。
一雨新晴送蝉子，参天浓绿养龙孙。
德星传语前宵到，翰苑齐年几辈存。
公自大名天上月，偶经延阁照山尊。

在重庆，张元济拜访了民生轮船公司经理、著名四川航运实业家卢作孚。商务印行古籍，需用大量川纸，而运输比较困难。访问卢作孚是为了商谈这方面的事务。

又一件令张元济悲痛的事在回沪时发生了。高梦旦因路途劳顿，在返沪的船上病倒了。到了上海，立即入院医治，病情有所好转，但因失眠而服用了过多的安眠药，竟至不治，终年六十八岁。张元济痛失一位亲密无间地合作了三十二年的挚友。他为高梦旦写的挽联是：

不药为中医，受尽酸辛，底事体肤付和缓；
万难是行路，愧疏调护，空余涕泪望岷峨。

在高梦旦去世后的董事会议上，张元济提议为高梦旦办一纪念而与社会有益之事，表示对这位为商务贡献了一生的逝者的敬意。王云五提议从两种特别公积项下拨出 1 万元，以其年息奖励学术研究。这一提议获得董事会通过。

《中华民族的人格》

　　1937年"七七"事变，京郊卢沟桥畔的枪声，揭开了中华民族抗击外来侵略历史上最为壮烈的一页，艰苦卓绝的全面抗战从此而起。"八一三"事变，日本侵略军进攻上海，长江三角洲一片火海。上海的英、法租界暂时还保留着，成了日军包围中的"孤岛"。民族工商业在"孤岛"上维持着一定程度的繁荣，爱国、抗日、进步的力量和文化人，也在这里利用可以利用的条件开展活动。这时张元济七十岁。整整七十年中，国家内忧外患没有中止过。

　　商务印书馆经过几年复兴，集中力量于教育、文化方面高质量和实用书籍的出版，于1936年恢复资本450万元，1937年春股东大会又决定恢复到1932年前的500万元。由于领导层的精心擘画和全体职工尽心尽力，在宝山路一大片废墟面前，取得出版物和经济效益的双丰收，确实是世所罕见的。而在成绩面前，张元济和商务领导层也清醒地看到局势恶化的不可避免。他们亲历了1932年那场几乎被置于死地的打击，不能不对日本帝国主义的野心有所警觉。早在1936年10月，张元济主持的第432次董事会议上，王云五报告说，拟将上海闸北、杨树浦的印刷、制版厂及栈房保兵险；将总馆存书以55%分散到内地分馆，以香港，汉口居多，但平、津、宁、杭四处不派；拟在长沙设立印刷厂。政府对民营企业无力保护，商务只得及早筹划，自我保护。王云五的报告，得到董事会的同意。

　　作为一位爱国、正直的知识分子，面对日本帝国主义的步步紧逼，面对蓬勃开展的爱国抗日民主运动，张元济不会无动于衷。著名进步新闻工作者、出版家邹韬奋1926年起，在沪主编《生活周刊》杂志，"九一八"事变、"一·二八"事变后，开始在刊物上宣传抗日，反对当局的不抵抗政策。不久，《生活》杂志便遭到责难和查禁。1933年9月，张元济在大暑天已经过去之后，特地上庐山十天，内中有一项活动是在老友俞寿丞安排下，由其子，时任军工署长的俞大维陪同，晤见蒋介石。张元济希望蒋能出面干预，允许"开禁"。当时蒋对这位文化名人也很客气，答应调查，后来当然未予置理。邹被迫流亡海外，两年后回国继续参加抗日救亡运动，除在沪、港主编《大众生活》等刊物之外，还担任上海和全国各界救国会的领导工作。1936年，沈钧儒、邹韬奋等七君子遭国民政府逮捕，关押于苏州监狱。次年6月，得知当局将审判七君子时，张元济不能平静，亲赴苏州，参加旁听。不意当局于开庭前突然以"防止有人扰乱"为由，禁止旁听，原发旁听证作废。众多爱国人士交涉无效，只得愤然而归。归后第三天，张元济写了一封信，并与近作《中华民族的人格》，寄至苏州狱中。信中说："是日法院临时禁阻旁听，怅然久之。……顷沈君汝兼（沈钧儒之子沈谦）来言，大有转机，闻之欣喜。当局果有觉悟，以后政府、人民能打成一片，于国事必有裨益，亦不负诸君子数月来撑持之苦心。汝兼又交到大著《经历》一册，拜领谢谢。元济近数月来有感于诸君子人格之高尚，因就古史中选出数人，依本传文字译成白话，稍加论断，名曰《中华民族的人格》，冀后之青年略知做人之道。顷已印成，谨呈上一册，知不值方家一哂也。"邹韬奋收到后复信说："韬十年前主办《生活周刊》时，即蒙先生爱护有加，赐书勉励。长者扶掖之隆情厚谊，十年来未尝须臾或忘也。……拜读大著《中华民族的人格》，实获我心。韬等所始终坚持生死不渝者，正为先生谆谆训诲者也。此书在国难危迫如今日，尤弥足珍贵。韬得闲当作一文介绍于国人，广播先生之爱国精神，努力服膺先生之懿训，为国奋斗，亦即以报答厚爱于万一也。"

《中华民族的人格》是一本薄薄的小册子，1937年5月由商务初版。张元济在编辑古籍大丛书的同时，痛感国家大敌当前而当局日益腐败，不少人落水投敌，就从《左传》《战国策》《史记》中找了8篇文章，介绍了公孙杵臼、程婴、伍尚、子路、荆轲、田横等十余位春秋战国时期的人物，将文言原文列于每页上半页，文字稍有删节，但不改动，下半页为白话文译文——这是张元济第一次用白话文写作。他在这本书的"编写本意"中，已经把话说得很重了。他说：

> 我们良心上觉得应该做的，照着去做，这便是仁。为什么又会有求生害仁的人呢？为的是见了富贵，去营求它；处在贫贱，去避免它；遇着威武，去服从它；看得自己的身体越重，人们本来的良心，就不免渐渐地消亡。贪赃枉法，也不妨；犯上作乱，也不妨；甚至于通敌卖国，也可以掩住自己的良心做起来。只要抢得到富贵，免得掉贫贱，倘然再有些外来的威武，加在他身上，那更什么都可以不管了。
>
> 有了这等人，传染开去，不知不觉受他的引诱，这个民族，必定要堕落，在世界上是不容存在的啊！

他所选出的十几个人物，都不是弹词、戏曲里的虚构人物，而是经典名著中有记载的。他们有的是为尽职，有的是为知耻，有的是为报恩，有的是为复仇，都做到了杀身成仁，达到了孔子"志士仁人，无求生以害仁，有杀身以成仁"和孟子"富贵不能淫，贫贱不能移，威武不能屈"的最高道德标准。他说："这些人都生在二千多年以前，可见得我中华民族本来的人格，是很高尚的。只要谨守着我们先民的榜样，保全着我们固有的精神，我中华民族，不怕没有复兴的一日！"这里提到了古训，讲述了古人，然而很明显，在国家危亡之际，这本书的编写有其特定的用意。商务一再重印，各地报纸也对它做过报道。1937年6月，张元济请商务印书馆送一部新近出齐的《百衲本二十四史》给蒋介石，附上了这本《中华民族的人格》。他在给蒋的信中说："国难日深，复兴民族，必先提高人格。元济近撰小册，冀唤醒一般民众，附呈一册，并乞裁教。"这本既非文学名著又非学术专论的普及型小册子，1949年以前，商务先后在上海以及香港、重庆、江西等几处抗战时期迁移中的据点一共印了7版。改革开放以后，从2003年起，又陆续出了8版。两段时期之间，在中国台湾和中国香港各出过一版。此足见其生命力。

1937年的形势，强烈触动了张元济的爱国之心。7月初，《大公报》披露财政部税务署长等官员操纵上海纱布投机事，张元济不再忍耐，致信该报编辑部。信中说："国家困穷，小民日受剥削，几无生路。若辈贪污至此，可谓全无心肝。闻诸银行家言，法院果能持正，将所有各项支票逐节根究，必可得其主名。敢请贵报续撰评论，将此层明白揭破，使法院不敢含糊了结，各银行亦不敢代为隐藏。倘使贪吏伏法，政局澄清，国家前途，庶犹可望。"《大公报》刊登张元济信后，引来了胡适的一封信。他说："今天读了张菊生先生致贵报书，我很感动，也很兴奋。张先生是七十一岁的老翁，他对于国事还如此热心，真可以使我们年青人惭愧，也可以给我们做一个最好的公民模范。……如果人人都能像张菊生先生那样爱打不平，爱说正话，国家的政事就有望了。"

全面抗战开始，华北大批学生向南流亡。张元济对此无比痛心，感触很深。他在《我国现在和将来教育的职责》一文中，除了说目前大学应迁移至安全地区、借用中小学校舍等具体之点外，谈了一些很发人深省的感想。他回想四十年前自己奋力提倡新式教育的过程，存在着"只注重新知识，将人格扶植，德性的涵养，都放在脑后"的问题，以致"近几十年来，设学堂，讲究新学，如今国内的大学有了几十处，造就许多新人才，做成了许多新事业，国家受了不少的益处。但是在社会上迷漫着一种骄奢、淫逸、贪污、诈伪、鄙贱、颓惰、寡廉鲜耻的风气，使我国家糟到这样的田地。"他又回忆起1918年到北京参观清华大学，看到讲究的厨房、浴室以及现今中央大学宫殿式的大楼。他认为"我们是个穷国，物力有限，装点门面，拿钱来乱花，损了国家，又害了青年"。他说："人们物质的享用太过，久而久之，目的只有金钱，其他什么都可以不管。唉！这种纨袴的教育，傀儡的教育，真是亡国的教育。现在一两个月的炮声可以把我们震醒了。"他最后指出："教育的当轴还要放开眼光，看到后来，将一般的教育在这时候立定根基。根基是什么呢？就是我们的教育不要贵族化，要贫（"平"字还不够）民化；不要都市化，要乡村化；不要外洋化，要内地化。"

这一年年初和初夏，在《衲史》全部完稿之后，他到海盐去了两次。这是他向青少年时期居住过十三年的故乡的告别。他看到俗吏的弊政和当地知识贫乏的陋儒的作为，写了《农村破产中之畜牧问题》《在海盐两日之所见所闻》等文章，发表在《东方杂志》上，给予强烈的批评。张元济一连串针砭时弊的文章，使蔡元培感到惊讶。蔡在《杂记》内写道："此老久不干涉政治问题近渐渐热心。苏州法院审沈钧儒等七人案，张君特赴苏旁听，亦其一端。商务近印其所著《中华民族的人格》一书，亦其热情所寄也。"

7月末，日寇炸毁创办于1919年的天津著名高等学府南开大学，校长张伯苓对报界发表了谈话。张元济读到此则消息之后，即发电报给这位教育家，以为支持。电文曰：

> 暴日无道，辱我平津，贵校竟遭殃及，先生四十年之经营毁于一旦，为之悲愤。然敌人所可毁者我有形之南开，而无形之南开已涌现壮严，可立而待。读报纸所载先生言论，又令人为之兴奋。吾不信我中华民族终长此被人践踏也。

短短数语，铿锵有力，掷地有声。"吾不信我中华民族终长此被人践踏"是他和张伯苓等一大批爱国、正义的知识分子共同的信念。正由于有着这种信念，他更坚定了在上海将商务印书馆苦苦支撑下去的决心。

商务于1936年有了内迁的构想，但由于众人对局势的看法不尽一致，实际操作又存在很多困难，所以进展不快。"七七"事变一爆发，这才全力以赴，把上海租界外几处工厂、栈房的机器尽快迁入市内，租屋开办小印刷厂。淞沪抗战开始，原来几处工厂无法生产，书栈也无法提货，损失很严重。日出新书和各种定期刊物、预约书籍都无法继续。经过一个多月的努力，商务在租界内设置了临时工厂，重新组织生产。10月1日起，恢复新书出版，但因纸张短缺，运输受阻，只能缩小规模，量力而行。

10月，王云五去香港，着手扩充工厂、添置机器和增建仓库，又去长沙筹建工厂。鉴于上海与内地联系已中断，印刷及书籍运输十分困难，王云五建议把总管理处迁往长沙，在上海、香港设立办事处。当时香港印刷厂已有相当的基础，王云五考虑到香港是英属地，中国公司的总处设在香港，有所不便。张元济与在沪的李拔可、夏鹏两经理及董事多次商议，最后董事会议决通过了王云五的报告。

后来的情况是这样：以长沙为内地主要基地的决策为形势证明是失败的。"七七"事变之后，从上海冒险迁去了一批机器，中途损失了一些。厂房未及建造，只得先行租屋。上海职工皆以不安全为由不愿前往，以致工作无法开展。1938年8月，战争逼近长沙，王云五决定将机器再迁重庆。11月，长沙发生两天两夜大火，厂房、未及迁出的机器及职工宿舍均未能幸免，长沙基地就此损毁殆尽。王云五到港后，主持香港办事处工作。实际上，港办成了总管理处。随着编审部的主要力量迁港，编辑出版的重心也移到了香港，而董事会一直留守在上海。这就是商务的战时体制。于是从1937年秋到1941年底，在日本帝国主义把战火烧遍祖国东部半壁江山之际，商务利用上海租界和香港暂时未被日军占领的时机，得到了一个相对稳定的局面。这一时期，英美船只还可以出入黄浦江，所以沪港联系还较方便。1940年，张元济以七十四岁高龄，特地去香港与王云五面商馆事。

1939年4月8日，张元济主持董事会议，提出"'八一三'后，逆料一般用书之购买力转弱，且公司资力不如前，故大部力量印销教科书，一般书籍侧重于适应时代需要与补助现时教育者"的方针。《大学丛书》为国内各大学所用，印量较大。此外，也出版了不少工具书和国内学者的著译，其中有《辞源》正、续编合订本，王云五主编《中山大辞典"一"字长编》，段育华编《算学辞典》，方显廷著《中国经济研究》，陈达著《南洋华侨与闽粤社会》，冯友兰著《新理学》，郭沫若著《石鼓文研究》，杨端六著《货币与银行》，黎锦熙著《方志今议》，王维克译《神曲：地狱》，傅雷译《约翰·克利斯朵夫》，赵元任译《中国音韵学研究》，等等。这一时期内，沪、港两地共出新书2352种，3695册；大部书9部，3266种，4698册；各类教科书155种，247册。

合众图书馆

　　在战火中，古籍的命运是可悲的。保护中国的文化，张元济感到是自己的应尽之责。

　　20 世纪 30 年代末，叶景葵创议设立私立图书馆，以设法收集战乱中流散、濒于毁灭的古籍，得到张元济的全力支持。叶景葵（1874—1949），浙江杭州人，比张元济年幼七岁，戊戌变法前就是通艺学堂的学生。他们在学习和传播新学方面，志同而道合。叶对经济、实业有浓厚的兴趣。1907 年他结识浙江兴业银行创办人蒋抑卮，即为蒋所赏识，此后投身该银行，连任董事长达 30 年之久。从 1914 年至 1935 年的 20 年中，叶几乎每年被推选为商务印书馆董事或董事会监察人，因此与张元济交往很多。他从 20 世纪 20 年代开始藏书，但直到 20 世纪 30 年代才"稍得先儒稿本及明刻各书"，收藏品位有了提高。这里还有两则小故事：1931 年末，叶景葵从湖南一书贾处购得一部《邦畿水利集说》，稍有残缺。他从某书目中查得该书原稿本已归入涵芬楼，立即往借，校读之后，抄录补全，还纠正了书贾作伪的地方。正在这时候，东方图书馆被毁，这部沈联芳所著、叙述直隶河道水利的极有价值的稿本，在叶景葵手中逃过了侵略者的战火。1937 年沪战开始，叶正在汉口。沪西中山公园近旁兆丰别墅内的叶寓离战线很近，张元济担心叶的藏书有失，在炮声中到叶宅为他照看和整理书籍。张见其中一部叶景葵自认为元刻的《齐民要术》应为明嘉靖本，就夹了一张字条在书中，以资纠正。一年后，叶自己也觉察到原先的判定有错时，发现了张留下的字条，后来他就把这张字条粘贴在书上，作为长久的纪念。

　　1939 年，叶景葵邀请张元济、陈陶遗联名发起设立一所私立图书馆，将各自藏书捐入，作为馆藏的基础。大家提议以叶氏的名字命名，但叶认为图书馆应依靠大众的力量，并公诸社会，才能久远，而不应看作一家之物。他提议以"合众"为馆名。在资金方面，叶景葵也早有打算，他自己出资 10 万元，另募 10 万元，动息不动本，作为常年开支。他们先租赁辣斐德路（今复兴中路）614号一幢民居贮存图书，同时购下蒲石路古拔路口（今长乐路富民路口）一块空地建造馆舍。馆舍为三层，成"凹"字形，为著名建筑师陈植设计，1941 年 9 月落成。有了这些"硬件"，日后更重要的是管理人才。两位老人将目光投向在燕京大学图书馆任职的顾廷龙。顾廷龙，1904 年生，江苏苏州人，燕京大学文学硕士，学有专长、功底深厚，在年轻学人中已崭露头角。叶、张两老分别写了很诚恳的邀请信，请他南来主持日常管理工作。不久，顾来沪就职，与两位前辈一同商定管理规则和编目办法，使图书馆从一开始就井井有条。合众图书馆成立了五人董事会，除三位发起人外，又增加了陈叔通和李拔可。1946 年陈陶遗去世，张元济被推举为董事长。

　　张元济在为涵芬楼收购古籍的同时，也注意到了自己祖上在涉园收藏过的典籍，包括张氏先人的遗著和刊刻的书籍。后来他的注意力还拓展到了浙江嘉兴府所属各县先哲的著述。遇到书坊间有这样的旧籍出现，他就自己购买下来。因此张本人的藏书，基本上局限于这么一个颇具特色的专题。他为此花费了数十年的心血，收藏中不乏很有价值之本。他为其中多种书籍写了跋文，考证各书的版本价值和收藏历史，有几种书被辑入了《四部丛刊》。这里仅举《金石录》为例。《金石录》，宋赵明诚撰，全书 30 卷，记述了他和夫人宋代著名女词人李清照以毕生精力收集的金石铭文。前 10 卷为目录，列出赵氏所藏金石共 2000 件；后 20 卷为跋尾，对目录中502 件碑文进行了考证。金兵南下，收藏散尽，幸赖这部著作，保存了一批我国古代历史人文史料，是一部很有价值的传世之作，对我国金石史研究尤为重要。据张元济 20 世纪 20 年代的考证，《金石录》宋刻本存世仅跋尾的最后 10 卷，明代以后，有过几种抄本，但错误较多。清代有一部较好的抄本，即吕无党抄本。吕无党是明清之际思想家吕留良之子，吕氏父子在学术上均有建树。这部抄本有幸保存了下来，乾嘉年间，流入海盐涉园。书上钤有"古盐张氏""松下藏书"等四方张氏先人藏书印记。1925年傅增湘在北京书市发现后，函告张元济。张即刻复信，请傅代为购下。书贾要价200元。既是先人所藏，再贵也在所不惜。张元济这批收藏，共有嘉兴先哲著作476部，1822册；海盐先哲著作355部，1115册；海盐张氏先人著述和刊印、收藏的书籍104部，856册。合众图书馆成立伊始，张便将上述第一类捐赠；第二、三类作为暂时寄存，如日后海盐本地建图书馆，再移送海盐。张后来看到海盐县城遭到日本侵略军严重破坏，不知何年何月才能恢复，就决定一并捐赠合众。

叶景葵捐赠的书籍以抄校本，特别是先儒未刊稿本为主，而近代考古报告、各种学术论文期刊也很珍贵。后来捐赠者日益增多。蒋抑卮的印本年代较早的常用四部书，李拔可的近人诗文集，陈叔通的冬暄草堂师友手札和清末新学书刊，叶恭绰的山水寺庙书院志书，胡朴安的经学、文字学、佛学书籍，顾颉刚的近代史资料，潘景郑的清人传记资料和大宗金石拓片，等等，使合众的收藏水平不断提高。由此，它的社会声望也与日俱增。中华人民共和国成立前，合众不对公众开放，然而来看书、阅览的读者不少，各地来信咨询的也很多。其中不乏冒广生、郭绍虞、钱锺书、周谷城、周予同、蔡尚思这样的学者，也有不少青年学生，如红学家冯其庸，当时还在读书，为写蒋鹿潭年谱，几乎天天去合众，受到顾廷龙热情接待。其他如刘厚生撰著《张謇传记》、胡道静撰著《梦溪笔谈校证》、陆维钊编校《清词钞》时，都常来合众，从合众的藏书中得到过较大的帮助。

合众图书馆收藏的一部《檇李文系》稿本，也联系着一则以张元济为主角的故事。清末，嘉兴学者、藏书家忻虞卿收集了汉代以来嘉兴府所属嘉兴、海盐、平湖等七县的先代著作，共得作者1236人、文章1906篇，有意汇刻成文集出版，书名就叫《檇李文系》。忻氏晚年无力完成，就把这件事托给平湖葛嗣澎。葛嗣澎十八岁那年在嘉兴府府考时得中秀才，同时结识了张元济，戊戌变法时期，葛在徐用仪幕府任事，与在京积极参与维新活动的张元济过往甚多。他本人成了徐用仪的女婿，又在其后与张元济结成儿女亲家。葛氏在平湖有守先阁藏书楼，其方志收藏颇具规模，又创办稚川学校，培养了一批学有所成的人才。他收集嘉兴府前人的诗作刊成《槜李诗系续辑》之后，打算完成忻氏的夙愿。1921年他与张元济、嘉兴籍的科举同年金兆蕃商议后，决定在忻氏辑稿的基础上再进行增补。入选的人物增补到宣统末年前去世者，且不论其是否有官衔或科举出身，只要留有文字，均可入选，达到"以文存人"之目的。征文的办法是发动他们既精通旧学又热心乡邦文献的科举同年。果然，征文公启、简章发出之后，两年内收到许多文稿，作者人数也大增。张元济还为作者写小传。1924年，张元济和葛嗣浵特地携稿赴杭，找一家僻静的旅馆住了六天，初步把文稿选定了。这时决定入选的文稿共有4041篇，作者2354人，比忻氏原作大大增加。文稿内容范围很广，有地方志的序文、奏稿、论说、人物传记、文集序跋、建筑工程碑记、游记、墓志等，从政治、经济、社会、历史、地理、文化、教育、建筑、水利、人物等不同角度，保存了嘉兴府七县的历史资料，其中不少是当时的第一手资料，对后人的研究工作大有参考价值。不知是什么原因，这一大部书稿始终未能刊印。按照20年代后期的实际情况，说"时局艰虞"或主持人"经济拮据""老成迟暮"，都不能成为理由。1935年，葛嗣浵病重，自知不起，就将书稿托付给嘉兴图书馆陆祖縠。陆将忻氏原稿和征集到的散页装订成78册。抗战期间，这部书稿辗转来到上海，一天有人送至合众图书馆求售，索价黄金20两！这时图书馆本已难以维持，何来巨款收购。顾廷龙请来了张元济，张重睹二十年前为之付出辛劳的书稿，感触万千，但此时他已无能为力。幸好有一海盐人名颜文凯者，来图书馆见到此书，答应去想想办法，嘱将书稿留馆两天。两天后他果然取来金条，将稿本购下，捐赠给了合众。这部书稿至今仍在上海图书馆中，保存完好。近年来，我国优秀传统文化越来越受到重视，这部书也正在陆续分卷出版之中。

　　合众图书馆的命运如何？合众创建之后，经费上始终不宽裕，创办时募集的款项也经不住恶性通胀的吞噬，所以后来一直靠叶景葵向浙江兴业银行透支。1949 年 4 月 28 日，叶景葵患心脏病去世，而馆中经费无着。张元济与李拔可一同到馆安慰顾廷龙，说"一切事情由我们负责，请放心"。张去拜访了一位纱业巨商，由他捐助了一笔款项，又维持了一段时间。年底，张元济中风，尚在昏迷之中，银行即通知"停止透支"。幸而陈叔通设法斡旋，才得以继续。1949 年 5 月，国民党军队正准备撤离上海，一小股军人闯入图书馆大楼，占用了办公室，大门前和屋顶上用沙袋堆筑工事，自称将在这里进行巷战。顾廷龙向他们说明这里是文化机关，队长蛮横地说："现在还讲什么文化！"张元济闻讯后，立即到馆坐镇，找到队长，请他妥善照料。谈话后张元济对顾廷龙说："你放心，我看此人心不在焉，语无伦次，恐怕想溜。"果然，当夜这支军队开走了，图书馆得以无恙。

　　1953 年，经董事会议决，图书馆捐献给上海市人民政府。当时馆藏图书已达 25 万册，金石拓片 1.5 万种。市文化局接管后更名上海市历史文献图书馆。1957 年图书馆扩建，增加人员，对公众开放阅览。1958 年，上海将几家中小型图书馆合并组建成新的大型图书馆——上海图书馆。合众图书馆的古籍收藏，成了上海图书馆古籍收藏的基础。1953 年 6 月 18 日为合众图书馆捐献之日，张元济很兴奋，一早给顾廷龙写了一封信。信中说：

　　　　今日为"合众"结束之期。若干年来，弟尤得读书之乐，吾兄十余载之辛勤，不敢忘也。苦心孤诣，支持至今。揆翁有知，亦当铭感！

　　合众图书馆在度过了一段艰难的历程之后，终于有了一个完满的结局。

售屋　鬻字

　　全面抗战开始以后，张元济的家庭经济每况愈下。继售去汽车以后，第二步就是卖屋了。极司非而路40号住宅建成于1914年。那时商务印书馆处于上升时期，张元济有了一点儿积蓄，就在沪西静安寺以北的极司非而路买了一块两亩半的土地，请一家英国建筑事务所设计一栋带阁楼的两层洋房，正面并排三大间，阁楼为尖顶，外墙为灰砖，墨绿色门窗，属英国乡村别墅风格。主人喜爱花木，新居建成后，亲自规划花园的布置，种植罗汉松、垂丝海棠、刺柏，五六年后，住宅隐掩在苍翠的树木之中。后来陆续增购4亩土地，重新修建了花园。抗战前，这一带是英租界以外的"越界筑路"地段，即英国人在华界修马路，道路及两侧一定范围由他们管理。住宅四周只有几栋洋房，其余还是农田，来往行人很少，环境幽静。抗战开始，江浙难民大量涌入租界四周，搭建许多棚户简屋，河道被严重污染。更使人不容的是汪伪人物麇集在这一带，西邻变成了臭名昭著的"沪西76号"特务机关。张元济决心紧缩家庭开支，将私宅售去，在霞飞路（今淮海中路）上找了一栋新式里弄房租下，1939年春迁出居住了二十五年、度过了事业上极盛时期的住宅。新居是正面两大间三层楼房，户外有一小块绿地。主人的卧室安排在二楼西间，室内陈设简朴，只几件结实而不配套的木器。床是树年工作后以第一个月的工资为父母定制的。居室正中一只大理石面红木方桌，是谢太夫人从广东带回来的。以后整整十年，张元济几乎天天在这张桌边，伏案工作，批阅商务印书馆的各种文件，书写信札和校勘古籍。墙上悬挂着许氏夫人的遗像。张元济在这处寓所中生活了近二十年，直到1957年病重住院为止。

　　迁入新居以后，《脉望馆钞校本古今杂剧》的发现，足足使张元济忙碌了两三年。元明两代，杂剧流行，是我国继唐诗、宋词之后又一种重要的文化现象。由于正统的儒学对之不屑一顾和明清传奇的兴起取代了它的地位，因此能流传下来的本子极少。1938年5月，战乱之中，一部稀世之本《脉望馆钞校本古今杂剧》从常熟丁祖荫的藏书楼流入书市。该书原为明代常熟藏书家赵琦美脉望馆所藏，后辗转于江南的钱谦益绛云楼、钱曾也是园（故又名《也是园元明杂剧》），清代又经季沧苇、黄丕烈等名家收藏，最后归入丁氏。它虽已残缺，但还保存有64册，242种剧本。这部奇书的出现，无疑可以使人们窥见元明杂剧这一艺术宝库之大概，在中国文化史上意义重大。郑振铎认为，此书的发现，其重要性是近五十年来仅次于敦煌藏经洞和西陲汉简的一次。此时商务印书馆已无力购买，张元济只得央求书贾暂缓出售，以1000元租借费借与商务摄影，准备日后条件许可时再影印。与此同时，郑振铎与书贾谈妥，以9000元为教育部购下。购定后，郑与张商议能否由商务将这部绝世的国宝影印出版。这正合张元济之意，他立即去信港办请示，郑则与重庆政府方面联系，其间曲折，几乎到了使人绝望的地步，但终究还是签订了合约。付印之前的校勘，花的时间最多。张请商务的姜殿扬、胡文楷任初校，他本人复校。他的意见是原本有刻、有抄，且抄手不一，错字很多，因此校订之后改为排印。最后他请远在北京的词曲专家王季烈做最后的校订。王季烈，字君九，在曲学方面有很高的造诣，商务曾出版过他的著作《螾庐曲谈》和所编《集成曲谱》。这时他虽患病，却欣然接受了张元济的邀请。一个月之内，王试校两种，张看了大加赞扬，并以此作为同人校杂剧的范例。后来，北京、上海之间往来书信频频，王、张两人对校勘互相探讨，使校本尽量做到完美。1941年秋，也就是"孤岛"的末期，这部书更名《孤本元明杂剧》，由商务出版。在一片萧瑟肃杀之气笼罩下的上海，初版350部，居然销售一空。1941年王季烈七十寿诞，张元济赋诗两首祝贺。第一首就是记述校勘《孤本元明杂剧》的。诗曰：

人间法曲几销歇，百卷元明尚有书。

点定千秋不朽业，吴兴而后是吴趋。

注曰：

《也是园元明杂剧》沉霾已久，忽发现于海上。涵芬楼假得原本，君翁为之选定百四十种，审雠校勘，景印流通。臧氏《元曲选》后此为嗣响。书以人存，并堪寿世矣。

2017年商务印书馆创立一百二十周年和张元济先生诞生一百五十周年之际，上海图书馆和商务印书馆合作，把上海图书馆馆藏的全部张元济、王季烈、胡文楷、姜殿扬等人校订、出版《孤本元明杂剧》时的文献，包括通信、校订办法及与有关方面的契约合同等，全部影印出版，装订成线装本一函六册出版，受到文化、学术、出版各界一致好评。

与《孤本元明杂剧》并进的一件事，是与郑振铎等合作，为政府收购流入书市或各藏家拟将出售的古籍。由日本帝国主义入侵带来的中国文化大浩劫，使东南藏书十楼九空，大量古籍流入上海书市。美国哈佛燕京学社大力为美国收购，日伪的"华北交通公司"，乃至汉奸梁鸿志、陈群之流，亦纷纷攫取。郑振铎惊呼："将来总有一天，研究中国古文学的人，也要到外国去留学！"他与张元济、张寿镛、何炳松、张凤举5人对此十分忧虑和愤慨，每天商讨挽救之策，最后决定必须立即行动，进行抢救。他们联名打电报给重庆政府，要求政府采取行动。不久，教育部长陈立夫和宣传部长、中英庚款董事会董事长朱家骅复电同意，并派中央图书馆馆长蒋复璁来沪商议。郑、张等5人组成"文献保存同志会"，订立办事细则。起初公推张元济主其事，张因年迈有病，未能承担。当时中英庚款董事会存有中央图书馆建筑费一百数十万元，因南京失陷，无法建造，而货币迅速贬值，就决定将这笔款用来购书。他们5人分了工，张元济负责版本鉴定。1940年初，张与郑就多方奔走，洽购邓邦述群碧楼的藏书。经过五位文化界爱国人士两年的努力，江苏主要藏书楼散出的版本大多为政府购下，其中包括了常熟瞿氏铁琴铜剑楼、南浔刘氏嘉业堂、张氏适园，苏州潘氏滂喜斋等的藏书。购下的善本古籍共 3800 余种，其中宋元刊本 300 余种，与当时北平图书馆善本书藏书量 3900 册几乎相等。

1940 年末，张元济病倒了。他浴后受凉，发高烧，引起小便不通，被送入住所附近的大华医院。泌尿科专家曹晨涛医师诊断为急性前列腺炎，必须手术切除。张元济历来相信西医的科学原理和方法，加以这所医院管理得法，他两周内承受了两次手术，以自己的体质和意志，战胜了病魔。住院前后达三个月零八天。护士有较高的文化水准，照料周到，还为病人读报。他后来写过 8 首纪事诗，记述住院和手术经过。其一曰：

> 有报报道天下事，读罢耳熟余能详。
> 偶闻与国战必胜，刀针余痛全相忘。

注曰：

> 看护庄继静女士每日阅报，在床前为余讲诵。闻英、希两国捷音，辄为欢欣不置。

另一首则表述了他对取得抗战胜利充满了信心：

> 天宁许我长偷活，国岂容人作冗民。
> 莫负残生任虚掷，试看世事正更新。

经过这次大手术之后，其泌尿系统未再罹患疾病。

1941 年底，日军偷袭珍珠港，美国对日宣战，日军进占上海租界和香港。商务印书馆进入了 1932 年以来最艰难的时期。12 月 25 日，商务香港分馆和印刷厂被敌军占用，栈房被封，工厂生产完全停顿。这时王云五正在重庆出席国民参政会，会议结束，正欲返港，得悉太平洋战争爆发，香港办事处已无法继续，就留在重庆，设立了重庆办事处和编审处。后来驻港人员也有不少陆续来到重庆，渝办实际上成了总管理处。1942年以后的几年中，东南国土沦陷，交通状况恶化，西南地区书籍货源无着，原有几处较大分馆和货栈屡遭日机轰炸，存书大部分被毁，因而西南地区的商务面临很大的经济困难。然而商务有一支坚强的骨干力量，不少人亲历了"一·二八""八一三"国难，有着国破家亡的惨痛经历。他们痛恨日寇暴行，奋力于商务的事业。在西南的人员，工作效率高，善于组织生产和运用十分有限的资金，能在交通条件极差的环境中，想方设法保证书刊发送。重庆和成都先后办起了印刷厂，重庆工厂有铸字、排字、印刷、校对等能力，最盛时职工达130余人，形成一定的生产规模。这样，商务自1942年3月起，在重庆恢复每周出新书一二种，重版书三四种，并逐渐增加。至1945年，商务在内地共初版、重版图书1000多种，编印了《中学文库》400册。1943年，《东方杂志》《学生杂志》亦在重庆相继复刊。

1941年12月26日，日军查封上海商务发行所及各工厂，抄去书籍460万册，铅字50余吨，使在沪的印刷出版陷于瘫痪。张元济仍留在上海主持董事会。在这段最为艰难的日子里，商务没有变更资本，没有向汪伪政府申请注册。为了防止敌伪势力采用资本渗入的手段来控制商务，董事会决定不开股东年会，不改选董事，每年以垫发、借发股息的形式发给股东少量款项，使其借以贴补生活并稳定情绪。印刷工厂只能印一些与时局无关的自然科学书、旧版书或古籍，以维持一线生机。

张元济的生活更趋困难，一场大病花去的医药费不算，通货膨胀又很快吞没了他仅有的一点儿积蓄。过去收藏的宋版书卖掉了，剩下的几锭古墨，能值几何？1943年谢太夫人的侄孙谢观来拜访。他早年在商务当过编辑，编地理书，又专职编中医词典。"一·二八"事变以后离职行医，这时在上海已很有名了。他对张元济提了一个建议：卖字。他说凭你翰林的声望，凭你的书法，不会不成功的，这是文人自食其力、清贫自守的光明之道。张元济听从他的意见，向裱画店索要了书法家们的润例作为参照，自己制订润格，分发给荣宝斋等书画铺，请他们代售，又函请京、津、杭等商务分馆代收写件。这一办法果能奏效，各地来的写件不少。每隔几天，张就要在大饭桌上铺好衬垫，拂纸书写。写件以对联居多，也有堂幅、屏条。小件如扇面、册页，费时费目力，书写时则把方桌移至窗口。抗战胜利后，与海外联系恢复，香港、新加坡分馆介绍来的写件也不少。卖字前后持续了六年。

　　日军进占租界之后，张元济几乎过着一种半隐居的生活，除了商务还有一点儿事要处理之外，与外界就很少来往。大约在1942年初，几名日本人坐汽车来到张宅门口，其中一人下车，递进一张印着"大东亚共荣圈"的名片求见。张元济正在书写一本册页，看了名片，从桌上随手取了一张便条，写上"两国交战，不便接谈"8个字，命树年拿到楼下交给日本人。还好，那几个人笑了笑，走了。这几个日本人是谁，到现在还未能考定。有人说是"日本特务"，如果是日本特务盯上了张元济，绝不是8个字就那么容易打发掉的。张元济逝世后，居住在香港的商务原香港分馆负责人黄荫普在《大公报》上有一篇纪念文章，说起此事，称他们是日本的汉学家，原来与张元济认识，来沪拜访，当然含有拉拢之意。这种说法，与"不便接谈"的回复联系起来看，似乎更合乎逻辑。

　　又一次，一位亲戚送来一个画卷、一封信和一张面值11万元的支票，要求在画卷上端题写"菉竹轩联吟图"6个字，加上"筑隐先生、菉君夫人"上款。这么几个字一挥即就，为什么会送巨额润笔？张元济疑惑之中，发现支票印章是大汉奸傅式说的，"筑隐"正是他的别号。张元济怒不可遏，即刻给这位亲戚写回信，表示拒绝，说："是君为浙省长，祸浙甚深，即寒家宗祠亦毁于其所委门徒县长。以是未敢从命。图卷、支票同时缴上。"第二天这位亲戚再来纠缠，要求"曲成"。张元济再次拒绝。抗战胜利后，傅氏终因罪大恶极而被正法。

　　1945年初秋一天傍晚，张元济晚饭过后，端了一把藤椅，到卧室外的阳台上乘凉。他看到东邻不远处一栋洋房灯火通明，乐声悠扬。原来那是一处西人（主要是葡萄牙人和西班牙人）的俱乐部，日军进占租界之后，声息杳然。这时的光景，表明日本投降了！压在心中十四年的阴云马上就要消散，张元济为在有生之年看到抗日战争的胜利而庆幸，而兴奋。

几天以后，日军投降的消息正式传来。他从卧室一角的书橱中取出一册《中华民族的人格》，在扉页上用毛笔题下几行字："'一·二八'后日寇禁售此书，其用意可想而知。愿我国人无忘此耻。张元济识。民国三十四年九月，联军在东京湾受降后二日。"

中央研究院院士

抗战胜利，张元济对商务再一次复兴是抱有希望的。8 月 16 日，日本宣布无条件投降的第二天，在重庆的王云五就给他写信，联系商务复员事宜。十天后，张收到来信，立即复电，称："复兴艰巨，仍乞千万偕来，诸事商定再返渝。"这里说的是王云五因国民党政府还未"还都"，需要留在重庆，先派李伯嘉前来充当接收大员。9 月 15 日，胜利后第一次董事会上，李伯嘉报告了重庆办事处三年多来的工作，西南、西北 13 家照常营业的分馆、8 家新设和 9 家正在收复的分馆以及重庆、成都和由江西赣县迁往福建连城的印刷厂的情况，更给了众人以一种鼓舞和信心。这次会议上，张元济提议："王总经理四年来在后方艰苦奋斗，公司得以转危为安。今后复兴计划拟由本会授权王总经理全权办理。"建议获得董事会通过。

张元济在此后整整一年中，为商务做了两件事。一是经过充分准备，撰成董事会向股东会作的《九年来之报告》，详细说明 1937 年以来上海、香港、重庆及各地分馆所蒙受的巨大损失，以及在艰难条件下，董事会想方设法，因地、因时制宜，储存、转移书籍和物资，维持出版和营业的情况。报告最后说："本公司创业历五十年，对于文化教育之贡献，不遗余力，而我国战后教育关系尤巨，辅助推进之责，更不容辞。惟有秉已往之职志，再接再厉，力图复兴。"商务走过了半个世纪，为中国文化教育近现代化，为造就几代中国新型知识分子，做出了社会公认的贡献。十四年来，商务印书馆在日本侵略者一而再、再而三地摧残之下，已变得一片残败。然而八十高龄的张元济，即使在这样的现实面前，始终没有忘却他进馆时与夏瑞芳约定并实行了数十年的以扶助教育为己任的出版经营方针。

股东大会对董事会坚守上海、决不与日伪同流合污的高尚爱国精神表示钦佩，给予了高度评价。1946年股东大会的记录簿中有这样一段话：

> 当上海沦陷后，公司备受敌伪胁迫危害。但在菊生先生暨各位董事主持下坚决抗拒，始终不屈，不开股东会，不改选董事、监察人，不更改组织，甚至连公司的股本都未曾增加。我们实在可以自豪。处在当时恶势力下工商机构改组的有多少，但本公司始终没有改组；增资的有多少，但本公司始终没有增资。这不能不归功于菊生先生和其他几位董事。

可以相信，这段话出于股东们的内心，而绝非溢美空泛之词。

第二件事是组建商务的经理班子。1937年王云五去香港，沪办由经理李拔可、夏鹏负责。1941年，夏请长假赴美，剩下张、李二老坚守危局。李体弱多病，由鲍庆林代理，主持日常工作。1944年，鲍去世，张元济在董事会提议提拔一批较为年轻的干部，成立上海办事处总务会议，集体办公，处理日常事务，由韦傅卿担任经理。这个班子坚持到抗战胜利。也就是在"授权王总经理全权办理"的那次董事会上，因李伯嘉的到来并代表王云五主持工作，总务会议的班子被撤销。王云五1946年4月末回上海，即向张元济提出辞职。董事会经两次讨论，一再挽留，但终因王出任国民政府经济部长，不得兼营商业而表示同意，于是商务董事会再次请出疾病缠身的李拔可担任总经理。这年8月，胡适自美回国，途经上海，张元济在家中设茶点招待了这位阔别多年的老友，又提出请胡担任总经理。胡适介绍了朱经农。张元济再请在南京的王云五出面邀请，朱方始应允，于9月中到商务任职并兼编审部长。朱经农，江苏宝山人，1888年生，老国民党党员，在王云五主编译所时入商务，任国文部长，"一·二八"事变后离开，先后当过光华大学教授和国民政府教育官员。从抗战胜利算起，时间已经过去整整一年，总经理人选好不容易物色到了。

1947 年春，商务终于开始出新书了。那是在重庆《中学文库》的基础上增加一些新书而重新排印的《新中学文库》，张元济的《中华民族的人格》也辑入其中。同时还有朱经农和沈百英编的《新小学文库》以及陈寅恪《唐代政治史述论稿》、冯友兰《新事论》、邓广铭《辛稼轩先生年谱》、董作宾《殷墟文字（甲编）》、吴泽炎译邱吉尔《第二次世界大战回忆录》等几种学术著作。但是伴随着物价飞涨、经济凋敝、严格的书报检查和昂贵的邮资，商务的境地越来越艰难。商务历来引以为骄傲的教科书，被政府主办的正中书局囊括而去，只剩下受制于纸张配给的一点儿承印业务。1947年初，张元济给胡适的信中说到一部二十多年前经胡介绍购得的藏文经籍，这时尽管因寺院毁于战火、书版无存而成为孤本，但张却希望胡适代为售出。"东方图书馆恢复无期，且此间亦无要求阅读之人。如能得价，颇拟售去，以疗商务目前之贫。"抗战时期，张元济曾托傅增湘探问书价，拟售去一部分藏于金城银行保险库中的古籍，后来还是咬了咬牙挺过来了，古籍没有售去。日寇投降一年半之后，这样的日子却又卷土重来。问题的内部因素是朱经农无心于商务的职位，三天两头跑南京开会。他对出版经营不内行，也不想积极策划走出困境的办法。1948 年 8 月 1 日，张元济给胡适的信中说："自去夏以来，默詧馆事日非，且大局尤见危险。数十年之经营，不忍听其倾覆。遂不得不插身干与，此中苦况殆不堪为知我者道也。"于是，张元济越插手馆务，朱经农越可以不管；朱越不管，张越要多管，终于陷入了一个无法解脱的怪圈——这时张元济八十岁，还有多少精力？抗战时期再艰难，但日本侵略军必败的信心他没有动摇过，而此时商务的颓势能否挽回，老人却渐渐失去信心，只是尽最后一把力罢了。

1948 年底，朱经农谋得出席联合国教科文组织会议首席代表的美差，赶快辞职，而张元济顺水推舟，董事会连一声"挽留"也没表示，马上议决同意。接着又一轮"内阁危机"要董事长来处理。商务先是请在美的夏鹏担任总经理，夏当然不会接受，于是提议由协理谢仁冰代理经理，同时仍由5位董事张元济、李拔可、陈叔通、徐善祥、蔡公椿，在公司遇有重大问题时，随时相商，合力扶持。1949年初，董事会通过聘陈懋解为总经理。陈早年留学美国，曾任中央大学工学院院长、华北水利委员会委员长等职。商务印书馆历来以人才荟萃而闻名，到了这般时候，却一而再再而三地出现人才危机，事业无人接任，靠一位八十老翁在那里苦撑。外部环境造成经营困难，经营困难也就留不住人才。但这还不是主要因素。抗战时期和胜利后的内战时期，处处是一片文化萧条景象，哪一家单位都拿不出优厚的待遇。而商务留不住人才，主要还在于它的内部，在于夏瑞芳和张元济开创的良性人才环境早已不复存在了。

这段时期内，董事会数次讨论了台湾分馆的筹备事宜。1948年1月5日，台湾分馆正式营业，加入了开明等几家大陆出版社赴台开设分馆的行列。这是商务一件成功的开拓。当时台湾刚从日本奴役下光复，中文教育亟待开展。商务这次开拓，不仅对此做出了应有的贡献，而且使它的金字招牌在时隔半个多世纪之后，还能在祖国第一宝岛上熠熠生辉。

1948年，中央研究院召开了第一次院士大会。中国近现代教育制度经历了一个漫长的孕育和建设过程，而科研体制的步伐似乎更为缓慢。1913年丁文江建立了第一个官办的小规模科研所——地质研究所，1914年在美国诞生了以任鸿隽为社长的股份制科研机构中国科学社，1920年这个单位回到了国内。1928年，南京国民党政府掌权不久，即成立了中央研究院，集科研、人才和科研经费、科研管理于一身，次年又设立北平研究院。这样，中国独立的科研体制基本形成。至于院士制，则被拖延了二十年。1948年3月，中央研究院院士——中国的第一批院士诞生了。这本属一件盛世之举，却选择了这么一个南京政府风雨飘摇的时间，似乎不合时宜，但决不能由此低估他们作为中国第一代、第二代现代科学家所代表的学术水平。

由全国科学家层层推荐选拔，先推出402人，再由院士评议会审定其中 105 人为院士候选人，最后选出 81 人为院士。院士分为数理（包括理科和技术科学）、生物（包括农医心理科学）和人文（社会科学）3 组。张元济以其古籍校勘、研究和出版的成果，列名人文组中国文史学科。同列一组的还有胡适、余嘉锡和杨树达。

9 月 23 日，张元济由树年陪同，到南京出席了中央研究院第一次院士大会。他们在新街口商务南京分馆内留宿，受到同人的热诚接待。大会地点安排在鸡鸣山下语言历史研究所。开幕当天，场外马路上荷枪实弹的军警五步一岗，十步一哨。会场设在二楼，而陪同人员竟被反锁在楼下休息室内，不得自由行动。原来这一天蒋介石莅会半个小时。蒋离去后，院士发言。张元济因年龄最长，安排在第一位。他发言的中心是反对内战、呼吁和平，可谓语惊四座，令闻者替他捏一把汗。他回忆了亲身参加的戊戌变法及其后的历次战乱，说：

> 抗战胜利，我们以为这遭可以和平，可以好好地改造我们的国家了。谁知道又发生了不断的内战。这不是外御其侮，竟是兄弟阋于墙。我以为这战争实在是可以不必的。根本上说来都是想把国家好好地改造，替人民谋些福利，但是看法不同，取径不同。都是一家的人，有什么不可以坐下来商量的？但是战端一开，完全是意气用事，非拼个你死我活不可。这是多么痛心的事情。

最后他呼吁：

> 我们要保全我们的国家，要和平。我们要复兴我们的民族，要和平。我们为国家为民族要研究种种的学术，更要和平。

这篇讲话"是这位老人历尽半个世纪沧桑所激发的爱国热情之作"（陈原语），说出了中国人民反对内战、热爱和平的愿望，对发

动内战的当局是一次强烈的抨击和谴责。张元济在这样一个庆贺盛
典的场合，面对国民政府要员和著名的学术界人士，疾呼和平、反
对内战，讲了一大篇属于禁忌的话，使当局大为窘迫。散会后，胡
适在汽车上对他说："你的发言未免说得太煞风景了吧。"张元济没
有参加后面的两天会议，连蒋介石的宴会也托故辞谢。他的讲话，
没有什么个人的目的，完全是出于"中华民族的人格"和道义。如
果不是从商务近几年的遭遇中看到中国文化（当然包括教育和科
学）的凋敝，如果不是看重老百姓的身家性命，如果不是始终抱着
一种国富民强的期望和一位文人、学者所负有的历史使命感和责任
感，他就不会在这样的场合说这样的话。会后，他把这篇讲话印成
小册子，名之曰《刍荛之言》，分送亲朋。

享太平篇

　　或许可以这么说，张载"四为"名句最后一句"为万世开太平"，是前三"为"的终极目标。祖父在为天地立心、为生民立命、为往圣继绝学的道路上，奋斗一生。他加入了振兴中华的志士仁人的队伍，在时代进步潮流中尽了自己应尽之责，做出了不朽的贡献。当然他不是政治家，不是军事家，不可能直接参加创建新中国的革命事业，然而他晚年对新中国抱有无限的向往和期待。

开国大典

　　1949 年 5 月 27 日，上海市全境解放。率第三野战军进驻上海的陈毅出任上海市市长。两天前，中共中央致电华东局和上海市委，告以已决定聘黄炎培等为上海市政府顾问。电文说："现黄炎培、陈叔通……等均已赴沪，请即将上述八人加上原已在沪之颜惠庆、江庸、张元济、俞寰澄、施复亮及将由港到沪的章士钊共十四人一律聘为顾问，俾其能因联系上海资产阶级而取得发言地位。"6 月初，陈毅偕周而复登门拜访。此后张元济参加了一系列社会政治活动。6 月 9 日，在中央研究院纪念建院二十一周年大会上，他讲了话，表示对解放军军纪和接管工作十分满意以及对新政权的拥护；在另一次上海耆老座谈会上，对生产、开荒、水利、教育等方面提出了建议。8 月初，作为出版界的代表，张元济出席了上海市第一次各界代表会议。前面，我们看到过张元济自戊戌变法失败来到上海后，直接参与政治的程度和热情迅即消退，形成了一条下降的曲线，而这条曲线从 20 世纪 30 年代起有所上升，到 1948 年和 1949 年，形成了另一个高峰。

　　8 月份，陈叔通告诉张元济有关召开新政协和他被列名特邀代表的消息。张复信说自己脑力衰退、健忘，"会中故交不及十人，气类太孤；素性戆直，不喜人云亦云。若缄默不言，实蹈知者失人之咎；若任情吐露，又招交浅言深之讥"，请陈设法代为推辞。后来上海方面正式把中央的邀请告知张元济，陈毅、潘汉年出面做了工作，老人才接受了邀请。为照料老人日常生活，经中央同意，树年全程陪同。9 月 6 日登程，10 月 21 日返沪，在京整整一个半月。

　　中国人民政治协商会议要通过的《共同纲领》，在召开全国人民代表大会条件尚未具备时，具有暂代宪法的功能。因此预备会议期间，对它的草案进行了详细的讨论，广泛吸取了各方面的意见。张元济建议删除原稿中"禁止肉刑"字样，认为我国肉刑早已禁绝，即使鞭笞，自民国以来亦已禁止，而在此文明进化时代，写上这几个字，反而于我国的脸面不好看。在《纲领》的另一处，他建议加上"发展海运"。后来这两条修改意见都被采纳。张元济还应邀出席了周恩来、林伯渠召开的一次部分年长政协代表的座谈会，就代表讨论时是否在中华人民共和国国名下加括号注明"简称中华民国"的不同见解开展讨论。张元济与沈钧儒等主张不要括弧加注"简称"，也有代表认为可以暂时保留。沈钧儒发言说删去简称四字，亦无忽视辛亥革命之意。周恩来即以沈老所说作为结论，国名得到代表们最后的肯定。在政协大会上，张元济被推选为主席团成员，当选为第一届全国政协委员。10月1日，众人登上天安门城楼，参加开国大典，观看了阅兵式。

　　在北京期间，张元济与毛泽东有过几次交往。9月19日下午，毛泽东邀张元济与国民党起义将领程潜、陈明仁、李明扬同游天坛，陈毅、刘伯承、粟裕作陪。交谈中，毛泽东说商务印书馆出版的书有益于人民大众，他本人读过商务出版的《科学大全》，从中得到很多知识。他还询问戊戌变法时期光绪召见时的礼仪和当年官员的俸禄，张元济一一作答。10月1日，张元济和几位年长的政协代表看完阅兵式，未看群众游行，先回旅馆休息。当晚，外间游行欢呼声一直持续到半夜方止。张元济对刚诞生的中华人民共和国寄予了极大的希望。大半个世纪以来，他看到国家贫弱，处处时时遭受外人欺凌，内部纷争也始终不得平息，他所期待的是这种日子早日结束，现在看来，愿望是能够实现的。几天前，他托商务北京分馆的伊见思经理在书市买了一部版本上好的《林文忠公政书》，打算送给毛泽东。这寓意是十分清楚的：1840年前后，帝国主义给中国送来的鸦片，不单是一种毒品，而且象征着对中华民族的压迫和侮辱。10月1日晚上，他披衣而起，给毛泽东写了一封信，第二天一早将书包好，一并交大会工作人员转递。信中说：

昨日会推元首，我公荣膺大选，为吾国得人庆也。英伦三岛昔以鸦片迫强售于我，林文忠焚毁，乃愿辄于半途，酿成江宁条约之惨。桎梏百年，贫弱日甚，后虽设禁，终多粉饰。我公发愤为雄，力图自强，必能继□前贤，铲绝根柢，一雪此奇耻。

这封信不仅是祝贺，更是一种期望。最后一句，也不仅指鸦片，而是寄托了这位走过近一个世纪的文化老人的期望。他期望中国从此摆脱战乱，开创和平、统一、强盛的新时代。10 月 11 日，毛泽东邀张元济和周善培到他中南海住所晚餐。两老均由小辈陪同，陈毅、粟裕亦在座。宾主畅谈了两个多小时。张元济提出几点建议，一是应设法使下情可以上达，报纸宜酌登确有地址、姓名的来稿，以广言路。毛泽东同意这一意见，认为可以让几家报纸试办。二是建设必须进行，最要为交通，其次农业，再次为工业。他认为经历了多年抗战、内战，民穷财尽，现在百端并举，民力实有不逮，不能不权衡缓急。在谈及儒家经学时，张元济还是坚持了数十年前就有的看法，认为"此难施诸大众"，只能在大学设立专科，由少数人研读。

商务印书馆馆务，是张元济时时关注的事。他到北京的第三天，即宴请文化、出版界的老友，特别是曾在商务任过职的人士：郭沫若、沈雁冰、胡愈之、叶圣陶、马寅初、黄炎培、郑振铎、周建人、陈叔通等。与陈叔通则几乎天天见面。除了政协会议的内容之外，与出版界人士商谈商务印书馆在新形势下的发展方向，就成了一个主要话题。

当年，新文化运动时期一批年轻得力的编辑，沈雁冰、胡愈之、郑振铎、叶圣陶等，此时都是新中国文化、出版系统的负责人。他们既对商务怀有很深的感情，又在工作中必然会考虑到这家近代中国最有影响的出版企业的定位和前景。其实这时商务印书馆的处境非常困难。沪、港、平三处商务印刷厂抗战前年用纸量 75 万令，而 1948 年降至 6.6 万令；人均年用纸量 1936 年为 341 令，

1948年为130令。1949年头五个月基本上没有出版书籍，现金已入不敷出。上海解放后，局面也不可能在一夜之间有所扭转。1949年用纸量为1.37万令，人均27令，比1948年又有大幅度下降，职工工资减少。最严重的恐怕是新书出版的萎缩。1949年9月出了《小学教师学习丛书》等4套小学丛书，缺乏新意，不足以适应新时代的需要，作者和读者的兴趣亦由此转向其他出版社。张元济向胡愈之、郑振铎探询了新政权下的出版方针。后来他们约了陆定一、徐特立与张元济晤谈了一次，介绍了今后印刷、出版事业发展的构想，包括国营新华书店应与商营企业互相扶助，印刷、发行亦要分工合作，等等。

商务后来没有主持全局的人才，是它历史上的一个悲剧。张元济此时实际上还在全面主持工作，从出版物、资金，到人事、与工会关系，这无论如何总是极不相宜的。他的性格喜欢事无巨细，一竿子管到底，完全违背了现代企业管理的原理，此点不知他本人是否明白。不过这时，他还是在竭力物色一位编审部主任。原来董事会拟聘请沈雁冰，主意是黄炎培在1947年就提出的，直到1949年7月才由董事会通过。张元济在京与沈恳谈。沈已就任政府职务，不可能应允，推荐了郑振铎。张离京返沪前一天，还与陈叔通专程拜访。他的日记中有如下一段记述："午后二时，偕叔通访沈雁冰。余复申前请。沈坚辞。嗣请代拟一进行计划，先用浅文小册，以自然科学、技术、文艺为主。沈谓当与振铎共同商酌。余言叔通未行，并乞会商。"为了这套拟议中的丛书，张返沪后还与沈通过信，郑振铎也有过打算，但最终还是没有出版。陈叔通还介绍了宦乡，设想在北京请他负责集稿，并主持一个刊物。张与宦见了面，商谈了几次。宦乡提了很多出科学技术书籍、发展教育用品等方面的建议，但因即将出任外交官，无法再就商务的职务。

张元济为商务馆事，可谓殚精竭虑。当他得知与会有不少侨界代表时，就给上海总馆去信，请他们将新出南洋教科书寄京。10月7日，与陈叔通一同宴请侨界代表黄长水、蚁美厚等。张元济在席间讲话说："华侨子弟亟需教育，商务印书馆素来注重，曾编专为华侨学生用书，苦于闭门造车，甚望界以指南。"他与侨界代表商讨了商务版华侨教科书之出版、销售、不能适合当地情形之弊病及应须改良之处。

张元济已有三十年没有到北京了，他也知道这次很可能是最后的一次。一个半月中，他拜访了好多位老友。他首先想到的是傅增湘。他们自 1911 年结识以来，为中国古籍的保存、影印，着实尽了一番努力，取得的成果可称卓著，特别是张主持的几部大型古籍丛书，得到过傅增湘的许多帮助。此时傅贫病交加，中风之后，卧病在床，语言困难。张元济到京不久，即前去拜访。傅见到老友时，"若喜若悲"，还命家人取出他刊印的、有沈曾植题词的《百衲史记》和叶恭绰朱笔题写的诗扇给客人看。第二次再去探望时，张元济谈了沪上几位旧友的近况。两老都知道这是他们的最后一面，当张元济起身告辞时，相对无语，"唏嘘作别"。

旧地重游，寻访故踪，是老人常有的心态。他同树年一起到灵清宫寻找岳丈许庚身的故居。五十年前，他在这里住过三年。故宅倒还在，只是门墙多有移动，已非旧观，只能"凭吊"一番而已。他还请北大的一位学生陪树年去看北河沿北大分部所在地徐用仪的故宅。徐用仪，海盐人，咸丰年举人，考入军机处充章京，后官至兵部尚书。1900 年因反对利用义和团盲目排外而被慈禧杀害。张元济在戊戌变法失败离京南下前，徐以 200 两白银相赠，供日后作为生活之资。张元济终生未忘这段恩情。

与侄孙女祥保在京相聚月余，是老人的一件乐事。祥保于1946 年离沪到北京大学英文系任教，分别已三年有余。虽书信往返频频，但未见面。一个半月内，会议、公务有闲时，祥保陪同叔祖游览故宫，在当年殿试的保和殿前摄影；参观北大校园，在大厅内蔡元培像前驻足良久；在祥保家为刚出生的曾外孙起名；还一同在北大附近几处京菜馆进餐，品尝京中的美食。

病榻十年

　　从北京返沪后，张元济没有得到应有的休息：为商务印书馆职工做《出席政协会议之回忆》的报告；两次赴市政府拜会陈毅，陈述商务的困难，请求政府给予贷款；连续一周出席上海市第二届各界人民代表会议，当选为主席团成员，会议结束时致闭幕词；出席董必武副总理举行的茶话会并发言；被任命为华东军政委员会委员后，出席饶漱石主持的委员座谈会；主持第489次商务董事会会议……这样的日程安排，对于一位八十二岁的老人，而且是度过了多年平静的退休生活的老人，不管怎么说，总是不适当的。他的身体终于支撑不住，在年末商务印书馆工会成立大会致辞时，突患脑血栓倒地。病势很凶，虽经抢救脱险，却留下了左半身不遂的后遗症，使他在病床上度过了生命的最后十年。海外一位与他交往了三十年的权威人士，出于狭隘的政治偏见，说张得病是受了商务工会的"斗争"。闭关自守的状态，致使这种说法在海外流传到20世纪70年代末。改革开放，带来了中国张元济研究的丰硕成果，这种谎言才得以逐步澄清和消除。

　　住院治疗半年之后，张回家休养。卧室经过了一番布置：原来置于屋角的木床，被移近房间的中间，便于护理人员在两侧都能工作；原来置于房间中央的方桌，被移至屋角，它的功能也从写字和放置文房四宝变为放置热水壶、药瓶和一架八十寿诞时树敏送的电子管收音机。病人白天坐在床上，面前放一张像北方的炕桌儿那样的床台。渐渐地，张元济又开始写字，右手虽可以正常活动，但毕竟遭受了疾病的打击，字迹大不如前，开始时不少字竟无法辨认。他病中作过几首诗，记述了痛苦，选录一首：

疾痛全从醒后觉，平安转向梦中求。

莫教便煮黄粱熟，留我片时身自由。

注曰：

梦中行动与平时无异，喜甚，以为病已愈矣。谁知转瞬成空。

不过总的来说，他还能保持乐观。1951 年初，精神恢复较好，赋两首"告存诗"，请商务用红字排印，分寄亲友。其一曰：

足云跛矣宁忘履，指不若人还自信，

八十四翁原未老，一年一度又逢春。

1950 年秋，张元济对已经在 1949 年底前定稿的《涵芬楼烬余书录》书稿又做了一次检阅。东方图书馆被毁前，涵芬楼的宋元善本存放在金城银行保险库中。日寇占领上海时，为了免遭意外，张又秘密移出一部分，分散藏于商务几位主要负责人家中，抗战胜利后收回点清。1932 年起，张元济就陆续把这些劫后幸存的珍本著录成书目，直到 1949 年，都已定稿，在李拔可的催促下，才着手制版，工作进行中又因患病中辍。病体渐渐恢复，李拔可请顾廷龙襄助，将前稿做了一些校订。张元济自己说过，书名中"烬余"是用以"志痛"。这部书目记录了涵芬楼所藏 547 部善本，其中宋刊本 93 部、元刊本 89 部、明刊本 156 部、抄校本 192 部和稿本 17 部的版本源流、优劣比较及收藏历史，还附入历代著名藏书家的跋文、题识和藏书印鉴的记录。这段时间，顾廷龙几乎天天下午来到张元济的病床前，一同研讨。他有一段文字记录："曩岁承命佐理校印《涵芬楼烬余书录》时，病偏左未久，偃卧床第。每忆旧作，辄口授指画，如某篇某句有误，应如何修正，又如某书某刻优劣所在，历历如绘。"全书 1951 年 5 月由商务排印出版，分为 4 卷，线装装订成 5 册，书末附有《涵芬楼原存善本草目》，著录了被毁善本古籍 1700 余种。这部书是中华人民共和国成立后第一部出版的藏书志，它不仅是古籍研究的一项重要成果，也是中国文化史上旷古罕见的浩劫的记录。"毫无疑问，《涵芬楼烬余书录》是一部极为出色的藏书志，在版本学史上具有不可磨灭的地位。"（陈先行语）出版后，它的原稿送合众图书馆保存，后来转到上海图书馆。原稿由打字稿和张元济手迹组成，排印本出版六十六年之后，在张元济一百五十周年诞辰时，全书由上海图书馆的专家编订，由商务印书馆影印出版。

　　就在李拔可努力促成这部书目出版后一年，张元济的这位密友却因心脏病遽而逝世。张闻讯之后，恸哭不已。李拔可，名宣龚，1876 年生，福建闽县人，光绪甲午年举人，年轻时即为福建出类拔萃的诗人，当过短时桃源县官，任内倡导种柳养鱼，民生转裕。但他志在文教事业，1913 年入商务印书馆，历任经理、代总经理及董事等职，主持过印刷、发行业务，也参与编辑工作，为商务的财务运筹和企业安全，投入过不少心力。张晚年与李拔可时以书画、诗文、花木、美食互赠。张元济作了 6 首七绝，痛悼亡友。其一曰：

　　　　三峡归来长别离，旧游空自忆峨眉。
　　　　故人泉下如相问，已老春蚕尚有丝。

注曰：

　　　　昔年共事诸人，旧学新知，梦旦最为负责。梦久逝矣。今君又继之。颓然孑遗，奚禅万一。泉下有知，定多惆怅。

其二曰：

　　　　长埋玉树悲黄土，每念良朋独咏叹。
　　　　痛极病魔缠扰甚，未能临穴一凭棺。

令张元济和古籍专家们惊叹的是，1951年上半年，一部宋刻全本《金石录》在南京发现。原来南京甘氏津逮楼主人不但秘不示人，连藏书目录中也不列入，因此没有人知道这部书的存在。张元济老友赵从蕃之子赵世暹在南京书市中购得后，专程携书前来上海请张鉴定，并决定捐献给国家。张元济见到了这部元明以来未露过面，而近人更无所知的宋版书，又感于赵世暹献书国家之举，顿时精神振奋，设法借到了滂喜斋原藏宋刻残本和历代诸人题记，进行对校。张元济将他考证的结果写成了一篇1300字的跋文，在病榻上用毛笔工整地书写在书后，签了名，盖上两方印，并特地署上撰文日期"辛卯立夏节日"。张元济历来主张将珍本秘籍刊行于世，一则便于学人研究，二则有裨古籍流传保存，但此时他已无力再影印这部全宋刻《金石录》了。可以告慰他的是，1983年中华书局将此书辑入《古逸丛书三编》出版，后来还印成了一种平装本。张元济的跋文也一同影印附入。

继1957年商务印书馆为纪念建馆六十周年出版《续古逸丛书》最末一种《宋本杜工部集》后，张元济撰写的古籍序跋由顾廷龙收集，编成《涉园序跋集录》出版。该书共收入序跋200篇，大致可分为四类：一是《四部丛刊》初、续、三编中全部跋文；二是《百衲本二十四史》的《前序》和各史跋文，《后序》未收入；三是张元济所藏，后捐入合众图书馆的嘉兴、海盐先哲著述和海盐张氏先人著述、刊刻书籍的部分跋文；四是张元济编著或经手收购的重要典籍，如《戊戌六君子遗集》《宝礼堂宋本书录》《翁文恭公日记》等的序跋。这本集录收集的序跋，是张元济古籍研究的重要成果，在他九十岁高龄之时得以出版，十分幸运。

卧病家中，张元济对国事仍十分关心。他每天用放大镜看报。目力不济时，就让孙辈给他读报。他最喜欢听在北京工作、假期回家的孙女张珑用普通话朗读。他对祖国的统一尤为关注，这可以从他给毛泽东和蒋介石的两封信中看出。西藏和平解放，他作了一首《西藏解放歌》，排印后寄了一份给毛泽东，还对西藏问题提出了建议：第一，"首都宜特设西藏语文专校……由藏胞选送聪颖子弟入学。邻近各省亦宜酌设分校，以植一道同风之基。"第二，"首都及邻近各省大学宜特设西藏语文专科。北京大学有东方语文学系……亟宜推广名额，以备异日派入西藏参加军政各项工作之须。"第三，"宜编辑藏文常识之书。先就人民所需之知识，用极浅近之文义，以藏文编成小册、图片，配以汉文，精美装印，运入西藏，广为分送。务使其家喻户晓，渐收怀远招携之效。"第四，"凡有藏胞聚集之处，宜由当地政府领导人民常与集会，加意联络，使有宾至如归之乐。又国内大都市著名报纸及专科杂志尤宜多载西藏近事及其地理、史迹、物产、民俗等等，俾国内人民熟知藏中情况，养成休戚相关之谊。"毛泽东对他的建议很重视，一星期后就回信说："《解放歌》具见热忱慷慨。建议各事都好，编藏文小册子尤为急需，已告有关机构加力办理。我入藏先遣支队日内可到拉萨，沿途得藏人热烈欢迎。知注并以奉闻。"1956年他给蒋介石信，以浙中一老人的语气，劝蒋效法北宋初年钱武肃王钱镠，实现和平统一。他的思维，不愧是高屋建瓴，超脱于当时一般的政治口号。信中说："千百年来，我浙江有一不可磨灭之人物。伊何人欤？则钱武肃。是钱之事迹，度公亦必耳熟能详。当北宋之世，武肃据有全浙八都，军威著于一时，能默察时势，首先效顺，而炎宗统治之局，因以底定。当今之世，足以继钱武肃而起者，舍公而外，无第二人。窃于公有厚望焉。"这封信受到中央的重视。至于它以何种途径送至海峡对岸，蒋先生有没有读到过，笔者就无法考证了。

商务印书馆的变化是很大的。1950年，商务与中华、三联、开明、联营书店联合组成中国图书发行公司，成为新华书店以外的全国第二个发行系统。1951年，编审部迁京，并成立总管理处驻京办事处。1954年总管理处迁京，实行公私合营。张元济一直担任董事长，但事实上已不再需要他过问什么事了。1951年的一次董事会议议决，将原涵芬楼所藏的21册《永乐大典》捐献给政府。1953年，为恢复东方图书馆经多年积聚起来的40万册图书也全数捐献。商务印书馆的归宿，在一定的历史条件下，是一种最佳的选择。编、印、发三位一体的机制终结了，它们被分别归入出版、工业和商业三个不同的范畴；出版门类也大为缩小，1958年以后就被严格限制在翻译外国哲学、社会科学学术著作和中外文语文辞书这么一个狭小的范围内。但毕竟这个出版机构还保存着，商务印书馆这块年过半百的老字号招牌保存了下来，并持续保存到了它的"双甲子"庆典。这是张元济为之奋斗了一生的事业。它是从无到有、从小到大发展起来的；它是从一堆废墟和劫灰中挣扎过来的；它是从奄奄一息的凋敝和衰败中苦撑下来的。有了这么一个结局，他没有愧对自己的一生，没有愧对自己一生为之奋斗的理想和事业，没有愧对为商务的事业奋斗过乃至献出了生命的同人们。有了这个结局，也就可以作为后人在第三个"甲子"中创立一番更新、更宏大的事业的基础和起点。

1953 年，张元济被任命为新设立的文化学术和统一战线机构上海市文史研究馆首任馆长。他的疾病已经使他无法到这个新岗位上去履行任何职责了。前面说过，这一年合众图书馆董事会议决将该馆捐赠给政府。张元济认为，他经手的事务要尽可能做一个结束或交代。对海盐的老宅也是这样。老宅多年间，只有长嫂一人居住。抗战时期，长嫂去世。胜利后，海盐县开办中学，没有校舍，商诸张元济。张以每年一担大米的象征性租金租与学校。1953 年，他将老宅捐赠，从此海盐中学有了自己独立的校舍。该校逐年有所发展，旧宅一直被沿用至 1980 年。

1956 年，张元济在家中度过了九十岁寿诞。这也是他成名之后第一次在家过正寿。他生活俭朴，不喜欢铺张，不喜欢应酬，也不赞成收寿礼。五十岁、六十岁、七十岁三次正寿，他都与友人去外地旅游，避开宾客。六十岁那年，连蔡元培夫妇赠送的寿礼都璧谢退回。七十岁时，蔡元培、胡适、王云五发起征集了 22 篇论文，印成《张菊生先生七十生日纪念论文集》厚册，商务还出版了一套《中国文化史丛书》作为庆贺。张元济认为这事事关学术，才勉强接受。八十岁正寿，他一整天在树敏家中，还去合众图书馆与顾廷龙一起研读《文心雕龙》。九十岁寿诞，他在家与商务部分老友合影，观赏了陈毅送来的齐白石画卷，接受了《新闻日报》记者的采访。商务印书馆发起征集了一批当代名家如郭沫若、黄炎培、陈叔通、沈雁冰、吴湖帆、周建人、胡愈之、冒广生等的诗词、书法、绘画作品，装裱成厚厚两巨册，作为贺礼。这两册珍品现在由上海图书馆永久收藏。

1957 年起，老人的健康状况明显下降。老年性肺炎使他经常发高烧。这一年，他住入华东医院治疗。1959 年 8 月 14 日，老人平静地离开了人世。入院前，他写过一首《告别亲友诗》：

> 维新未遂平生志，解放功成又一天。
> 报国有心奈无命，泉台仍盼好音传。

也在这一年，他拟了一副《自挽联》：

> 好副臭皮囊，为你忙着近九十年，而今可要交卸了；
> 这般新世界，恨我活不到一百岁，及身亲见太平来。

祖父20世纪40年代
家庭生活琐忆

　　从有记忆的那天起，我就与祖父生活在一起，直到我十七岁上高中的时候，他病情加重，住入华东医院。一年多以后，他离开了人世。很小的时候，就听家里的大人说，我们家原来住在上海极司非而路40号，那是一座老式大洋房，后来因为日本侵略军炸毁了商务印书馆，家里经济支持不下去，把它卖了，搬到了霞飞路上一幢新式里弄房屋内。

　　我家租住的房屋，有三层，每层有两间并排朝南的大房间。屋前有一个不太大的院子。祖父的卧室在二楼西侧。这里也是他的工作室。按今天人们的标准来看，他的卧室谈不上什么"布置"——白粉刷过的墙面，几件简朴而又结实的家具，还有就是大堆大堆的书。

　　房间西北角放置一张黄褐色床架的木床，约1.2米宽，比一般单人床宽些。父亲工作以后，将第一个月的工资为祖父母定制了一对较为舒适的木床，这就是其中之一。床头墙上，挂了一小幅皮革制的工艺品，红棕色底，图案是一个划着皮划艇的印第安人。祖父一年中，有半年多使用蚊帐，这是他的习惯，实际上蚊子很少。床前，房间的正中，放着一张红木方桌。桌面是白色大理石，四周有四个小抽屉，侧面的红木上用狭铜皮镶嵌成图案。这张桌子有广式红木家具的风格，它是曾祖母的妆奁。桌子上放着书籍、簿本、信纸信封、铜墨匣、毛笔和一具放大镜。这里是祖父的生活中心——他年复一年坐在桌子前书写，写啊写啊，好像永远也写不完似的。北面靠墙是一口大衣柜。它的半边挂着为数不多的几件长袍，另半边上部的小橱里，被文房四宝所占领。小橱里有许多匣装的信笺、信封，有大有小，有红有白。有几种红得很艳，更多的是白底加印浅黄、浅绿色的图画。我很想看到祖父用这种漂亮的信笺写信，但好像从未见到他用过。他写信总是用一些比较旧的，甚至背面写过字的纸。大衣柜的一旁是一个文件柜，从上到下一列十来个抽屉。祖父时常在那里查找什么东西。我偶尔出于好奇，也去打开看看。只见有两三个抽屉放满了一叠叠打洞的卡片，用铜书钉钉好，上面写着密密麻麻的毛笔字。后来才知道这是他在 20 世纪 40 年代编著的《成语词典》稿。可惜这部稿在他去世后不知所终了。然而小孩子是不允许翻动大人的抽屉的。祖父规定倒数第二个抽屉归我所用，其他则不准动。他特地用红纸剪了两个圆圈贴在我的抽屉上，作为标记。文件柜顶上有一个放在方形玻璃罩内的地球仪，是祖父从欧洲带回来的，我直到上了学，才渐渐能认识那上头几个用英文书写的国名。

　　房间的东北角有一个很暗的小间，穿过小间，才能走出房门。小间里有一口五层的书橱，还安了一盏无灯罩的电灯。祖父拉开电灯，在橱里翻找所需的书本的情景，一直留在我的记忆之中。1949年底，他患中风，左半身不遂。病中，还叫我在这口橱里查找《词林纪事》《王荆公诗注》等海盐张氏先人刻印的书籍。房间沿东墙有一口壁橱，还放着一只五斗橱。五斗橱上方悬挂祖母的遗像——我出生时，祖母早已去世，我只是从这幅照片上见到她的容貌。橱上有一口小的皮套钟，钟面是罗马字，但有"德国制"三个中国字。祖父定期上发条，每上一次，便在皮套内一张纸条上做一次记录。有时整个下午，祖父独自看书写字，没有一点儿声音，只有这只小钟，每隔半小时叮叮地敲几下，更增添了房里静谧的气氛。五斗橱一旁还有一口玻璃门小橱，里面的线装书今天回想起来，是《四部丛刊·初编》的一部分。

房间西侧是全室最富生活气息的地方，因为这里有一个单人大沙发，扶手和靠背都很厚实，不论坐一回还是爬上去跳几下，都是很舒服的。沙发与床之间是一张梳妆台和一个深褐色的实木书架。梳妆台有镜子，上面放了几件有趣的小玩意儿：黄杨木雕水牛、水晶弥陀、小铜马、一小罐祖父从美国买回来的巴拿马运河的泥土、一个日本制的放邮票的小木匣。祖父喜欢在一个铜香炉内点上一炷清香，炉内积了厚厚的香灰。实木书架的顶层有一个大的笔筒，里面大小毛笔很多，下面有商务版厚厚的工具书，如《辞源》《中国人名大辞典》等，这些是商务早期的出版物，祖父参加了编辑工作，我在书上看到过版权页上编委会的人员名单，有祖父的名字在内。我在这一带光顾的时间也就最多了。

朝南是四扇玻璃窗，窗外有一个小阳台。窗两侧两条狭长的墙面上，正好悬挂祖父的两幅照片，一幅是他四十岁时的肖像，另一幅是他访欧时穿西装的照片，也是我见过的他唯一一张西装照。这两幅照片今天已多次为一些书籍所刊用。窗前靠西有一张大书桌，也有不少抽屉，桌面可以打开，下面可放东西。桌前有一把能旋转升降的椅子。不过祖父好像不大爱用这张书桌，仅仅用来堆放书籍而已。

祖父生活很有规律。他早上很早起身。当我起床、吃过早饭、到他房里向他请早安时，他早已用过早点，摆开他那工作摊子，伏案书写了。我已记不起他早餐习惯用些什么。今日写这段回忆时，父母亲告诉我，祖父每天起床后，先工作一二小时，再吃一大碗面条，便继续工作。八点多钟，商务印书馆通信员汪志清师傅就骑自行车来了，送来一大沓信件、簿册，还有一本线装的旧式账簿似的回单簿，请祖父签收这些信件。志清叔（大家都这么称呼他）往往要等上个把钟头，等祖父把亟须回复的信件写好，带回公司。不论寒暑，天天如此。有一次台风加大潮，市区道路积水很深，他还是来了，不过没骑车，而是将夹着信件的回单簿顶在头上蹚着大水走来的。后来祖父患了中风，出院后待精神完全恢复，志清叔又坚持执行他的任务，不过从上下午各一次减为上午一次。

我们全家在二楼东侧的房间里吃午饭和晚饭。这一间也是祥保姐的房间。那时她在中西女校任教，住校时间多，珑姐也住读，因此只有周六、日才"全体出席"。祖父坐在正方形餐桌的东端，父亲和我坐在他的右侧，祥保姐和珑姐坐在他的左侧，母亲坐在对面。餐桌的木料很结实，桌面用一百块正方形的绿色小瓷砖铺成，不怕烫。四周各有一块弓形的木板，支起后可形成圆桌面。各人用各人的餐具，一般不混用。每天摆放这些餐具往往成了我的家务劳动课。祖父牙不好，因此他要求米饭煮得软一点儿。有时特地为他做面条。他的座位旁放一副刀叉，有些菜肴要先切成小块再食用，这就带了几分西餐的风格。祖父爱吃肥肉，这是他晚年患脑血栓的祸根。不论是大块红烧肉还是肥肉丝，来者不拒。我有不吃肥肉丝的习惯，他就在我的盘子里放一个铜匙，叫我把挑出来的肥肉丝都放在这个铜匙里给他。他还喜爱吃白煮猪肝。不过他总是叫我多吃蔬菜，说菠菜有铁质，对身体有好处。我印象很深的是一次他颇严肃地对我说，餐桌上不可以用刀叉或筷子指着别人，那样不礼貌。这虽是简单的一句话，却使我终身受用。

祖父午餐之后，坐在沙发上稍事休息，又继续做他的事。四点钟，吃一点儿饼干，喝一口茶。他还时常喝一些利小便的薏米汤。直到黄昏，光线不够了，他才搁下笔来，从抽屉里取出一个黑色铁皮匣，倒出一副三十六张的骨牌，独自玩上几次，调剂一下精神。这副刻工粗糙、红黑点子大小不匀的骨牌，几乎是他日常生活中唯一用以消遣的东西。

晚饭之后，父亲在祖父房内坐上个把小时，陪祖父聊天儿。有时我也在一旁。不过他们谈大人的事，我不太懂。好像有"物价涨""银根紧"这些词语，也有商务或父亲银行同事们的名字。有时祖父在灯下还写些东西。有一次他对父亲和我说，他小时候在海盐，家境清苦，买毛笔也不易。在曾祖母的教导下，从小练习用旧的秃笔写很小的字。直到八十岁，他仍习惯这样书写。他一直使用毛笔，我从未见过他用钢笔写字。祖父晚饭后常做的一件事是代表董事会在商务印书馆股票上盖章。大约小孩子对红色特别敏感，所以我最喜欢看绿底色图案的大张股票上盖上一方鲜红的印章。每逢晚上有股票盖章时，我必到场观看。晚间八时半至八时三刻，我们就与祖父说"明天会"。他九点钟就寝。

夏季，阳台外侧挂上大竹帘，遮挡阳光。在气温最高的几天里，祖父一清早放下竹帘，关上门窗，使室内气温比别的房间低 3 华氏度左右。傍晚，太阳落山之后，他才打开所有的玻璃窗，卷起竹帘。此时，祖父搬了一把藤椅，到阳台上乘凉。记得我很小时一个晚上，他发现我家东面不远处一栋洋房内灯火通明，还伴有阵阵音乐声，便有些兴奋，喜形于色。事隔多年之后，我才完全弄明白这是怎么一回事：原来那栋洋房是一处"西洋人"（主要是葡萄牙人和西班牙人）的俱乐部，日本侵略军进驻租界后，已是好几年杳无声息了。1945 年夏，日寇大势已去，末日将临，但沦陷区老百姓不会知道日军究竟到哪一天才会投降。那晚西人俱乐部乐声悠扬，祖父敏感地知道日本侵略者投降了，多少年来压在心头的闷气得以一吐为快。

祖父房间东南角通往卫生间的门框上，挂着一支小小的寒暑表。他很关心每天的气温，但习惯都是读出华氏的度数。冬季在这个东南角窗前，会安上一只小铁皮火炉，一根细细的白铁皮烟囱通到窗外。每天下午生一次火，放一个大蜂窝煤饼，可以烧到半夜。炉上放一壶水，四周加一圈铁丝网护栏。就是这个火炉，陪伴着老人度过寒冷、漫长的冬夜。

我幼年在祖父身边，至今留下最深印象的一件事，大约就是他书写对联、屏条等大量书法作品。每隔数天，他就要在我们的饭桌上铺垫一卷厚厚的报纸，再铺上裁开并留下折痕的宣纸，挥毫写上几件。后来听大人们说，日寇侵占上海，家中经济收入越来越少，有一位亲戚建议祖父鬻书以补贴生活。这位亲戚我见过好几次。他名叫谢观，常州人氏，是我曾祖母谢氏的族人。当时他已是一位有名的中医，蓄着白须，有一辆自备汽车。祖父叫我称呼他"表伯"。关于祖父卖字，有这么一段故事：我很小的时候，母亲带我去住在对门的亲戚家做客，主人请我吃蛋糕。回家后，我就几次吵着要吃蛋糕。不久祖父卖字有了头一回收入，立即叫人买了蛋糕给我吃。

这件事至今犹能依稀记起，是当时形成的直接记忆，还是后来母亲反复讲起这一故事而被强化了的印象，我也说不清楚了。不过有一点是肯定的：亲戚家请我吃的蛋糕是很普通很普通的鸡蛋糕，绝非今日市上的"中外合资高级奶油……"。据说后来由于祖父的名望，上门求墨宝的人果真不少。荣宝斋、朵云轩、九华堂、汲古阁……这些书画铺的名字我很小就听熟了。据说日伪占领时期，南市老城厢地区一家书画铺生意清淡，难以为继，主人来求助于祖父。那种日子里，祖父也无能为力，送了两件书法作品给他。书画铺主人对祖父叩了一个头离去。

祖父用一个圆形的大砚台，几年中这个砚台里也不知化掉了多少八角形的大墨锭。一个竹质的大笔筒内插满了大大小小的毛笔。他写得最多的是对联。有时我站在旁边看他写，有时站在他对面，他写完一个字，我便帮着将纸向前挪动一点儿。祖父有几本楹联手册，根据求字人的身份、爱好，挑选词句。他挥笔时，我们在旁边是不能说话的。写完了，可以向他问长问短。有一条对联最末一个字是"柳"，大约毛笔上墨汁不够，最后一竖出现了许多条状空白，祖父就设法用小一些的毛笔再行补满。祥保姐问有些空白不是很好看吗？不补行吗？他回答说不行，只能留出一二丝空白，否则难看。下款（即署名）下面，他习惯上写"时年八十 ×"。"八"写成两点，"十"几乎嵌在两点之间，加上第三个数字，一共才占一个字的位置，十分别致。有时祖父写完了还觉精神很好，就多写上一二幅，上款空着，留待日后有用时再补。这种没有上款的作品原来家里存了好多，放满了一只藤条箱。"文化大革命"中这些作品被抄走，后来怎么问也问不到下落。写好的作品移到地板上晾干，两头用铜尺（镇纸）压住。我总是很积极地和大人一起帮着将字幅移上移下。最后一道工序是盖章。祖父有好多对大小不同的图章，视写件的大小而选用。每对章第一枚是姓名，第二枚是"壬辰翰林"。我在旁按他的选择，从盒内将图章取出，又在印泥盒内轻轻地，但必须是均匀地蘸上红印泥，再把图章交给祖父。这是我最感兴趣的任务。他最大一对黑石图章有二寸见方，另放在一口玻璃罩内，听说是写商店招牌用的。我希望有朝一日祖父写一次招牌而用上这对图章，但始终未见有这样的机会。不过后来我见过常熟路上一家叫"粹古斋"的古旧书店，挂的是祖父写的招牌，上面有两方红色印章。这家书店直到 20 世纪 60 年代初还在。

祖父替人写扇面是很费劲的。扇面先要夹在潮湿的毛巾中烫平。然后他就坐在房内平日工作的方桌旁，慢慢地写着蝇头小楷。有时光线不好，就叫人将方桌抬到窗口。一幅扇面要写上好半天，小孩子就没有耐心看了。

祖父年事虽高，且每日伏案工作，但对家事的关心，并无消减。

在日伪统治时期，时常有"防空""戒严"，傍晚掌灯时分，伪保甲长们在弄堂里吆喝，老百姓家家熄灯，居住区内一片漆黑。大人们要等戒严令过去才能亮灯吃饭，小孩子则又饿又恐惧。祖父摸黑来到三楼我的房间里，大人们商议，让我躲进壁橱，开亮壁橱里的电灯，半掩着门，再拉上厚窗帘。祖父看到我独自在壁橱里安心吃晚饭，他才放心地走下楼去。

一天半夜，家中自来水管不时发出很大的响声，连我都被惊醒了。父亲起身后，只见祖父披衣楼上楼下地察看水管。后来这事怎么解决，我已没有印象。第二天祖父写信给商务印书馆丁英桂先生，托他请一位水电工来检修。丁先生保存了祖父二十多年间给他的全部信件，这张字条亦在其中。祖父有一套自用的五金工具，包括螺丝刀、锤头、打孔的手摇钻、木工用的折尺等。他房里的钢窗和卫生间的设备，使用、保养都很小心，一直保持完好无损。

祖父的客人真不少。有时下大雨也会有客人来看他。我能记得客人中几位与他同一辈的老者，他们是李拔可、陈叔通和丁榕。他们与祖父几十年合作共事的关系我当然是后来才知道的。李拔可操的是福建官话，留一点儿灰白的短须，平时长袍马褂，热天穿中式短衫裤。陈叔通蓄白须，身材矮小，时常穿蓝布长袍、布鞋。丁榕的风格不同，穿西装、皮鞋，戴金丝边眼镜，上装口袋里有一金色表链，装束颇西化。祖父叫我称呼这几位老者为"太老伯"，我跟他们熟识了，有时看到他们来，就先请他们在客厅稍坐，又赶忙上二楼告诉祖父，说是某一位太老伯来了。祖父问我："叫过太老伯没有？"我说："叫过了。"他满意地点点头，便下楼会客。

商务印书馆的伯伯们常来我家，他们中间有张雄飞、韦傅卿、史久芸、丁英桂……抗战胜利后，商务有一辆黑色福特牌汽车，他们常坐车同来。直到1988年我为了编祖父的年谱，在北京查阅资料，才知道那时他们定期在我家开董事会。常来的，还有合众图书馆的顾廷龙伯伯。后来祖父半身不遂，顾伯伯常在下午四点钟左右来，坐在祖父床边，一起聊天儿。

在我记忆中还有这么一件事：抗战胜利后胡适回国经过上海，祖父告诉我他是一位很有学问的人。我说我想见见他。几天后的一个下午，胡适果然来了，同座还有不少客人。我毕竟年幼，陌生客人当真来了就不敢去见客了，最后还是在母亲陪同下，来到餐厅，见了这位大学问家，叫了一声"太老伯"后赶快退了出来。后来还听说什么报纸把这个故事当作新闻登了出来，胡适说："张某人的小孙子也要见我……"可至今我还未查到那份报纸。

尽管祖父平时常常说起王云五，但我只见过他一次。我记得他身材不高，穿一套深蓝色的呢服装，脸色白里透红，很有精神。

来自海盐的张氏族人，有幼仪太太（海盐话，即太公之意）。祖父称他"幼仪叔"，我当然要称他"太太"。他年龄比祖父小一些，矮个子，头发秃了，但说话很响亮。听说他在海盐做事，办电灯公司和轮船公司，拥有"半条轮船"，很长时间我一直不明白这"半条轮船"是怎么一回事。常来的还有张氏族中的两位伯父，他们都在商务印书馆工作：家昌伯父，身材高大，肤色黝黑，戴黑边近视眼镜；振声伯父，个子也不矮，很瘦，常穿长衫，海盐乡音浓重。后来，商务的老人告诉我，海盐姓张的（指祖父的族人）在商务做事的不是没有，但一没有掌权的，二没有吃闲饭的，这说明祖父主持商务工作时，在用人问题上严于律己。

祖父的服饰都是旧式的：长袍、马褂、瓜皮帽、中式衫裤、布或缎鞋。我没见他穿过西装和皮鞋，遗物中也没有。他对服装极不讲究，色调都是灰色或玄色的。夏天穿白夏布短袖衫、白纺绸长裤，出门时穿绸长衫，戴一顶白色宽边的遮阳铜盆帽。大约唯有这顶帽子是洋式的。

他有三件生活用品给我印象很深：黑边圆形眼镜一副；冬天写字时戴的黑色毛线无指手套一双；系黑绸表带的银壳手表一只。这只表是祖父五十岁生日时祖姑母送的礼物，平时一般不带，只是放在枕边，夜间醒来时看看钟点。后来我念中学时还用过几年。十分令人诧异的是，就在祖父去世前那个春天里，这只表竟一连断了三次发条！

祖父有什么特别的爱好、嗜好，几乎说不上来。一不喝酒，二不抽烟，这两条准则成了我们几代人的家风。他生活上没有现代化的享受。没有照相机——尽管当时社会上黑白照相机已经很普遍，因此这一段时间里，他在家里留下的照片一共才三张，都是亲友拍的。他八十岁时，姑母送给他一台小的收音机，白色塑料壳，这才是他经常收听广播的开始。在此以前，家里有过一架高大的木壳收音机，但从来没见用过。抗战胜利后梅兰芳结束隐居生活重新登台，祖父曾把它找了出来，拨弄了半天，什么声音也没听到。祖父收听最多的是广东音乐。他童年在广东度过，所以熟悉这高雅的音乐。有一段时间，他每天清晨都要收听诵经节目。据说曾祖母对佛学有研究，祖父也懂，但他不向小辈们传授这方面的知识。收听佛经朗诵，只是增进一种古朴、清心的环境氛围。

屋前有一个小花园。祖父有时在送走客人之后，去那里观赏一下花木，吸几口室外的新鲜空气。园内靠外墙有三棵枫树，一棵红，一棵绿，一棵由红绿两枝嫁接而成，品种不同，树叶的形状也各异，十分好看。靠客厅的窗前，有五大盆松树，姿态庄重。还有三盆杜鹃花，一红二白。每年春季杜鹃开放时，就把它们移入客厅，既作观赏，又可使花期延长几天。不过祖父对于花木，也包括字画、金石，甚至诗词，都只是一般浏览，并不精通。

花园里靠东墙有一只"砖台"，下面的基石用普通小砖垒成，桌面是一块二尺见方的大方砖。好几个暑假，祖父指导姐姐在大方砖上练大楷。毛笔蘸了水，写过很快就干，既省纸墨，又利于臂力的锻炼。但到了我该练毛笔字时，祖父已经病了，无法再给我指导了。

回忆童年，过春节往往是有趣的。家中人口不多，只我一个小孩子，并不算热闹。（我的姐姐比我大十二岁，我记事时，她已是中学生了。堂姐则更年长。堂兄庆哥不和我们住在一起。）为了防止意外发生，祖父禁止我们放爆竹。祖父很重视祭祀祖先的活动，称为"拜供"。一年之中要拜好几次，如先人生日、忌日和新年、端午、阴历七月半等，而以大年三十这一次最为隆重。供桌由平时一桌增至两桌，桌边围上类似今日京剧舞台上用的红色桌帏，每桌放一对蜡烛灯，点上红烛。祖父亲自给祖先们的酒盅内斟满酒，然后率领合家自长至幼逐一行礼。随着分三次送上酒、饭、茶，我们就得行三次礼。那时行的还是跪拜礼，至后来才改为鞠躬。年三十晚上供桌不拆除，把菜搬下后，放一只九格果盘，到年初一早上再上一道点心，行一次礼，然后撤除。年三十晚上行完三次礼，合家在旁边的客厅内小坐，再上二楼吃年夜饭。即便是年夜饭，我们也不喝酒。祖姑母的后人海盐冯氏经营冯万通酱园很得法，每逢过年，必送两只海盐传统做法的走油蹄髈，这是祖父最爱吃的菜。素菜则必定有塔棵菜和"素丝"——胡萝卜丝加豆腐干丝，此外好像还有茨菇和荸荠。

历年过年的掌故，往往成了年夜饭时的话题。祖父回忆说在极司非而路老宅时，好几位住在闸北的张氏族人，年初一清早赶乘北火车站第一班火车，到西站下车，再步行来我家给他拜年，成为每年的第一批客人。

幼年时，祖父很关心我的教育。由于他忙于自己的工作，直接教我书本知识的机会是不多的。

我识字的启蒙教材，是商务印书馆早年出的一套《五彩精图方字》。（这套方字的正式名称，是几年前从当时报纸的广告上查得的。）有一部分字背面有红、绿、紫、黄单色印刷的图画。这套方字还配有一片正方形的薄铁皮，可以插上四个方字，便于反复诵习。姐姐也是用这套字启蒙的。母亲担任了我们共同的启蒙老师。我的大女儿张玮借助于它，认识了许多繁体字。抗战胜利后，祖父从商务买来的另一套方字，内容比较新颖一些，有"汽车""飞机"之类的新名词，其纸张和背面图画的印刷都比较好，可惜现在找不到了。

后来，有家庭教师来给我上课，用的当然是商务版的课本。这也是祖父叫人买来的。前面提到的商务通信员志清叔天天来，请他买什么书，第二天准能送到。课本的内容有孙中山像、当时的国旗，还有两个给我印象很深的故事。一个是说大雾天，一队迷路的日本兵找到一个孩子叫他带路。孩子很机灵地将他们带到了中国军队的驻地，俘虏了这批日军。另一个是说一个背着一大篓鸡蛋的工人无法放下他的背篓。有人帮了他一把，使他十分感激。当他道谢时，帮助他的人说不用谢，只要你今后见到别人有困难时也去帮一把就好了。祖父在商务印书馆时，主持编过不少教科书。他亲自主编的《最新修身教科书》开新式学校德育教材之先河。这种教科书就是通过一些故事向学生讲述为人处世应有的态度和道德。我想我读的《复兴国语教科书》中这两段故事的编写，一定是继承了祖父创导商务教科书的这一好传统。

家里有一部《幼童文库》和一部《小学生文库》，是姐姐幼年时祖父买来给她读的，后来很自然地留给了我。这两部书都是商务出版的，每部有几百册。前者很浅，一律用彩色印刷，以图为主，加上少量文字。我从中学到了中华民族始祖轩辕黄帝，黄帝的夫人嫘祖发明养蚕和缫丝，大禹治水以及武昌起义等历史知识，另外还有家庭、学校、卫生、礼貌等各种常识。我常常拿了几本书到祖父房中，坐在小凳子上，他做他的事，我看我的书。《小学生文库》是长大了才能看懂的，从中我第一次读到不少文学名著，如《汤姆叔叔的小屋》等。

我不知从什么时候开始喜欢看地图。祖父房里有一本八开本绿色封面精装中国分省地图。我时常向他借来看，没有什么目的地乱翻，但时间一长，也就会记住一些地名。他见我对此有兴趣，有时走过来提一两个问题，叫我找出某个地方指给他看。一天，甘肃平凉的一位朋友托人送来一包当地的土产，祖父说他找了半天还没找到平凉的位置，叫我找找看。这次我居然很快找到了，使得祖父大为高兴。从此以后，他给我买过好几本商务版的地图，有丁文江主编的两种，还有整张的全国地图。当时出版的地图，外国都一律不着色，地名也很简单。由于当时台湾被日本强占，地图上的台湾岛也印成白色。抗战胜利后，台湾地区重新划归中国版图，祖父又给我买了一幅很大的全国地图。记得那是一个冬日，夜幕降临很早，地图送到时我们赶紧在灯下把它打开，只见台湾省印上了彩色，与过去的地图有明显的不同。祖父对我说："这下你可以仔细地看看台湾了。"后来经过装裱的这幅大地图在我床边挂了好几年。

我最初的历史知识，也是祖父给我的。我小时候，祖父拿出两件东西交给母亲，挂在墙上。一件是我国朝代变迁图，从黄帝、少昊开始，到清朝为止，自上而下，用不同的色块表示出一个个朝代，每个朝代经历的年代长短都符合一定的比例尺。南北朝和宋、辽、金对峙，就把方块分成左右两半。另一幅是祖父手书的《中国历代世纪歌》，每句七字，概述了五千年文明史的进程。其文字是前人的作品，祖父结合辛亥革命建立中华民国修改了最末几句。我天天看图，又背《世纪歌》。两件教材结合起来，可谓图文并茂。最初的中国史框架便在脑海中形成了。

祖父亲自教我书本知识，大约是他患中风后的事了。有一段时间学校班级增加较快，新教学楼没有建好，便实行"二部制"，每周有几个半天不上学。这时如果祖父正巧精神好，他就教我《中国寓言故事》中的短故事。故事有《削足适履》《自相矛盾》《杞人忧天》等熟悉的内容，主要通过这些短故事学点文言文的基本知识。他叫我先看，不懂处再问他，他再给我讲一点儿文言虚字的解释和用法，最后把短文背出。这段时间内他还叫我写日记，写好了由他批改。但此时祖父毕竟年事已高，精力不济，没能坚持下去，大约前后一共才教了半年。

祖父教我读了他编写的《中华民族的人格》。那也是在他病中。一次我走到他跟前，见一本灰色封面的书，正中竖直印了书名，右上方是祖父的名字。书中共有八篇故事，用文言文和白话文上下对照。讲述荆轲、田横等历史上志士仁人的事迹。他也是用上面说的方法教我读。至于祖父编写这本书的本意和时代背景，他没有说。不过从书的前言中，很容易地理解到祖父在 1937 年日本侵略者大规模入侵我国的前夕，他想用这些小故事激起人们的民族精神与人格。

　　从我背出了《中国历代世纪歌》和看熟了中国历朝变迁图之后，他给我说过一些《二十四史》的事。家里楼下有一部《百衲本二十四史》和一部《四部丛刊》。这是他以二三十年心血编成的两部大型古籍丛书，编辑的经过和他在古籍出版方面的贡献我是在近几年中才有了一些初步的了解。《衲史》放在两口柚木书橱里。橱是专为书而设计的，按各史册数多少分成大小不等的格子。每口橱有四扇狭长的门，门上装有蓝色不透明带花纹的毛玻璃。《四部丛刊》则放在三口与书不配套的橱内，其中两口橱上刻着《万有文库》字样。祖父简单地给我说过什么叫"帝王本纪"，什么叫"佞臣列传"。他病了以后，就时常叫我去找书。除了取《四部丛刊》中某种书外，有时还叫我去取《衲史》中某某人的列传。久而久之，我对这两部书的感情也增多起来，连史纸或毛边纸夹着油墨散发出来的清香，至今还能回忆得起来。

　　今天感到遗憾的是，我生得太晚，和祖父朝夕相处的时间只有几年。幼年时，没有，也不可能直接向他学什么高深的知识。1949年春，我插班考入小学三年级，每天大部分时间在学校，中午也在校内包伙。这年年底，祖父患中风，留下了严重的后遗症，使他在病床上度过了最后十年。随着学校课业的增多，我可以用来待在祖父身边的时间也越来越少。几年前，在父亲的主持下，我一同参加编写祖父的年谱。但那是一部资料集，甚至可以说有点儿枯燥。然而，我记忆中的祖父，虽然严肃有余却是关心家庭、爱护小辈，勤奋、好客、热心帮助别人的长者。幼年时淡淡的回忆，绝不是适合于编入年谱的史料。在这里记录下来，谨作为对祖父的纪念。

张元济年表

张元济先生，字筱斋，号菊生。浙江海盐人。父森玉，曾任会同、陵水等县知县。母江苏武进谢氏。兄元煦，弟元瀛，妹元淑、元清。

1867 年 10 月 25 日（清同治六年，丁卯，夏历九月二十八日）

生于广州。

1873 年（7 岁）

入塾。

1880 年（14 岁）

与母返回海盐。

1881 年（15 岁）

父病殁于海南任所。

1882 年（16 岁）

就读于海盐查济忠师。

1884 年（18 岁）

应县试，名列榜首。赴嘉兴应府考，中秀才。

1886 至 1888 年（20 至 22 岁）

师于海盐朱福诜。

1889 年（23 岁）

应乡试，中第十名举人。娶同邑吾乃昌之女吾氏。

1892 年（26 岁）

进京会试，得中第二甲第二十四名进士。授翰林院庶吉士。吾氏夫人亡故。

1894 年（28 岁）

翰林院庶常馆散馆，改派刑部贵州司主事，六品衔。

1895 年（29 岁）

续娶已故军机大臣、兵部尚书许庚身之女子宜。

与康有为、梁启超、汪大燮、文廷式、沈曾桐等往来频繁。

与陈昭常等创设健社，"约为有用之学"。

1896 年（30 岁）

考取总理各国事务衙门章京。

与陈昭常、张荫棠等设馆授读英文。

甲午战败后，常与文廷式、黄绍箕、陈炽、徐世昌、汪大燮、沈曾桐、沈曾植等集会陶然亭，议论朝政之改革。

在京代派《时务报》。

1897 年（31 岁）

在英文学馆基础上，筹设西学堂。西学堂开馆，后更名通艺学堂。主持制定学堂章程，称"此学堂专讲泰西诸种实学"。

1898 年（32 岁）

受光绪帝召见。建议设馆储才。

上《痛除本病统筹全局以救危亡折》。

变法失败，被"革职，永不叙用"。

携家离京抵沪。

1899 年（33 岁）

任南洋公学译书院总校兼代办院事。选译政治、法律、理财、商务等类书籍。以银 2000 两购定严复《原富》译稿。此后三年多时间，南洋公学译书院共出版书籍 60 余种。

与商务印书馆创办人夏瑞芳订交。

1900 年（34 岁）

母病殁。

1901 年（35 岁）

任南洋公学代总理，为期半年。开办公学附设小学堂、特班、拟定特班章程，聘蔡元培为特班总教习。

投资商务印书馆。

为《原富》编定中西编年、地名、人名、物义诸表。该书由南洋公学译书院出版。

1902 年（36 岁）

与蔡元培等创办《外交报》，年初，第一期出刊。

在上海《教育世界》杂志发表《答友人问学堂事书》。

年底，辞南洋公学职。

1903 年（37 岁）

2 月，入商务印书馆。商务印书馆编译所成立，为首任所长。

与夏瑞芳共同决定创办《东方杂志》。聘蒋维乔入馆。与严复签订出版严译《社会通诠》合约。撰《中国历史教科书·序》《埃及近世史·序》。出版林纾译《伊索寓言》。

女树敏出生。

1904 年（38 岁）

年初，聘高梦旦入馆。

与高梦旦、蒋维乔等试编《最新国文教科书》。该书出版后获成功，为商务版教科书奠定基础。

编《最新修身教科书》及其《教授法》各 10 册、《五彩挂图》20 幅。与长尾槙太郎等校《笔算教科书》。

聘杜亚泉入馆。

创设商务编译所图书馆（后定名涵芬楼），第一批购入浙江会稽徐氏熔经铸史斋藏书。

《东方杂志》创刊。

1905 年（39 岁）

商务举办速成小学师范讲习所，与蔡元培、杜亚泉、蒋维乔等执教。

撰《对版权律、出版条例草稿意见书》。

约请颜惠庆编《英华大辞典》。

1906 年（40 岁）

学部奏调，入京三个月后辞出。先在学部，后至外务部筹办储才馆。拟《办理储才馆事宜奏折》《储才馆暂行章程》等文件。

归安陆氏皕宋楼藏书谋售，因索价过高，商务无力购买而流入日本。事后"每一追思，为之心痛"。

回海盐，与当地士绅商定办学事宜。

聘陆尔奎入馆。

1907 年（41 岁）

编定《立宪国民读本》。主持编译《新译日本法规大全》历七年后，由商务出版。约请伍光建以白话文译外国小说，伍译白话小说《侠隐记》由商务出版。主持编辑出版《简明教科书》。

邮传部奏调入京任职，未就。

为拒借外款，代表浙路公司赴京谒见外务部官员。

子树年出生。

1908 年（42 岁）

赴日本考察一月。

聘邝富灼入馆。

开始参与编纂《辞源》，历八年而成。

主持编辑出版《最新女子教科书》。

1909 年（43 岁）

当选为商务印书馆董事。

约请蔡元培译《伦理学原理》。与缪荃孙商影印古籍。主持影印端方藏《百衲本史记》。

商务举办商业补习学校，任校长。

为涵芬楼购入太仓顾氏谔闻斋藏书。

1910 年（44 岁）

赴荷、英、爱尔兰、比、德、捷、奥、匈、瑞士、意、法、美、日等国考察教育、出版、印刷业。

1911 年（45 岁）

发起创刊《法政杂志》。

学部奏设中央教育会，任副会长。进京出席中央教育会议。结识傅增湘。在京发起成立中国教育会，被举为会长。

约定梁启超《财政原论》稿。主持辑印《海盐张氏涉园丛刻》。撰《环游谈荟》。

1912 年（46 岁）

主持出版商务印书馆第二套大型教科书《共和国教科书》。

校订《高等小学用共和国教科书新国文》《新历史》及《英华会话合璧》。参与编纂《商务印书馆新字典》出版。

是年始，为涵芬楼收集全国方志。至 1931 年，共得 2600 余种，25600 余册。

1913 年（47 岁）

约请蔡元培编师范中学用书。

校订《高等小学女子新国文教科书》。

1914 年（48 岁）

撰《贫困之教育》。

参与编写《新编初等小学单级教科书》。

1915 年（49 岁）

商务成立函授学社，任社长。

主持制订《四部丛刊》出版计划。

1916 年（50 岁）

任商务印书馆经理。

主持辑印《戊戌六君子遗集》。请孙毓修主编《涵芬楼秘笈》并开始出版。

1917 年（51 岁）

决定《四部丛刊》书目。

中华职业教育社成立，被推为临时干事。

1918 年（52 岁）

辞商务编译所所长职。

与傅增湘等共同发起影印《道藏》。

是年始，收购海盐张氏涉园旧藏书籍。

两次进京，与蔡元培、陈独秀、胡适等晤谈编辑教科书、出版学术著作等事宜。

1919 年（53 岁）

与蔡元培签订《北京大学月刊》出版合同。

为商务制作电影，拟定上北洋政府呈文。

决定《东方杂志》主编易人。

主持辑印《续古逸丛书》之第一种出版。

赴常熟菫里观瞿氏铁琴铜剑楼藏书。

1920 年（54 岁）

辞商务经理，改任监理。

《四部丛刊》开始出版。

赴京，与叶恭绰商印《四库全书》事。晤郑振铎、耿济之。

请沈雁冰主持《小说月报》。

与梁启超所创共学社签订出版协议，资助讲学社聘国外学者来华讲学。

1921 年（55 岁）

拟请胡适来商务主持编译，未果。胡适荐王云五。

于董事会提议设立公共图书馆（后定名东方图书馆）。

与葛嗣浵、金兆蕃发起辑印《檇李文系》。参与编纂之《中国人名大辞典》出版。

赴京，晤美国教育家孟禄。

1922 年（56 岁）

为开办印刷厂事，赴粤、港调查。

1923 年（57 岁）

《四部丛刊》出齐。全书共收入典籍 324 种，2100 册。

于董事会提出"股息公积"办法，获通过。

赴香港为港厂购屋。

撰《拟制新式排字机议》。

1924 年（58 岁）

拟影印《四库全书》，因北洋政府阻挠，未果。

辑印《百衲本二十四史》（下简称《衲史》）实质性启动。

被推为东方图书馆董事。

1925 年（59 岁）

赴扬州，购何氏藏书。

"五卅"运动发生，为郑振铎、胡愈之等编《公理日报》捐款。再次与北洋政府商议影印《四库全书》，因江浙战事危及运输安全而未果。

1926 年（60 岁）

为涵芬楼购入蒋氏密韵楼藏书。

辞商务监理，当选董事会主席。

东方图书馆开幕。撰《东方图书馆概况·缘起》。

1927 年（61 岁）

遭绑匪劫持，六日后脱险。

1928 年（62 岁）

赴日本，观静嘉堂文库等处所藏中国典籍，商借若干国内失传之版本摄成底片，编入《四部丛刊》《衲史》。

约请吴梅编《奢摩他室曲丛》。

1929 年（63 岁）

主持《四部丛刊》再版，次年印竣。再版后书名更为《四部丛刊·初编》。

1930 年（64 岁）

主持《衲史》校勘、影印工作。《衲史》第一种《汉书》出版。

主持董事会议，提议王云五为总经理，议决通过。

1931 年（65 岁）

主持《衲史》校印工作，《后汉书》等五史出版。筹备《四部丛刊·续编》。

1932 年（66 岁）

1 月 29 日，上海商务印书馆总厂、编译所被日本侵略军炸毁。三日后东方图书馆遭日本浪人纵火焚毁。被推为董事会处理善后事宜特别委员会委员长。商务于半年后复业。

1933 年（67 岁）

继续校勘《衲史》各史、《四部丛刊·续编》各书。

被教育部聘为编订《四库全书未刊珍本》目录委员会委员。发表《对于影印〈四库珍本〉意见》之谈话。

任东方图书馆复兴委员会主席。

1934 年（68 岁）

许氏夫人病故。

《四部丛刊·续编》出版。

与王云五制订编辑《丛书集成》计划。撰《丛书百部提要》。

1935 年（69 岁）

筹备《四部丛刊·三编》，年内开始出书。

赴西安、华山、洛阳等地旅游。

聘为上海市图书馆董事。

1936 年（70 岁）

《四部丛刊·三编》出齐。

偕高梦旦、李拔可同游重庆、成都。

1937 年（71 岁）

《衲史》出齐。

编著《中华民族的人格》，由商务出版。撰《农村破产中之畜牧问题》等论文数篇。

赴南京观故宫博物院藏书。

全面抗战爆发，商务总管理处内迁，董事会留驻上海。

1938 年（72 岁）

著《校史随笔》，由商务出版。

与郑振铎商定由商务排印出版《孤本元明杂剧》，主持全书校订工作。

1939 年（73 岁）

所著《宝礼堂宋本书录》出版。

与叶景葵、陈陶遗发起筹建合众图书馆。

与郑振铎、张寿镛等数次联名致电重庆有关当局，要求拨款抢救劫中流散古籍。

1940 年（74 岁）

与郑振铎等从事抢救古籍工作。

校阅《稼轩词》、撰跋，由商务出版。

为商务馆事赴港与王云五晤商。

协助叶恭绰辑印《广东丛书》。

年末，住院做前列腺切除手术。

1941 年（75 岁）

主持整理校勘的《孤本元明杂剧》由商务出版。

以历年收藏嘉兴府先贤著述、海盐张氏先人著述及刊印书籍一批捐赠合众图书馆。

1942 年（76 岁）

几名日本人至寓所求见，以"两国交兵，不便接谈"拒之。

1943 年（77 岁）

开始鬻字。

1944 年（78 岁）

主持董事会议，调整、充实商务上海办事处领导人员。

1945 年（79 岁）

拒绝为汪伪浙江省省长傅式说藏画题词。

抗战胜利，商务总管理处自重庆迁回上海。

1946 年（80 岁）

中止八年后的商务股东会首次举行。代表董事会做《九年来之报告》。

将海盐虎尾浜旧宅借与海盐中学做校舍。

1947 年（81 岁）

撰《新治家格言》。

商务董事会设善本书保管委员会，任主任。

与唐文治等 10 位老人联名上书吴国桢，要求释放被捕学生。

1948 年（82 岁）

当选中央研究院第一届院士。赴南京出席第一次院士会议，发表题为《刍荛之言》的演说。

1949 年（83 岁）

《节本康熙字典》出版。

赴北平出席中国人民政治协商会议，当选为第一届全国政协委员。

毛泽东邀游天坛，设晚宴招待。提出"广言路"，"建设必须进行，最要为交通，其次为农业，再次为工业"等项建议，任华东军政委员会委员。

年末，患脑血栓，左半身不遂。

1950 年（84 岁）

住院四个月后返寓所疗养。

《涵芬楼烬余书录》定稿。

1951 年（85 岁）

《涵芬楼烬余书录》出版。

撰宋本《金石录·跋》。

致毛泽东书，提议特设西藏语文专校、编辑藏文常识之书。

1952 年（86 岁）

作《追述戊戌政变杂咏》七绝 18 首。

1953 年（87 岁）

任华东行政委员会委员。

任上海市文史研究馆馆长。

1954 年（88 岁）

当选第一届全国人大代表。

1956 年（90 岁）

致蒋介石书，劝其效法钱武肃，实现和平统一。

接受《新闻日报》记者陆诒采访。

1957 年（91 岁）

所撰古籍序跋 200 篇辑成《涉园序跋集录》出版。撰《宋本杜工部集·跋》。《宋本杜工部集》作为《续古逸丛书》最后一种出版。

1958 年（92 岁）

聘为国务院科学规划委员会古籍整理出版小组委员。

1959 年（93 岁）

当选为第二届全国人大代表。

8 月 14 日病逝于上海华东医院。

再版后记

    1959 年 8 月 14 日，先祖父张元济先生因长期患病，致机体衰竭而离开了人世。那天我与堂兄张庆侍立在他的床边，不过当时我们对祖父的生平和事业了解得远不如今天这么多，这么深。记得追悼会场正中悬挂了祖父的《自挽联》，那是父亲特地请商务印书馆张雄飞先生书写的，因为他的字迹与祖父的十分相像。我们对"及身已见太平来"一句有所理解，因为他一生经历过国家和民族的苦难太多了，而他最后的、神志还清楚的几年又正是他多年所希望看到的国家和平、统一和经济发展时期。他生平最后一首诗作《告别亲友诗》末句"泉台仍盼好音传"，反映出他对未来充满了信心。祖父去世后，按照他生前的意愿，实施火葬，这在当时还是很超前的想法。骨灰安葬在上海的联义山庄，并由他的好友陈叔通先生书写了墓碑。

    四十年前，中国的历史进入了改革开放的新时期。被尘封多年的历史人物，恢复了他们应有的历史面貌。商务印书馆率先出版了《张元济日记》《张元济傅增湘论书尺牍》等几种资料，接着山东大学古籍所王绍曾教授以其精深的学识，撰成第一部张元济研究专著《近代出版家张元济》；不久，远在南太平洋的新西兰华裔学者叶宋曼瑛博士在资料收集极度困难的条件下，撰写了《从翰林到出版家——张元济的生平和事业》。此后，关于他的年谱、传记、评传和研究论文集陆续问世，积聚起来，数量已相当可观。家乡浙江海盐建立了以张元济命名的公共图书馆，内设张元济先生纪念馆和商务版本图书馆，去年又在博物馆内开设张元济先生文物展览室，这些都成了省内有名的爱国主义教育基地。

1997年夏，山东画报出版社的编辑跟我联系，约我为祖父写一本列入《名人照相簿丛书》的传记。上海社科院近代史专家任建树教授知道我在为祖父编写年谱时说过，研究一个人物，为他编一部全集，编一部年谱，再写一本传记，这才可以算作完满。那时由先父张树年先生主编，我一同参与编著的年谱已成，全集尚在进行，我就撰写了书名为《智民之师张元济》的传记。这本书一是从研究者的角度写的，基本上没有融入家庭生活或祖孙情感；二是没有从太高的学术角度写，基本上是通俗性的，但由于祖父一生从事的事业集中在文化出版和古文献学研究，又不可能写得十分通俗。

今年，南开大学出版社约我对这本小书进行修改，其后他们将编入一套丛书之中。这正是我想要做而还未做成的一件事！除了上述两点以外，二十年来，《张元济全集》（十卷本）已经出版，《张元济年谱长编》在我和柳和城兄合作之下，也已告竣，祖父生平的资料大大丰富了。因此这次修订有许多材料应该补入，以往个别考证不确之处应予订正。譬如，这次增补入本书的史料，有祖父在南洋公学译书院的职务，应该是"总校兼代办院事"，而不是以前所说的"主事"或"院长"；他辞去南洋公学职务的时间是1902年末，正式加入商务印书馆及商务印书馆编译所成立时间应是1903年初，而不是以前说的1902年。在史实增补之外，我近年的研究收获也不少，也择要予以补入。我认为张元济先生之所以在文化出版等事业上做出巨大贡献，取决于他的中西文化观，他对中国文化教育事业发展的正确看法，他对中华文化的热爱和充满自信。在他逝世六十年后，有越来越多的学术界、出版界人士和高校文科师生对他进行研究，有多种媒体不断进行介绍和宣传，那不仅由于他的事业的成就，也出于对他的人格的赞扬和尊敬。他的事业之所以取得成就，有着他高尚的品格作为支撑。这些内容，这次也尽可能增补入本书。

　　为了适应本书书名的更改，加重祖孙情感的叙述，特将我的一篇回忆文章《祖父 20 世纪 40 年代家庭生活琐忆》附在书后，其中一些日常生活细节和祖父对我的关心和教诲，是他人所无法记述的。

　　在此对南开大学出版社给予的支持，对该社编辑负责的精神和深入细致的工作表示感谢。

张人凤

2018 年国庆日，于沪上